기초경제학 ②

거시경제 이야기

이 종 호 저

남두도서

남두(南斗) : 남두육성(南斗六星)

은하의 중심인 사수자리에 있는 국자모양의 여섯 개의 별로서, 인간의 탄생을 결정하는 별로 알려져 있다.

머리말

오늘날 우리 삶의 환경은 치열한 경쟁구도로 변모한 지 오래다. 이미 1997년 말 외환위기를 경험한 이후 경제적 위기 상황이 삶의 방식 전체를 바꿔 놓았던 경험을 갖고 있는 우리로서는 그때의 상황이 생활 속에서 경제의 중요성을 깨닫게 하기에 충분하고도 남음이 있었다.

세계화와 정보화의 흐름 속에서 경제의 중요성, 아니 경제현상에 대한 이해와 안목이 이제는 더 이상 전문가나 관련 분야 종사자만의 몫이 아님을 우리는 잘 알고 있다. 쉽게 접하는 대중 언론매체에서도 경제뉴스와 경제정보의 비중이 높아지고 있으며, 신문과 방송에서 비중 있게 다루는 경제관련 뉴스는 이제 톱뉴스로서 굳건히 자리 잡게 되었다. 2008년 초 우리가 치른 대선에서도 최대 이슈는 경제문제였으며, 경제문제의 해결이 국민의 최대 관심사였음을 우리는 기억하고 있다. 이렇듯 경제문제는 국가정책의 우선순위일 뿐만 아니라 국민의 최대 관심 분야가 되어 버렸다.

위기에 처했을 때 그것의 중요성을 깨닫게 마련인 것처럼 우리도 외환위기 이후 경제의 중요성을 이미 인식한 바 있다. 이제 2008년 9월 우리에게 닥쳐온 글로벌 금융위기는 또 다시 경제, 특히 금융의 중요성을 뼈저리게 인식시켜 주었다.

이러한 시대적 환경 속에서 연일 대중 언론매체에서는 경제정보와 뉴스를 쏟아내고 있으며 일반인을 대상으로 알기 쉽게 경제현상을 설명해 주는 코너가 대폭 확대되었다. 또한 일반인을 대상으로 한 경제서적도 시중에 많이 출판되고 있다.

이 책 역시 일반인 및 처음 경제학을 접하는 독자를 위한 입문서로 집필되었다. 이 책은 총 3권으로 구성되어 있다. 제1권은 미시경제 부문을, 제2권은 거시경제 부문을, 제3권은 국제경제 및 산업정책 부문을 다루었는바 각각 해당 분야 가운데 핵심적 내용을 기초수준에서 논의하였다.

이 책은 우선 기존에 출판된 경제입문서 혹은 생활경제서의 장점을 동시에 제공해 주기 위해 '핵심 기초이론'편과 '시사경제 초점'편으로 나누어 구성하였는바, 기초이론을 공부한 후 이를 토대로 현실경제를 다루어 봄으로써 관련 사항을 자연스럽게 복습하게끔 유도하였다. 두 번째 특징은 이 책을 읽는 독자로 하여금 스스로 찾아서 필요한 부분을 보충할 수 있도록 유도한 강의용 교재라는 점이다. '핵심 기초이론'편에 제시된 내용 가운데 설명이 부족한 부분 내지 생략된 부분은 관련 교재 혹은 인터넷을 활용하여 필요한 내용을 보충해서 확인해 보길 바란다.

물론 3권 모두 각각 한 학기용 교재로서 기초경제이론과 시사경제 부문을 동시에 다루기 위해 작성된 책이기 때문에 이러한 구성이 이 책의 한계일 수도 있지만, 공부는 스스로 찾아서 확인하고 이해하는 과정이 중요하기 때문에 오히려 경제를 이해하려는 독자들에게 또 다른 장점으로 작용할 수도 있음을 감히 기대해 본다.

이 책의 집필을 위해 저자는 수년간 강의해 온 강의내용, 기존의 경제입문서, 그리고 한국개발연구원과 한국은행의 경제교육자료를 주로 활용하였다. 경제입문서에 반드시 포함돼 있는 그래프 혹은 수식 표현을 최소화한 가운데 책을 집필하였다. 논의과정에서 포함될 수밖에 없는 사항임에도 과감하게 최소화함으로써 독자들 입장에서 이해하기 불편할 수도 있지만 다른 시각에서 보면 입문과정에서 반드시 짚고 넘어가지 않아도 기초경제학의 흐름을 이해하는 데 큰 어려움이 없다고 판단하여 이 부분을 최소화하였음을 밝혀 둔다. 사실 우리가 현실경제 내지 기초경제이론을 설명함에 있어 그래프나 수식을 이용하여 상대방에게 설명하는 것은 아니라는 점을 생각해 볼 때 서술적 표현을 통한 기초경제학의 이해가 독자들에게 설명력과 이해력을 높이는 데 도움이 될 수도 있다고 생각한다.

일반인 혹은 경제학을 처음 접하는 독자들에게 경제현상에 대한 이해와 관심, 더 나아가 기초경제이론의 개괄적 내용을 습득하게 하는 것이 이 책의 목표인 만큼 저자로서는 이것만 달성된다면 더 이상 바랄 것이 없다.

아무쪼록 이 책이 경제학을 처음 접하는 모든 독자들에게 경제에 대한 흥미와 관심을 촉발케 하여 경제학을 본격적으로 공부하는 계기로 작용했으면 하는 바람을 가져 본다. 앞으로 관심 있는 많은 분들의 훌륭한 평을 겸허히 받아들여 좀 더 나은 책을 쓰려고 한다. 아낌없는 성원과 많은 지도편달을 부탁드리는 바이다.

끝으로 이 책의 출판을 흔쾌하게 허락해 주신 남두도서의 남승우 사장님 이하 출판사 관계자 분들에게 깊은 감사를 드린다.

저자 올림

차 례

제 I 편

핵심 기초이론_9

제 II 편

시사경제 초점_127

제 I 편

핵심 기초이론

제 1 장

국가경제의 평가

(1) GNP와 GDP

1) 경제성장과 경기변동

- 경제성장
  - 국내총생산의 장기적 추세
- 경기변동(경기순환)
  - 국내총생산의 단기적 동향으로 실제의 국내총생산이 장기 추세치 주위에서 더 높아지기도 하고 더 낮아지기도 하는 일이 반복되는 현상을 말함.

2) GNP와 GDP

- 의미
  - GNP : 일정기간 동안에 국민에 의해 생산된 모든 최종 생산물의 시장가치
  - GDP : 일정기간 동안에 한 나라 안에서 생산된 모든 최종 생산물의 시장가치
  - GNP와 GDP의 관계 : GDP + 대외순수취 요소소득 = GNP
- GDP의 유용성
  - 1995년부터 경제성장의 중심지표를 GNP에서 GDP로 변경
  - GNP보다는 GDP가 실업률, 물가, 이자율 등의 각종 거시경제지표와 더 밀접하게 움직이기 때문

- 소득지표로서 (실질)GDI 및 (실질)GNI 등장
  - (실질)GDI : GDP에 교역조건 변화에 따른 실질 무역손익을 더함으로써 구함.

    ⇒ 국내총소득(Gross Domestic Income) = 국내총생산 + 교역조건[1] 변화에 따른 실질 무역손익[2]
  - (실질)GNI : 일국의 국민이 일정기간 생산활동에 참여해 벌어들인 소득의 합계로서, 특히 이 소득으로 구매할 수 있는 상품의 양, 즉 소득의 실질구매력을 나타냄.

    ⇒ 국민총소득(Gross National Income) = 국내총소득 + 대외순수취 요소소득[3]

- GDP의 계산방법
  - 최종재접근법(최종지출접근법) : 최종재 중심으로 계산하는 방식으로 이는 최종 지출 총액과 일치함.

    ⇒ 지출국민소득(최종재에 대한 지출을 모두 합친 것)
  - 부가가치접근법(생산접근법) : 모든 기업의 부가가치를 합해서 구함.

    ⇒ 생산국민소득(생산의 측면에 기초해 국내총생산을 정의)
  - 분배접근법 : 각 생산단계에서의 부가가치의 합은 결국 임금, 지대, 이윤 등 여러 가지 소득의 형태로 국민에게 분배된다고 볼 수 있기 때문에 분배받은 소득의 합과 일치함.

    ⇒ 분배국민소득(일정기간 동안 전 국민이 얻은 소득의 합)
  - 국민소득 삼면등가의 법칙 : 생산, 지출, 분배국민소득이 언제나 서로 같은 값을 갖는 항등관계를 말함.

- 소득의 순환
  - 소득의 '생산 → 분배 → 지출 → 생산'이 되풀이되는 것을 말함.

---

1) 수출품과 수입품 가격 사이의 상대적 비율을 말함. 즉 TOT = P_x(수출품가격) / P_m(수입품가격)

2) 어떤 나라의 수출품가격이 떨어지면 실질 무역손실이 발생하기 때문에 국내총소득은 국내총생산보다 더 작아짐.

3) 교역조건(TOT : Terms of Trade)의 악화 또는 원화가치의 하락(이는 곧 달러로 수입할 수 있는 구매력의 감소를 의미)은 GNI의 감소로 이어짐.

- 명목GDP와 실질GDP
  - 경상GDP(명목GDP) : GDP를 구하는 해의 상품 생산량에 그 해의 가격을 곱해 각 상품의 시장가치를 구한 다음 이를 모두 더한 것
  - 불변GDP(실질GDP) : GDP를 구하는 해의 상품 생산량에 기준이 되는 해의 가격을 곱해 각 상품의 시장가치를 구한 다음 이를 모두 더한 것으로, 이렇게 구한 GDP 수치는 물가변동의 효과를 제거하고 생산활동의 추이만을 반영하게 됨.

- 경제성장률
  - 실질GDP(혹은 GNP)의 연간 또는 연도 간 증가율로 나타냄.
  - 실질액의 증가율을 나타내고 있으므로 실질성장률이라고도 함.

$$r(\%) = \frac{(G_1 - G_0)}{G_0} \times 100$$

단, G_1 : 어느 해의 실질GDP(혹은 GNP)

G_0 : 전년의 실질GDP(혹은 GNP)

$r(\%)$: 어느 해의 경제성장률

- GDP의 관련 개념
  - NNP(국민순생산) = GNP − 고정자본소모(감가상각)
  - NI (국민소득) = NNP − 간접세 + 정부의 대(對)기업보조금
  - PI (개인소득) = NI − 법인세 − 사내유보이윤
+ (정부 및 기업의) 이전지출
  - DI(가처분소득) = PI − 개인소득세

- GDP의 문제점
  - GDP에는 시장에서 거래되어서 시장가격이 있는 생산물만 포함됨.
  - 지하경제는 GDP에 포함되지 않음.
  - 여가시간을 감안하지 않음.
  - 환경파괴나 오염물질은 GDP에 포함되지 않음.
  - 교역조건의 변화에 따른 국민복지나 소득의 손익을 잘 나타내지 못함. ⇒ GNI 등장

(2) 물　가

1) 물가지수

- 인플레이션과 디플레이션
  - 인플레이션 : 많은 상품가격의 일반적(또는 평균가격) 상승
  - 디플레이션 : 많은 상품가격의 일반적(또는 평균가격) 하락

- 가격과 물가
  - 가격 : 특정상품이나 서비스 하나의 가격
  - 물가 : 많은 상품이나 서비스 가격의 평균가격

- 인플레이션의 경제적 효과
  - 부와 소득의 재분배 : 채권자에서 채무자로 부가 재분배, 임금소득자에서 이윤소득자로 소득이 재분배되는 결과 초래(실질개념)
  - 고소득층보다는 저소득층에게 큰 충격 : 결과적으로 인플레이션은 화폐에 대해 부과하는 조세라고 볼 수 있음. ⇒ 인플레이션 조세(Inflation Tax)
  - 금융자산의 실질가치 하락 ⇒ 부의 하락 ⇒ 실물자산 보유의 증가(투기우려)
  - 인플레이션 시기에는 기업들의 차입자본에 대한 의존도가 커짐(은행차입 등).
  - 국제수지적자 초래
  - 상품 값만 오르는 것이 아니라 노동 및 자본서비스 등 생산요소가격도 올라 소득증가 초래 ⇒ 소득이 물가보다 더 많이 증가하면 생활수준이 향상될 수도 있음.

- 평균가격과 상대가격
  - 평균가격 : 수많은 재화와 서비스의 가격을 평균한 것
  - 상대가격 : 특정재화 사이의 가격비율
  - 상대가격의 상승과 평균가격의 상승(인플레이션)은 다른 개념

- 물가지수
  - 물가지수 : 기준시점의 물가를 100으로 잡고 다른 시점의 물가를 이의 백분비로 표시한 지수
  - 소비자물가지수(CPI) : 서울을 비롯한 주요 도시(일례로 36개 주요 도시)의 가계가 사용하는 대표적 소비재(일례로 516개)의 가격 동향을 보여주는 물가지수 ⇒ 통계청 발표
  - 생산자물가지수(PPI) : 기업 사이에서 거래되는 원자재 및 자본재(일례로 846개 품목)와 서비스(일례로 77개 품목)의 가격 동향을 보여주는 물가지수 ⇒ 한국은행에서 작성 발표
  - GDP디플레이터(GDP물가지수) : GDP에 포함되는 모든 최종 생산물의 가격을 고려대상으로 삼아 산출한 물가지수

    $$\Rightarrow \text{GDP디플레이터} = \frac{\text{명목GDP}}{\text{실질GDP}} \times 100$$

  - 물가상승률 : 일정한 기간 동안 물가지수가 증가한 비율

    $$\Rightarrow \text{물가상승률}(\%) = \frac{(\text{비교연도 물가지수} - \text{기준년도 물가지수})}{\text{기준년도 물가지수}} \times 100$$

(3) 고용과 실업

1) 경제활동인구와 실업률

- 총인구 = 취업가능인구(15세 이상 인구) + 취업불가능인구(15세 미만 인구)
  - 취업가능인구(=생산가능연령인구 또는 노동가능인구) : 일할 능력을 갖추었다고 볼 수 있는 사람들을 말하는데, 한국에서는 15세 이상의 사람들을 이 범주에 넣고 있음.
  - 취업불가능인구(=생산불가능연령인구 또는 노동불가능인구) : 나이가 너무 어려 일할 능력이 없는 사람으로 한국에서는 15세 미만의 사람들을 이 범주에 넣고 있음.

- 취업가능인구 = 경제활동인구 + 비경제활동인구
  - 경제활동인구 : 생산가능연령인구 중 일하려는 의사가 있는 사람들

• 비경제활동인구 : 생산가능연령인구 중 일하려는 의사가 없는 사람들 (연로자, 학생, 전업주부, 심신장애자 등)

- 경제활동인구 = 취업자 + 실업자

• 취업자 : 매월 15일이 포함된 1주일 동안에 수입을 목적으로 1시간 이상 일한 사람과 본인 또는 가족이 소유하고 경영하는 농장이나 사업체에서 주당 18시간 이상 일한 무급 가족종사자를 가리킴. 그밖에 일정한 직장이나 사업장은 가지고 있으나 일시적인 질병, 일기불순, 휴가, 노동쟁의 등의 사유로 조사기간 중에 일을 하지 않은 사람도 해당됨.

• 실업자 : 일하려는 의사가 있는데도 일자리를 찾지 못한 사람을 뜻하므로 어떤 사람이 단지 일을 하지 않고 있다 해서 그가 실업자로 분류되는 것은 아님. '나이가 15세를 넘고 분명히 일하려는 의사가 있는데도 일자리를 얻지 못한 사람'만이 실업자로 분류되는 것임.

- 실업률

• 정의 : $\text{실업률} = \dfrac{\text{실업자수}}{\text{경제활동인구}}$

⇒ 여기서 한 가지 주목해야 할 점은 이 식의 분모가 생산가능연령인구가 아니고 취업할 의사가 있는 경제활동인구라는 사실이기 때문에 일하려는 의사가 없는 학생이나 주부는 실업률을 계산하는 과정에서 원천적으로 빠져 버리는 결과가 나타나는 것임.[4)]

• 실망실업자 : 아무리 노력해도 일자리를 찾을 수 없어 실망한 나머지 일자리 찾기를 포기한 사람들로서 이들은 비경제활동인구로 분류되어

4) 우리나라의 실업률은 통계청이 전국의 3만 표본가구의 만 15세 이상의 인구를 대상으로 매월 15일을 포함하는 한 주 동안 주당 평균 1시간 이상 일한 사람을 취업자로 분류해 작성함. 그러므로 실업자로 판정을 받으려면 그저 직업이 없다는 것만으로는 안되고 만 15세 이상이며 조사 시점으로부터 과거 1주 동안 적극적인 구직활동을 한 증거가 있어야 하고 조사기간 동안 수입이 전혀 없어야 함. 이러한 실업률의 정의는 ILO(국제노동기구) 기준에 따른 것인데, 한국의 현실적인 노동시장을 반영하기에는 거리감이 있음. 따라서 파트타임 근로자나 임시직 등 불안정 취업자를 실업자 통계에 포함시키면 한국의 실업률 수치는 상당히 높게 나타날 것임. 우리나라도 1999년 6월부터 OECD 권고로 조사시점으로부터 1주일 대신 4주 동안 구직활동한 기록이 있으면 실업자로 인정하는 통계조사를 병행하고 있으며, 2005년 6월부터는 공식실업률을 OECD 기준으로 발표하고 있음.

실업자 통계에서 빠짐. 우리나라에서 가사에 전념하는 여성 중 상당히 많은 사람들이 이 실망실업자의 범주에 속한다고 볼 수 있음. 이런 사람들까지 실업자로 분류해 실업률을 구해 보면 공식통계에 나타난 실업률보다 훨씬 더 높을 것임.

- 잠재GDP
  - 일국에 존재하는 모든 생산요소를 정상적으로 고용할 경우 생산 가능한 모든 최종 생산물의 시장가치
  - 인플레이션을 가속화시키지 않고 실현시킬 수 있는 최대 GDP
- 자연실업률
  - GDP가 잠재GDP 수준에 있을 때의 실업률로서 실업자 수가 안정적인 수준에 도달했을 때 나타나는 실업률이라고 할 수 있음.[5)]
- GDP갭(불완전고용에 따른 사회적 손실의 크기) = 잠재GDP(장기 추세치) − 실제GDP
  - 국내총생산의 실제 움직임과 장기 추세 사이의 차이를 뜻함.
  - 생산활동 저조 : GDP갭은 증가
  - 경제활동 활발 : GDP갭은 감소
  - 경제가 과도한 호황 : GDP갭은 음(−)의 값
- 실업의 종류
  - 마찰적 실업 : 이사를 가야 한다거나 더 좋은 직장을 찾아 나서는 과정에서 일시적으로 발생하는 실업
  - 구조적 실업 : 자동화라든지 산업구조 개편 등 경제구조의 변화 때문에 발생하는 실업

---

5) 좀 더 구체적으로 말하면 잠재성장률이란 물가상승을 유발하지 않으면서 한 나라가 가지고 있는 노동, 자본 등을 이용하여 달성할 수 있는 최대 성장률임. ⇒ 경제가 물가상승 없이 잠재성장률 수준으로 성장하면 노동시장도 수요와 공급이 균형을 이루게 되는데 이 상태를 완전고용상태라고 함. → 하지만 이 경우에도 실업은 존재할 수 있는바, 다시 말해 완전고용실업률이라 하더라도 실업률은 0이 아님. → 그 이유는 산업구조 변화에 따라 발생하는 구조적 실업이 있을 수 있고 개인이 원하는 일자리를 찾기 위해 스스로 실업상태가 되는 자발적 실업이 있을 수 있기 때문임. → 이 두 가지 요인에 의한 실업만이 존재하는 상태의 실업률을 자연실업률이라고 하는데, 경제가 물가상승 없이 잠재성장률 수준으로 성장할 때의 실업률을 말함.

• 경기적 실업 : 불황이 원인이 되어 발생하는 실업
• 계절적 실업 : 건설업, 농업, 관광업 등과 같이 계절에 따라 노동수요가 결정되는 산업에서 발생하는 실업

2) 실업의 영향

- 오쿤의 법칙(Okun's Law)
  • 미국의 경우 실업률이 1% 증가하면 국내총생산은 약 2% 정도 감소한다는 내용을 갖는 경험법칙을 말하는 것으로 실업률과 실질 GDP 간의 역관계를 밝혔음.[6)]
- 실업의 증가는 막대한 경제적 손실을 의미할 뿐만 아니라 사회적 영향도 큼.

참 | 고 | 자 | 료

(1) 김승욱 외(2008), 《알짬 시장경제》, 박영사.
(2) 송병락(2006), 《글로벌시대의 경제학》, 박영사.
(3) 이준구 · 이창용(2007), 《경제학 들어가기》, 법문사.

---

6) 오쿤이 추정한 회귀방정식의 결과는 다음과 같음. 실업증가율= −0.4×(실질GDP성장률 −3%) 여기서 우변의 계수(−0.4)를 오쿤의 계수라고 부름. 오쿤의 계수가 마이너스 부호를 갖는 것은 실업증가율이 실질GDP성장률과 역의 상관관계를 갖는다는 것을 의미. 그리고 0.4라는 계수의 의미는 실질성장률이 정상수준(즉 3%)보다 1% 증가하면 실업률이 0.4% 감소한다는 것, 즉 고용량이 0.4% 증가한다는 것을 의미함. 여기서 정상실질GDP성장률이란 실업률의 변화가 없는 상태에서의 실질GDP성장률을 의미. 오쿤은 1960년대 이후 미국의 정상실질GDP성장률을 3%로 추정하였음. 따라서 오쿤의 계수는 산출량, 즉 실질GDP성장률이 정상수준에서 벗어날 경우 고용량 조정이 얼마나 민감하게 반응하는가를 나타냄. 오쿤계수의 절대 값의 크기는 고용과 해고에 대한 기업 내부의 유연성과 사회적 · 법적 규제에 의해 결정되므로 국가마다 다르게 나타남. 오쿤계수가 높을수록 기업은 불황 시 쉽게 노동자를 해고할 수 있고, 경기가 좋아지면 또한 쉽게 고용을 증가시킬 수 있음을 의미하기 때문에 노동시장의 유연성이 높다고 할 수 있음. 오쿤계수가 높은 것이 좋은가, 낮은 것이 좋은가는 가치관에 따라 다르게 판단됨. 노동자를 보호한다는 측면에서는 낮은 것이 바람직하다고 볼 수 있으나, 장기적 효율성의 측면에서는 노동시장이 유연하게 작동하는 것이 바람직함. 따라서 일본이나 우리나라와 같이 전통적으로 형평성을 중히 여기는 아시아 국가들도 노동시장의 유연성을 높이는 정책을 확대하고 있음.

제 2 장

국내총생산과 물가의 결정

(1) 균형국민소득과 물가수준의 결정

1) 총수요와 총공급

- 국가경제 안에서 생산수준이 어떻게 결정되는가에 관해서 설명할 때 국가경제 전체와 관련되기 때문에 단순히 수요와 공급이라고 하지 않고 총수요(AD : Aggregate Demand)와 총공급(AS : Aggregate Supply)이라는 표현이 사용됨.

2) 총수요-총공급 모형

- 물가가 총수요와 총공급에 미치는 과정은 개별시장의 경우보다는 훨씬 복잡한데, 기초수준에서는 단순히 물가수준이 오르면 총수요는 감소하고, 총공급은 증가하는 것만을 설명하고자 함.

- 국민소득과 물가의 수준이 결정되는 과정을 설명하는 가장 일반적인 모형이 총수요 - 총공급 모형(AD-AS Model)임.
  - 총수요 - 총공급 모형은 국민소득과 물가수준의 결정과정을 이해하는데 매우 유용

(2) 총수요

1) 총수요의 구성항목

- 국가경제의 총수요는 가계의 소비수요, 기업의 투자수요, 정부의 정부지

출수요, 그리고 순수출로 구성됨.

⇒ 총수요 = 민간소비 + 투자 + 정부지출 + 순수출

2) 민간소비와 물가의 관계

- 가계의 민간소비는 물가가 오르면 줄어들고, 반대로 물가가 내리면 늘어남.
  - 물가가 오르면 같은 소득을 가지고 구매할 수 있는 상품의 양이 줄어들기 때문에 마치 자신의 실질소득이 감소한 것과 같음. ⇒ 소비감소 (소득효과 혹은 피구효과[7])
  - 반대로 물가가 내리면 실질소득이 증가한 셈이므로 소비를 늘리게 됨.

3) 투자와 물가의 관계

- 기업의 투자와 물가의 관계는 물가가 상승하면 이자율이 오르고, 그러면 투자수익률이 하락해 기업의 투자가 감소하여 물가와 투자는 반대로 움직임.
  - 이자율의 지표로 사용되는 시장이자율은 우리나라의 경우 '3년 만기 회사채 유통수익률'이 사용되는바, 물가가 오르면 사람들은 자신이 가지고 있는 금융자산의 실질가치가 떨어지므로 금융자산의 보유를 회피함.
  - 따라서 기업들은 채권을 발행할 때 더 높은 유통수익률을 보장해 주어야 하므로 그 결과 채권의 유통수익률이 높아져 시장이자율이 높아짐.
  - 시장이자율이 상승하면 투자수익률이 떨어지게 됨.[8]
  - 결과적으로 물가가 오르면 이자율도 오르게 되어 투자는 감소하고, 반대로 물가수준이 내리면 이자율이 낮아져 투자가 증가하게 됨.

---

7) 피구(A. C. Pigou)는 이러한 현상을 이론적으로 설명한 고전파 경제학자(마샬의 제자)인데, 자신의 이름을 따서 소득효과를 피구효과라고 부르기도 함.

8) 그 이유는 기업의 경우 기계나 생산설비를 새로 구매하고자 할 때 그러한 투자가 가져다주는 예상수익을 고려하여 결정하게 되는바, 기업입장에서는 투자 대신 은행에 예금을 해도 이자수입이 발생할 것이기 때문에 시장이자율이 오르면 기업가들은 투자하기보다는 예금해서 이자 받는 것을 더 원하게 되므로 투자가 위축됨.

4) 정부지출과 물가의 관계

- 정부지출의 경우는 정부의 정책목표에 따라 그 규모가 결정되기 때문에 물가수준에 직접적으로 영향을 받지는 않음.

5) 순수출과 물가의 관계

- 국내 물가수준이 오르면 국제시장에서 수출품의 가격경쟁력이 떨어져 수출은 줄고, 반대로 수입은 늘어나기 때문에 순수출은 떨어져 물가수준과 순수출은 반비례함.

6) 총수요와 물가의 관계

- 이상을 종합하면 총수요는 물가수준에 반비례한다는 것을 알 수 있음.
  - 물가가 오르면 총수요는 감소함.

- 이러한 현상은 결과적으로 우하향하는 총수요곡선으로 나타남.

[그림 2-1] 총수요곡선

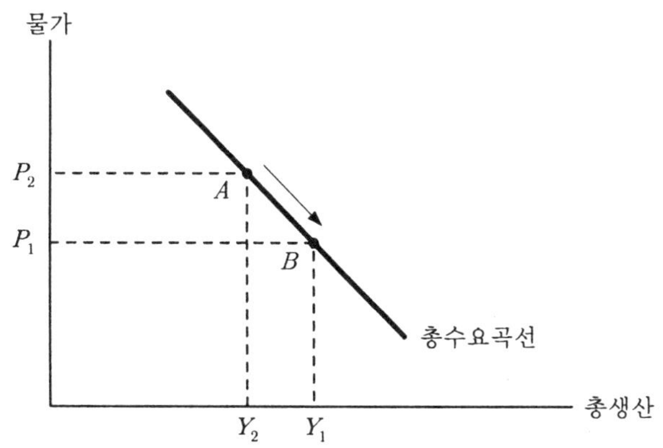

7) 수요충격

- 물가 이외에 총수요에 영향을 줄 수 있는 요인을 수요충격이라고 함.
  - 예를 들면 정부가 경기를 부양시키기 위해서 적자재정을 편성하여 정부지출을 늘리는 정책을 취할 경우에 수요가 증가할 것임. ⇒ 총수요곡선 자체가 우측이동

[그림 2-2] 총수요곡선의 이동[9]

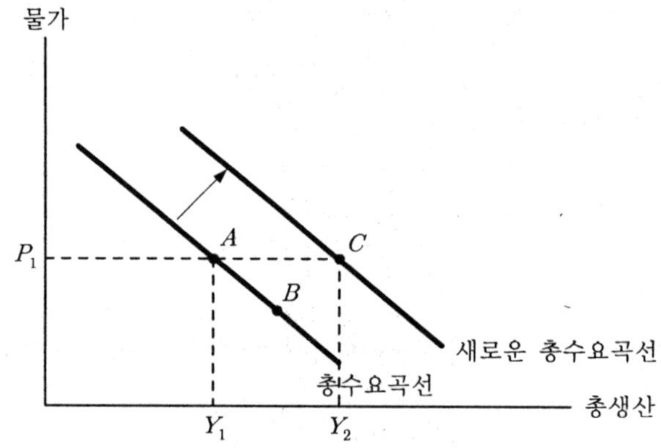

(3) 총공급

1) 총공급과 물가

- 총수요가 물가수준에 의해 영향을 받는 것과 마찬가지로 총공급도 물가수준에 따라 변화함.
- 총공급곡선은 '물가 이외의 다른 요인들은 일정할 때 각 물가수준에서 모든 공급자가 공급하고자 의도'된 양을 나타냄.

---

9) 이 그림에서는 소득의 증가와 같이 총수요의 증가가 나타나는 경우 총수요곡선이 우측으로 이동하는 것을 보여주고 있음.

[그림 2-3] 총공급곡선

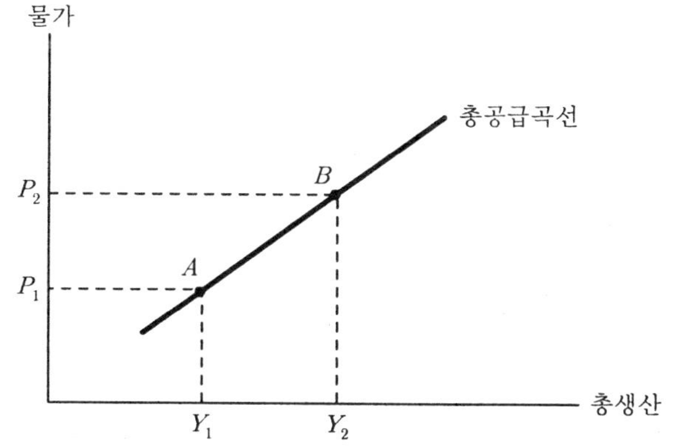

- 개별 생산물시장에서 공급곡선이 우상향 하듯이 총공급곡선도 일반적으로 우상향하는 기울기를 가지게 됨.
  - 물가가 상승하면 총공급량도 증가
  - 그 이유는 물가가 올라 기업이 생산하는 상품의 가격이 오르면 공급자의 입장에서 이윤이 커지므로 공급량을 증가시킬 의도가 더 커지기 때문이기도 하고, 또한 물가가 오르는데 임금이 그만큼 빠르게 오르지 않으면 실질적으로 기업의 입장에서는 실질임금이 떨어진 것과 같으므로 고용을 늘리고 따라서 생산이 증가

2) 공급충격

- 물가 이외의 요인이 변화하면 총공급곡선 자체가 이동함.
  - 물가 이외에 총공급에 영향을 줄 수 있는 요인을 공급충격이라고 함.
  - 예를 들어 기술혁신이 일어나면 기업의 입장에서는 생산비가 절감되므로 동일한 비용을 가지고 더 많은 생산을 할 수 있음. ⇒ 총공급곡선이 우측이동

[그림 2-4] 총공급곡선의 이동10)

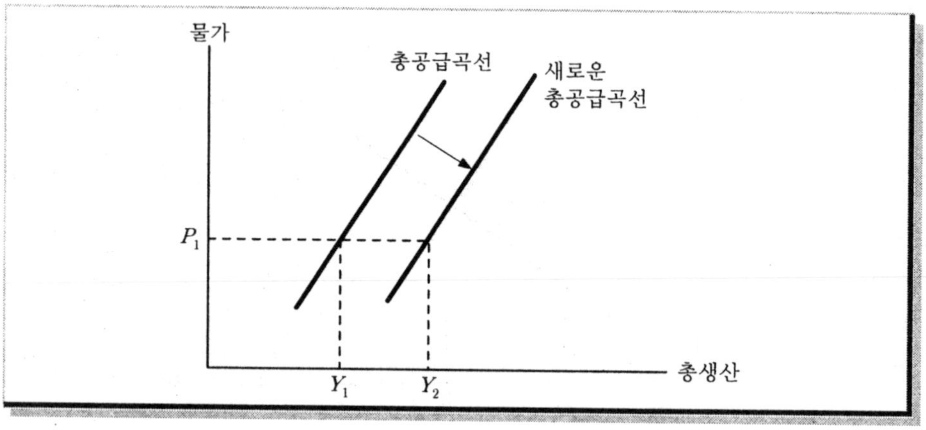

(4) 균형국민소득과 균형물가수준의 결정

- 균형국민소득과 균형물가수준은 궁극적으로 총수요곡선과 총공급곡선이 만나는 점에서 결정

[그림 2-5] 균형국민소득과 균형물가수준의 결정11)

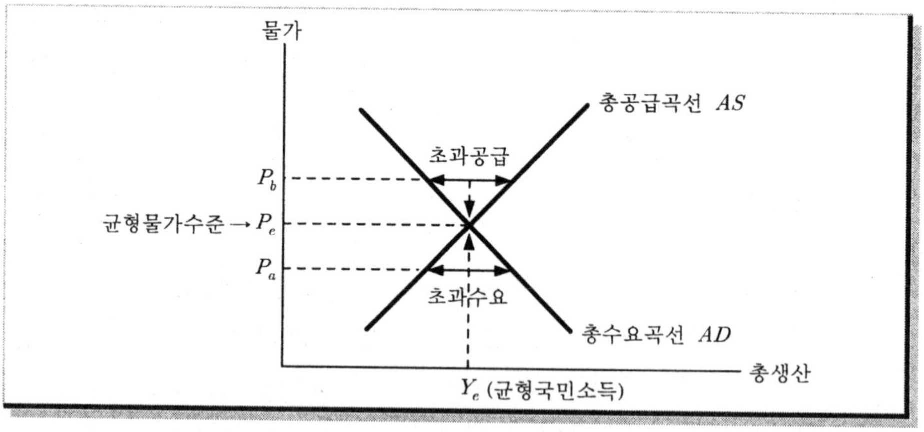

10) 물가수준이 불변이라도 생산비의 하락, 또는 새로운 기술의 개발 등 총공급의 변화를 가져오는 요인이 발생하면 총공급곡선은 이동하게 됨.

11) 균형물가수준 P_e에서는 현재의 생산활동 수준이 그대로 유지되고자 하는 균형상태가 나타남.

(5) 균형국민소득의 변화

1) 정부지출을 증가시키는 경우

- 정부지출이 증가하면 총수요가 증가하므로 총수요곡선이 우측이동
- 정부 재정지출에 의한 총수요의 증가는 국민소득의 상승과 물가의 상승 초래

2) 조세를 감면해 주는 경우

- 조세의 감면은 가계의 가처분소득을 증가시켜 소비의 증가를 가져올 수 있기 때문에 총수요의 증가를 의미 ⇒ 총수요곡선의 우측이동
- 이 역시 국민소득과 물가의 동시 상승 초래

3) 순수출이 증가하는 경우

- 총수요곡선을 우측이동시켜 균형 국민소득과 물가수준의 상승 초래

4) 임금이 상승하는 경우

- 임금이 상승하면 생산비가 상승하므로 기업의 입장에서는 고용을 줄일 수밖에 없음.
  - 그 결과 총생산이 감소 ⇒ 총공급곡선의 좌측이동
- 임금상승으로 인한 총공급의 감소는 물가상승과 국민소득의 하락을 초래하게 됨(스태그플레이션).

5) 총수요와 총공급이 동시에 변동하는 경우(IMF체제하의 한국경제)

- 총공급 측면
  - 기업의 도산으로 총생산 감소
  - 원화가격이 하락(환율상승을 의미)해 수입원자재 가격이 상승하여 생

산비가 증가되었으므로 총공급이 더욱 감소

• 결과적으로 총공급곡선은 좌측이동

- 총수요 측면
  - 실업자가 많이 늘어나서 민간수요가 위축되었고, 정부도 IMF의 권고에 따라 긴축정책을 실시해 정부수요도 감소
  - 결과적으로 총수요곡선의 좌측이동
- 따라서 IMF 관리체제하에서는 총생산이 줄고, 물가는 오르는 현상[12)]이 나타났음.

[그림 2-6] IMF 관리체제하의 한국경제[13)]

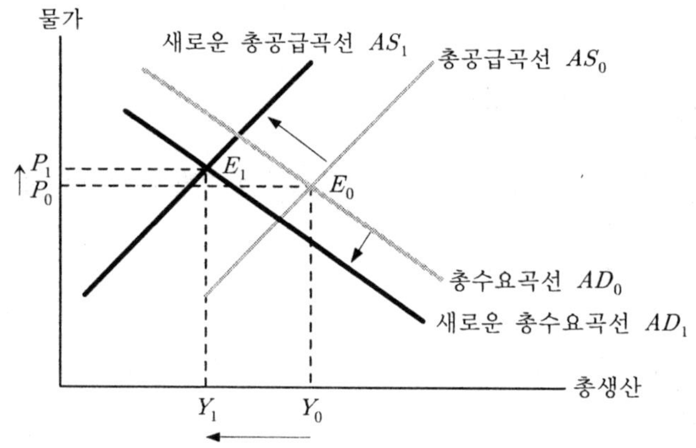

참 | 고 | 자 | 료

(1) 김승욱 외(2008), 《알짬 시장경제》, 박영사.

12) 만약 총수요 변화(감소)가 총공급 변화(감소)보다 크게 나타난다면 물가는 하락하는 현상을 보일 수 있음.

13) IMF 관리체제가 시작되면서 기업의 도산과 원화가격 하락에 따른 수입원자재 가격의 상승으로 생산비가 높아져 총공급곡선이 왼쪽으로 이동하였음. 한편 총수요 측면에서는 정부의 긴축재정, 높은 이자율에 따른 투자위축, 실업증가에 따른 소비감소로 총수요곡선도 왼쪽으로 이동하였음. 그 결과 균형소득은 감소하고, 물가는 오르는 현상이 초래되었음.

제 3 장

물가의 움직임

(1) 물가의 결정

1) 수요와 공급의 상호작용

- 모든 물가는 원칙적으로 수요와 공급이 균형을 이룰 때 결정됨.

- 다이아몬드의 경우
  - 일례로 아주 훌륭한 다이아몬드가 있다고 가정해 보자.
  - 다이아몬드를 사려고 하는 사람들은 많은데 다이아몬드의 수가 적을 때는 그 가격이 무한정 오르게 되는 반면에 다이아몬드를 사려고 하는 사람이 없다면 설령 세계에 단 하나밖에 없는 다이아몬드라고 하더라도 그저 돌멩이에 지나지 않을 것임.

2) 물가는 수시로 변동

- 사람들이 사고자 하는 상품이 제때 필요한 만큼 공급된다면 물가는 안정될 것이지만 이 균형이 무너지면 물가는 급격하게 오르내림.

- 소비자가 필요로 하는 만큼 상품이 공급되지 못하면 상품이 부족한 현상이 나타나며, 이때 상품을 필요로 하는 소비자는 값이 다소 오르더라도 상품을 사기 때문에 물가는 즉시 오르게 되는데, 이러한 현상을 '인플레이션'이라고 함.

- 반대로 필요 이상으로 많이 공급되면 상품이 남아돌게 되는데, 상품이 필요 이상 남아돌게 되면 물가는 떨어지게 되며 이러한 현상을 '디플레이션'이라고 함.

3) 균형물가

- 상품이 남아도는 것도, 반대로 상품이 부족한 것도 모두 수요와 공급의 균형이 무너져 나타나는 현상으로 경제적으로 정상적인 상태라고 할 수 없는데, 수요와 공급이 균형을 이루고 있는 상태가 가장 바람직함.

- 시장의 자율적 조정기능
  - 정적 안정성은 왈라스적 조정(Walrasian adjustment)과 마샬적 조정(Marshallian adjustment)으로 구분
  - 왈라스(Walras)의 안정조건 : 가격의 신축적 조정을 통한 균형으로의 수렴과정 설명
  - 마샬(Marshall)의 안정조건 : 수량의 신축적 조정을 통한 균형으로의 수렴과정 설명

4) 균형통화량

- 상품뿐만 아니라 통화도 수요와 공급 간에 균형을 이루는 것이 바람직함.
- 상품은 필요한 만큼 공급되고 있는데도 살 돈이 없거나, 또는 돈이 남아도는데도 살 상품이 없다면 어느 쪽도 정상적인 상태는 아님.
- 통화의 수급에 이상이 발생하였을 때 기획재정부(구 재경부)와 한국은행은 금융정책을 폄.
  - 예컨대 금리(정책금리 혹은 재할인율)를 올리거나 내려서 통화량을 조절
  - 이는 시중에 풀린 통화량을 조절함으로써 통화의 수요와 공급이 균형을 이루도록 하는 것임.

(2) 과거 우리나라의 물가가 높았던 주된 이유

1) 방만한 통화관리

- 무엇보다도 방만한 통화관리, 즉 화폐의 과다공급이 물가상승을 부채질

• 돈의 양이 많아지면 돈 값어치가 떨어지면서 물가가 오르게 됨.
• 경제성장률과 물가상승률의 합은 대략 총통화증가율과 일치함.[14)]

2) 방만한 정부예산

- 정부예산의 지나친 팽창도 물가를 부추긴 주요 요인 중 하나
  • 총수요의 증대는 곧 물가상승을 유발[15)]

3) 독과점적 시장구조

- 제품의 공급이 소수의 재벌기업에 독점되어 있어 공산품 가격이 지나치게 높다는 점을 들 수 있음.
  • 독점적 시장구조는 독점적 초과이윤 추구로 인해 사회가 원하는 수준보다 물가는 상승하고 생산량은 감소

4) 부동산 투기

- 부동산 투기에 의한 땅값 상승이 물가를 올리는 커다란 요인
  • 땅값 상승은 주거비용의 상승을 불러오는 것은 물론 도로·항만 등 사회간접자본의 건설비용과 공장부지 가격 및 임대료 상승을 유발함으로써 일반제품의 가격도 올림.
  • 이렇게 되면 기업 및 제품의 경쟁력이 하락하게 되어 기업부실로 이어지고 이는 다시 금융부실로 연결될 가능성이 있음.

---

14) Fisher의 교환방정식은 M(통화량) × V(화폐의 유통속도) = P(물가수준) × Y(실질 GDP)인데, 이를 변화율로 나타내면 통화증가율 + 화폐유통속도변화율 = 물가상승률 + 실질경제성장률이 됨. 여기서 V : 일정기간 동안에 일어난 모든 생산물 거래에서 화폐의 각 단위가 평균적으로 몇 번씩 사용되었는가 하는 횟수, MV : 일정기간의 총지출액, PY : 일정기간의 총소득에 해당됨. 물가상승률과 실질경제성장률의 목표치가 주어지고 화폐의 (소득)유통속도 변화율이 주어지면 통화증가율을 계산할 수 있음. 만약에 화폐유통속도변화율이 0이라면 경제성장률과 물가상승률의 합은 대략 총통화증가율과 일치하게 됨.

15) AD(총수요) = C(소비) + I(투자) + G(정부지출) + X(수출) − M(수입)

(3) 인플레이션의 구조

- 인플레이션이란 물가가 정상적인 경기의 순환으로부터 벗어나 지속적으로 오르는 현상을 말함.

1) 이론적 원인

- 코스트푸시(cost-push)형(비용추상설) 인플레이션
  - 임금이나 원재료비 등 생산단가가 상승하여 발생하는 경우
  - 수입원자재 가격이 오르거나 임금상승률이 노동생산성의 증가율을 앞지르게 되면 기업은 이를 만회하기 위해 제품가격을 올리게 됨.
- 디맨드풀(demand-pull)형(수요견인설) 인플레이션
  - 경기가 과열된 나머지 공급이 부족하여 나타나는 현상
  - 소비자들의 구매의욕이 높아지는데도 생산이 이를 따라잡지 못하면 기업은 가격을 올려 이익을 챙김.

2) 실제 원인

- 실제로 물가가 오르는 원인을 밝히는 것은 간단치 않음.
  - 왜냐하면 여러 가지 요소들이 복합되어 물가가 오르기 때문임. ⇒ 실례로 정정불안이나 경제정책의 실패 등도 이유가 될 수 있음.
  - 정정이 불안한 남미나 러시아에서는 물가가 한때 연간 몇 백%, 심지어 몇 천%까지 오르는 초인플레이션이 진행되기도 하였음.
- 원인이 어디에 있든, 인플레이션이란 요컨대 통화의 유통량은 많은 반면, 상품은 부족하기 때문에 발생하는 현상임.

3) 인플레이션은 불황의 원인

- 물가가 오르면 돈의 가치가 떨어지기 때문에 사람들은 저축을 꺼리게 됨.

• 이렇게 되면 금융기관은 돈이 없어 기업들에게 사업자금을 융자해 줄 수 없음.
• 기업도 장기적인 전망을 갖고 사업계획을 세울 수 없기 때문에 비용을 줄이기 위해 인원을 줄임.
• 따라서 실업자가 대량발생
• 즉 $P\uparrow$ ⇒ 화폐가치의 하락 ⇒ 저축감소 ⇒ 기업의 투자위축 ⇒ 생산감소 ⇒ 실업증대

- 물가가 오르면 환율도 바뀌어 무역에 영향을 미침.
  • 즉 $P\uparrow$ ⇒ 수출감소 및 수입증가 ⇒ 국제수지 적자

- 결과적으로 세계 각국은 통화량을 미세하게 조정함으로써 물가가 오르는 것을 사전에 막는 금융정책을 펴고 있음.

(4) 정부의 인플레이션 대책

- 인플레이션의 원인이 어느 쪽이냐에 따라 정부의 정책도 달라짐.

1) 수요견인설의 경우

- 수요를 줄이는 것이 관건
  • 정부는 지출규모를 줄이고 세금을 많이 거둬들이는 긴축재정정책을 실시, 국민에게 과소비를 자제해 줄 것을 호소
  • 수요가 넘친다는 것은 곧 시중에 돈이 많다는 것을 의미하므로 돈의 양을 줄이거나 돈을 빌리는 데 드는 비용(즉 금리)을 올리는 긴축금융정책이 가장 기본적인 정책수단임.

2) 비용추상설의 경우

- 생산원가의 상승이 쉽게 가격에 전가될 수 있다는 데 근거를 두기 때문에 생산원가 가운데서도 특히 임금의 상승률을 낮추는 데 주력[16)]

- 기업주 입장
  - 임금인상을 생산성 향상 범위 안에서 해야 한다고 주장

- 근로자 입장
  - 이러한 임금 가이드라인 정책은 최저생계비가 보장되지 않고 민주적 노사관계가 확립돼 있지 않은 현실에서 근로자 측에 일방적 희생을 강요하고 오히려 노사분규를 자극하는 등 많은 부작용을 낳고 있음.

- 21세기형 노사관계
  - 제로섬 게임에서 윈윈 게임으로 전환해야 함.

3) 행정규제

- 전기 · 가스 요금, 버스 · 지하철 요금, 학교등록금, 자장면 값 등 소비자 물가지수에 포함되는 생필품의 가격을 직접 통제하여 물가안정을 기하려고 함.

- 문제점
  - 직접적 행정규제는 가격을 계속 억제하다가 인상요인이 누적되었을 때 대폭적인 인상을 허용함으로써 물가변동을 불안하게 하고, 해당 품목의 품질과 서비스 향상을 저해하는 효과만을 가져올 뿐임.
  - 업계의 요구에 의한 인상허용 시 이것이 서비스 개선이나 품질향상으로 연계되지 못하는 경우가 허다하므로 사후 관리감독 기능이 중요하다고 할 수 있음(과거의 사례로 1998년 3월 21일자 뉴스에 따르면 그 당시 회사경영 애로의 타개 및 서비스 개선을 명분으로 택시월급제의 시행을 요구하면서 택시회사들이 요금인상을 요구하여 인상을 허용한 결과 실제로 20%도 안 되는 회사만이 택시월급제를 시행하고 있다는 보도가 있었음).

---

16) 단위노동비용, 즉 제품 한 단위당 노동비용(단위노동비용 = 명목임금지수 / 노동생산성(= 총생산량 / 노동자수)지수)이 일국의 수출경쟁력을 결정하는 주요 요소라고 할 수 있음.

(5) 디플레이션의 구조

1) 디플레이션

- 인플레이션과 반대로 상품가격이 내려가는 것으로 소비자의 구매력을 뛰어넘어 공급이 이루어짐으로써 상품이 남아돌게 되어 가격이 내려가는 현상임.

2) 물가가 내려가는 것은 좋은 현상인가

- 디플레이션은 모든 산업 분야에서 상품이 팔리지 않아 나타나는 현상임. ⇒ 물건이 지나치게 많아서 팔리지 않는다기보다는 소비자의 구매력이 상대적으로 떨어져 물건이 팔리지 않는 것이므로 경기가 전반적으로 침체된 상태를 말함.
  - 초기 단계 : 기업은 비용을 줄여 가격을 내리고, 그 결과 기업의 이익률이 떨어져 근로자의 임금도 오르지 않고 정부의 세수도 늘지 않음.
  - 개인이나 정부의 수입이 줄면 구매력이 위축되기 때문에 소비자는 돈을 빌리지 않게 되고 금리도 내려감.
  - 기업의 경우도 금리가 내려가면 부담 없이 설비투자 자금 등을 빌릴 수는 있지만 상품을 만들어도 팔리지 않으므로 결국 돈을 빌리지 않게 됨.
  - 더 나아가 경기가 좋았을 때 설비나 주식, 토지 등에 투자했던 비용이 오히려 부담으로 되돌아옴.
  - 주식이나 토지 등은 팔아치우면 그만이라고 쉽게 생각할지 모르나 살 사람이 없기 때문에 처분하기가 어려움.
  - 따라서 지속적으로 기업경영을 압박하는 요인으로 작용 ⇒ 살 사람이 없는 주식이나 토지는 그 가격이 계속 떨어지게 됨. ⇒ 자산디플레이션
  - 디플레이션으로 경기가 침체되면 당연히 임금이 오르지 않음.

• 더욱이 기업주는 경영합리화라는 명분으로 임금을 깎고 나아가 해고를 감행하게 되고, 그렇게 되면 실업자가 늘어나게 됨.17)

3) 경제는 안정적으로 성장해 나가는 것이 가장 바람직

- 그런 의미에서 경제는 약간의 인플레이션 현상을 띠고 있을 때가 가장 좋은 상태라고 말할 수 있음.

참 | 고 | 자 | 료

(1) 김상조(2001), 《손바닥 경제》, 사계절.

17) 현재의 부동산 과열은 경기침체로 인해 기업의 수익률이 악화되고 그 영향이 주식시장에 반영돼 주가수익률을 떨어뜨렸음. 저금리 상태에서 마땅한 투자처를 찾지 못한 자금이 자연스럽게 부동산 시장으로 유입됐으며 부동산 시장은 투기적 수요시장으로 치닫게 되었음. 만약 부동산 버블이 급격하게 꺼진다면 민간부문의 소비위축(왜냐하면 더 떨어질 것이라고 기대하기 때문)과 금융권의 자금경색(투자자금의 회수가 용이하지 않음)으로 경기침체에 빠질 우려가 있음. 이와 관련하여 매일경제(2002년 9월 13일) 참조.

제 4 장

실업과 인플레이션의 관계

(1) 필립스곡선이란

- 뉴질랜드 태생 영국의 경제학자 필립스(Alban W. Phillips, 1914~1975)는 인플레이션과 실업 간에는 단기적으로 상충관계(trade-off relationship)가 있다고 주장
  - 인플레이션율이 줄면 실업률이 증가하고, 반대로 인플레이션율이 증가하면 실업률은 감소한다는 것임.

- 필립스는 1866~1957년 동안 영국의 시계열자료를 이용하여 실업률과 명목임금 상승률 사이의 관계를 분석한 결과 두 변수 간에 역관계가 있다는 사실을 발견

[그림 4-1] 총수요·총공급 곡선

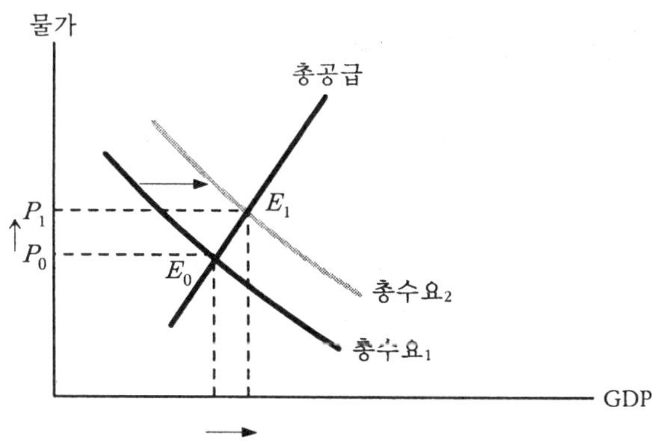

[그림 4-2] 필립스곡선[18]

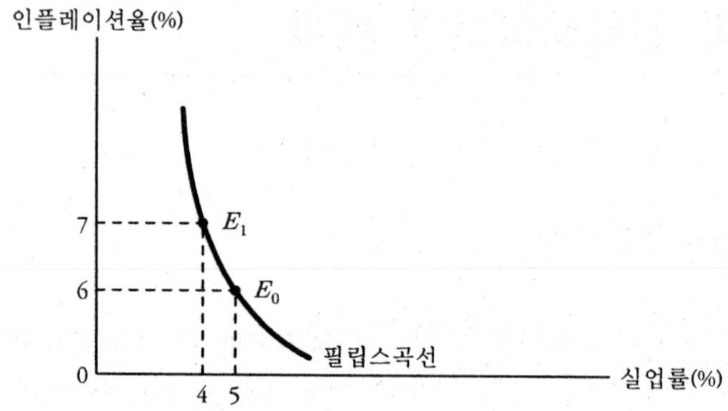

- 그 후 명목임금 상승률과 인플레이션율 간에는 밀접한 관계가 있으므로 명목임금 상승률 대신 인플레이션율로 대체하여 실업률과 인플레이션율 간에 역관계를 나타내는 곡선을 필립스곡선(Phillips curve)이라고 부름.
- 인플레이션율과 실업률 간에 역관계가 나타나는 이유는 총수요와 총공급의 개념으로 설명될 수 있음.
  - 총수요가 증가하는 경우 물가가 오르고 총생산이 증가하게 되는데, 그 결과 고용증대에 따른 실업률의 감소가 나타남.

(2) 필립스곡선의 정책적 의미

- 실업률을 감소시키기 위해서는 어느 정도의 물가상승률을 감수해야 한다는 것임.
  - 예를 들면 확장적 재정 · 통화 정책은 총수요 증가에 따른 고용증가로 실업률을 낮출 수 있으나 물가는 올라 인플레이션이 유발됨.
  - 그러나 필립스곡선은 총수요 정책(재정 · 통화 정책)을 통해 두 변수를 동시에 치유할 수 없음.

18) 필립스곡선은 물가상승률과 실업률 사이의 역관계를 나타냄.

- 거시경제정책을 수립하는 정책 당국의 입장에서는 인플레이션과 실업이라는 두 가지 정책목표 사이에서 일종의 '선택의 메뉴'를 갖게 됨을 의미
  - 다시 말하면 인플레이션보다는 실업을 줄이는 것이 경제정책의 목표라면, 이는 어느 정도의 인플레이션을 감수할 수 있다면 이러한 목표를 달성할 수 있다는 것을 뜻함. ⇒ 확대 통화정책이나 확대 재정정책을 사용하면 됨.
  - 반면에 실업보다는 인플레이션을 줄이는 것이 목표라면 반대의 정책을 사용하면 됨.
- 정책 당국자가 인플레이션과 실업 사이에 총수요관리정책을 통한 정책목표를 달성하는 것을 '미세조정(fine-tuning)'이라고 함.
- 그러나 여기서 중요한 문제는 이러한 인플레이션과 실업의 역관계가 안정적인가하는 점임.
  - 만약 그 관계가 안정적이라면, 정책 당국자는 선택의 메뉴를 사용할 수 있지만, 그렇지 않다면 미세조정을 통해 정책목표를 달성할 수 없음.

(3) 스태그플레이션과 필립스곡선

- 1970년대에 들어와 세계적으로 인플레이션율과 실업률의 역관계가 흔들리기 시작
  - 즉 실업률이 증가하는 경기침체 시에는 물가가 떨어지던 과거와는 달리 고실업과 고물가가 공존하는 현상이 나타난 것인데, 이러한 현상을 스태그플레이션(stagflation)이라고 부름.
- 스태그플레이션으로 인해서 필립스곡선이 안정적이라는 견해가 무너지게 됨.
  - 스태그플레이션이 발생하는 경우 실업률과 물가상승률 사이의 역관계는 나타나지 않게 됨.
  - 즉 고용이 줄고(실업이 늘고), 물가가 오르는 현상이 나타나기 때문
- 1970년대 이후의 스태그플레이션은 오일파동과 같은 공급충격과 그에 따른(즉 경기를 회복시키기 위한) 각국의 수요확장정책의 결과라고 파악됨.

- 따라서 공급충격이 있을 경우에는 수요확장적 경제정책은 한계가 있다고 판단되어 1980년대 레이건 행정부는 공급중시 경제정책, 즉 공급곡선을 우측으로 회복시키는 정책(일례로 감세정책)을 사용하게 됨.
  - 이것이 레이거노믹스의 주된 내용임.
- 한국경제 역시 1990년 이후 물가상승률과 실업률 사이에 안정적인 관계를 찾기 어려움.

(4) 신경제(고성장 속의 저물가)의 교훈

1) 1990년대 초반 이후의 미국경제

- 1990년대 초반부터 10년간 미국경제는 지속적인 경제성장으로 4%대 초반의 낮은 실업률을 유지하였고 임금상승률과 물가상승률은 1% 이하로 거의 변동이 없었는데, 이러한 고성장 속의 저물가 현상은 스태그플레이션과 반대적인 현상이라고 할 수 있음.
- 이 현상이 10년 이상 계속되자 일부 경제학자들은 이러한 현상을 기존의 경제이론으로는 설명할 수 없다는 점에서 신경제(new economy)라고 불렀음.[19]

2) 신경제의 주요 원인

- 첫째 경제의 글로벌화에 따른 기업들의 구조조정 때문
  - 그 결과 경영·조직의 효율화와 과감한 기술혁신을 통해 생산성이 증대하여 지속적인 성장과 물가안정을 동시에 이루게 되었음.
- 둘째 기업 간 경쟁촉진으로 낮은 임금수준이 유지되었기 때문
  - 그 결과 물가도 안정될 수 있었음.

---

19) 조순 교수는 1990년대의 '신경제'를 환상의 시대라고 평했음. 아울러 1960년대까지는 케인즈의 전성시대, 1970년대는 인플레이션과 통화주의자의 시대, 1980년대는 레이거노믹스의 대두, 2000년대는 신자유주의가 테러와의 전쟁과 맞물려서 미국의 세계전략이 차질을 빚기 시작한 시대, 오바마 시대는 아직은 불확실하다고 회고했음. 이와 관련하여 조선일보(2009) 참조.

- 셋째 1980년대 구조조정 시 많은 인력해고를 경험한 미국 기업들은 경기 상승국면에서 임금인상보다는 고용확보에 치중한 것도 실업률 하락에 큰 기여를 하였음.
  - 기업성장에 관계없이 자신의 몫만 챙기는 분배식 임금구조에서 탈피하여 생산성 향상을 위한 동기부여식 임금체계로 전환[20]한 것도 신경제를 가능하게 한 하나의 요인으로 인식되고 있음.
  - 기업들은 스톡옵션 및 이윤배분제 등과 같은 동기부여식 임금제도를 적극 수용하여 생산성 증가를 통한 수익증대를 이루었고 이는 기업과 근로자 모두에게 이득을 가져다주었음.
- 마지막으로 인터넷관련 부문의 성장도 한 몫 하였음.
  - 정부의 지속적인 지원을 바탕으로 인터넷관련 부문에서 많은 기업들이 탄생되었고, 이들은 고부가가치를 창출했을 뿐만 아니라 노동력을 흡수하는 데 일익을 담당하게 되었음.

3) 신경제의 교훈

- 기업들은 철저한 자기변신만이 경쟁시대에서 살아남는 비결이라는 것임.
  - 미국과 유럽의 경험을 비교해 보면 구조조정은 빠르면 빠를수록 좋음.
- 분배식 임금구조에서 탈피하여 생산성 증가를 위한 동기부여식 임금구조로 전환해야 함.
- 정부는 경쟁체제 구축을 위해 규제를 과감히 철폐하고 시장경제가 작동될 수 있는 경제여건을 조성하는 데 게을리해서는 안 됨.

참 | 고 | 자 | 료

(1) 김승욱 외(2008), 《알짬 시장경제》, 박영사, 2008. 2.
(2) 2009. 9. 25., 《조선일보》

20) 생산성 향상 범위 내에서 임금인상이 이루어져야만 물가상승 요인으로 작용하지 않음. 이들 세 변수 간의 관계는 대체로 다음과 같음. 물가상승률 = 임금인상률 − 노동생산성증가율

제 5 장

화폐시장과 이자율

(1) 실물부문과 화폐부문 사이의 관계

1) 실물부문과 화폐부문

- 실물부문이 재화와 용역의 생산과 거래가 이루어지는 부문으로서 생산량, 고용량, 실업, 소비, 투자, 저축, 정부지출, 수출, 수입 등이 결정된다면, 화폐부문에서는 중앙은행의 화폐발행 등 화폐공급과 경제주체들의 화폐수요가 중요한 초점이 됨.

- 실물경제 부문의 초점은 총생산, 국민소득, 고용 등으로서 GDP와 물가가 주요 변수이고, 화폐경제 부문에서는 통화량과 이자율이 주요 변수로 다루어짐.

2) 화폐의 중립성과 고전적 이분법

- 고전학파 경제학자들은 화폐가 실물부문에 아무런 영향을 미치지 못한다고 보았는데, 이를 화폐의 중립성(neutrality of money)이라고 함.
  - 실물부문만 분석하면 화폐부문은 고려하지 않아도 된다고 생각했음.
  - 화폐부문을 중요하게 여기지 않았으며 동시에 화폐부문과 실물부문이 각각 독립적으로 구분되어 있다는 생각을 가지고 있었는바, 이를 고전적 이분성(classical dichotomy)이라고 부름.

- 그러나 오늘날 화폐는 실물부문에 영향을 미치며, 반대로 실물부문도 화폐부문에 영향을 미치고 있는데, 이를 최초로 지적한 사람이 케인즈(J. M. Keynes)임.

• 케인즈 이전의 고전학파 경제학자들은 화폐를 단지 교환의 매개수단으로만 생각했으나 케인즈는 화폐가 그 외에도 금융거래를 위해 가치를 저장하는 기능도 가지고 있다는 점에 주목했음.
• 현실적으로 사람들은 자신의 소득을 다 실물로 바꾸지 않고, 일부는 화폐나 금융자산의 형태로 보유하는데, 그러면 소비가 줄어들어 생산물이 다 팔리지 않고, 따라서 재고가 늘어날 수 있음.
• 원래 고전학파 경제학자들은 생산된 것은 다 수요되기 마련이라고 생각했는데,[21] 케인즈는 화폐의 형태로 자신의 자산을 가지고 있는 사람들이 있기 때문에 생산된 것이 다 소비되지 않을 수 있다고 주장함으로써 화폐부문은 실물부문에 영향을 줄 수 있어, 더 이상 화폐는 실물부문의 그림자가 아님을 설명했음.

3) 화폐의 역할

- 적정한 양과 질의 화폐가 경제 안에서 유통될 때 경제도 바람직한 방향으로 움직임.
  • 화폐의 양이 지나치게 많으면 인플레이션의 압력이 발생하고, 반대로 화폐의 양이 너무 적으면 디플레이션(또는 경기침체) 현상이 나타남.
  • 또한 화폐가 어떠한 목적으로 사용되고 있는지, 즉 화폐의 질도 중요한데, 같은 양의 화폐가 유통되고 있다 해도, 소비재에 지나치게 몰리는 것보다는 기업의 생산자금으로 사용되는 것이 더 바람직할 것임.
  ⇒ 기업의 생산자금으로 사용되는 화폐는 더 많은 생산을 가능하게 하는 생산시설 확충에 사용될 수 있음.
- 화폐가 경제에 미치는 영향을 설명하는 견해에는 여러 가지가 있는데, 그 중 한 가지는 화폐의 양이 늘어나면 그대로 물가수준의 상승으로 이어진다는 견해가 있으나, 화폐의 양이 늘어나도 그 늘어난 화폐가 생산적인 목적으로 사용되는 경우에는 물가수준의 상승으로 이어지지 않고, 국가경제의 생산역량을 확대시킬 수 있으므로 중요한 것은 화폐의 양보다도 화폐의 쓰임새라고 할 수 있음.

21) 이를 처음 주창한 사람의 이름을 따서 세이의 법칙(Say's Law)이라고 함.

(2) 화폐의 성격

1) 화폐의 정의

- 시대에 따라 경제적 관습과 제도가 변화해 왔고 이에 따라 교환의 매개물 또한 수시로 바뀌어 왔기 때문에 아직도 우리는 화폐가 무엇인가라는 물음에 만족할 만한 답을 찾지 못하고 있음.
- 경제학자들은 편의상 화폐가 담당해야 할 기능을 먼저 정의하고, 그 기능을 수행하는 것을 화폐라고 정의하는 방식을 취하고 있음.

2) 화폐의 세 가지 기능

- 교환의 매개수단
- 계산의 단위
  • 돈은 계산의 단위가 되고 가치의 척도가 됨.
- 가치저장수단
  • 물가가 하락할 때는 현금이 좋은 가치저장수단이 되지만 상승할 때는 사정이 다름.

3) 화폐의 역사

- 상품화폐
  • 교환의 매개물로 쌀, 밀, 베, 소금, 가축 등의 상품
- 금속화폐
  • 금, 은, 구리 등
- 태환지폐
  • 18세기에 들어와 지폐 사용, 태환성이란 요구만 있으면 지폐를 즉각 미리 예치된 금과 은 같은 귀금속으로 바꾸어 준다는 것을 의미

- 불환지폐(법화)
  - 금과 은으로 교환해 준다는 약속이 딸리지 않은 불환지폐 등장, 불환지폐가 화폐로 사용될 수 있는 것은 정부가 이것의 가치를 보증하고 있기 때문인데, 정부가 법적으로 그 가치를 보증한다는 의미로 법화라고 부름.
- 전자화폐 등장

(3) 이자율

1) 화폐시장과 금융시장

- 금융시장은 자금의 공급자인 가계와 자금의 수요자인 기업이 직접 만나는 시장, 즉 금융자산이 거래되는 시장을 말하는데, 여기서 말하는 금융자산이란 채권이나 주식 등 사고 팔 수 있는 모든 형태의 자산을 말함.
  - 채권(bond)은 다른 말로 하면 '빚'(debt)으로서 기업이 채권을 발행한다는 것은 기업이 외부로부터 자금을 차입하는 것을 의미하며, 만기일이 되면 빌린 돈을 이자와 함께 갚겠다는 것을 약속한 증서를 말함.
  - 반면에 주식(stock, 또는 equity)이란 소유권을 나누어 갖는 것을 말하는데, 어느 기업의 주식 백만 주 중에서 한 주를 가지고 있다면, 이는 그 기업의 소유권을 백만분의 일을 가지고 있는 것을 뜻하기 때문에 기업이 이익을 보면 그 이익의 백만분의 일을 가질 권한이 있고, 손해를 보면 그 손해의 백만분의 일만큼 자신도 책임을 지게 됨.
  - 부동산이나 화폐도 자산의 일종이며, 그러한 자산을 증명하는 부동산 증서나 현금 예금액을 나타내는 예금증서도 모두 금융자산의 일종임.

화폐의 두 가지 특징

- 화폐도 금융자산의 일종으로 간주되고 있는데, 다른 자산들과는 다른 특징을 지니고 있음.
- 첫째 가장 안전한 자산이라는 것인데, 이는 도난이나 분실의 위험이

없다는 것이 아니라 액면가가 하락하지 않는다는 의미임.

• 두 번째 특징은 유동성[22]이 높다는 것인데, 화폐로는 어떠한 자산으로도 손해를 보지 않고 쉽게 바꿀 수 있기 때문에 유동성이 높음.

⇒ 화폐가 유동성이 가장 높은 자산이기 때문에 화폐를 다른 말로 유동성이라고 부름.

- 포트폴리오(portfolio)

• 사람들은 자기 자산의 일부를 당장의 편의를 위해 유동성이 높은 화폐의 형태로 보유하고, 남는 것은 수익성 자산의 형태로 보유함.

• 사람들이 어떠한 형태의 금융자산을 선택하느냐를 포트폴리오, 즉 자산배합이라고 하는데,[23] 포트폴리오 결정은 채권과 같은 수익성 자산과 화폐와 같은 유동성 자산의 자산배합 비율의 결정을 의미함.

• 따라서 전체 자산 중에서 수익성 자산이 차지하는 비중이 결정되면, 유동성 자산(화폐)이 차지하는 비율은 자동적으로 결정됨.

- 채권시장과 화폐시장

• 금융시장 전체를 채권이나 주식 등(이를 모두 묶어 '채권'이라고 해도 무방함) 수익성 자산이 거래되는 시장과 수익성이 없는 화폐가 거래되는 시장으로 나눌 수 있음.

• 수익성 자산이 거래되는 시장을 채권시장, 유동성이 거래되는 시장을 화폐시장이라고 부름.

• 개인이 유동성 자산의 보유액을 결정하면 수익성 자산의 보유액은 저절로 결정되듯이, 사회 전체적으로도 화폐시장이 결정되면 채권시장은 저절로 결정됨.

• 즉 채권과 화폐의 공급은 일정한 상태에서 각 개인들이 유동성의 보유를 늘리게 되면 채권에 대한 수요는 줄이는 셈이 되므로, 화폐시장에서는 초과수요가 발생하고 채권시장에서는 초과공급이 발생하게 됨.

---

22) 유동성(liquidity)이란 다른 형태의 금융자산으로 쉽게 바꿀 수 있는 성질 혹은 가치의 손실 없이 얼마나 현금화될 수 있는지의 정도를 말함.

23) 포트폴리오는 고대시대 사람들이 자신의 재산목록을 적은 두루마기를 말함.

• 따라서 경제학에서는 화폐부문을 고려할 때 채권시장은 분석하지 않고 유동성, 즉 화폐시장만을 분석대상으로 삼는 것이 일반적임.24)

2) 이자율

- 화폐시장에서는 이자율이 결정되는데, 돈만이 아니라 채권 등 각종 금융자산의 수익률도 일종의 이자율임.
  • 실제로는 각종 금융자산마다 서로 다른 이자율이 존재

- 시장을 대표하는 이자율
  • 우리나라에서는 3년 만기 회사채 유통수익률을 시장이자율의 지표로 사용했음. ⇒ 회사채가 유통되는 시장은 이미 발행된 채권이 거래되는 시장(the secondary market)25)을 의미하는데, 이미 발행된 채권의 가격은 시장의 수요와 공급에 의해 변동하고, 따라서 채권의 수익률도 변하게 됨. ⇒ 유통시장에서 채권에 대한 수요가 높아지면 채권의 가격은 오르고, 결과적으로 채권의 수익률은 내려가게 됨.26)
  • 또 다른 지표로 통화안정증권수익률이 있음. ⇒ 한국은행은 통화량의 수급을 조정하기 위해서 통화안정증권을 발행하는데, 시중에 통화량이 너무 많아서 인플레이션의 위험이 있을 때는 이 증권을 발행해서 시중의 자금을 회수하고, 시중에 자금이 부족하여 부도율이 높아지든지, 추석 등 자금수요가 급증할 것으로 예측되어 시중에 자금을 공급

---

24) 화폐시장만을 분석하지만 그렇게 함으로써 채권시장도 알 수 있기 때문임.

25) 새로운 채권이 발행되는 시장은 발행시장(the primary market)이라고 함.

26) 가령 액면가 10만원, 이자율 10%의 1년 만기 채권이 9만5천원에 거래되고 있다고 하자. 여기서 채권의 가격은 액면가(만기일에 돌려받게 되는 약속된 금액)와는 다르게 되는데, 왜냐하면 채권의 가격은 채권의 수요에 의해 결정되기 때문임. 이런 상황에서 채권의 수익률은 다음과 같음. 즉 채권의 총수익(자본이익 + 이자수익)을 채권의 가격으로 나누어 주면 이 채권을 사기 위해 지불한 9만5천원에 대한 수익률이 계산됨. 즉 채권의 수익률 = (총)수익 / 채권의 가격임. 여기서 자본이익이란 액면가 10만원에서 이 채권을 사기 위해 지불한 금액인 9만5천원을 뺀 5천원이고 이자수익은 1년 동안의 이자인 1만원임. 따라서 이 채권의 수익률(r)은 $r=\{(100{,}000-95{,}000)+10{,}000\}/95{,}000=0.158$이 됨. 만약 채권의 수요가 증가해 이 채권의 가격이 9만8천원으로 오른다면 채권의 수익률은 낮아지게 됨. 즉 $r=\{(100{,}000-98{,}000)+10{,}000\}/98{,}000=0.122$이 됨. 이처럼 채권의 가격과 수익률은 반비례의 관계를 가짐.

할 필요가 있으면, 화폐발행의 방법 이외에 이 증권을 회수하여 통화량을 공급함.

(4) 통화량의 측정

1) 주요 통화지표

- 우리나라의 통화지표는 2002년 3월 국제통화기금(IMF)의 권고에 따라 새롭게 재편되었음.
  - IMF는 세계 금융환경의 변화에 따라 금융기관 간 경계가 모호해짐에 따라 금융자산 중심의 통화지표 편제를 적극 권장하였음.
  - 우리나라에서도 새로운 통화지표는 IMF의 통화금융통계 매뉴얼과 일치하도록 금융기관의 제도적 형태보다는 금융상품의 유동성을 기준으로 재편되었음.[27]

- 좁은 의미의 통화(M_1)
  - 가장 기본적인 통화지표로 협의의 통화임.
  - 협의의 통화(M_1)

    = 현금통화(currency : CU) + 요구불예금(demand deposits : DD)
    + 수시입출식 저축성예금(은행의 저축예금 및 MMDA)[28]

- 광의의 통화(M_2)
  - M_1에 비해 유동성이 다소 떨어지나 M_1과 대체성이 높은 예금취급기관의 금융상품인 기간물 정기예적금, 시장형 상품, 실적배당형 상품, 금융채 등을 포함(단, M_2에는 유동성이 낮은 만기 2년 이상 금융상품은 제외)

---

27) 그동안 한국의 통화지표 변천과정은 다음과 같음. 1957~1969 : 협의통화(M_1), 1970~1977 : 국내신용, 1978 : 협의통화(M_1), 1979~1997 : 광의통화(M_2)는 중심지표, M_2A와 M_2B는 보조지표, 1997 : 광의통화(M_2)와 MCT(=M_2+양도성예금증서+금전신탁), 1998~ : IMF와 협의하에 총유동성(M_3), 2003~ : 금리 중시의 통화정책, M_1, M_2, M_3 등도 활용(2002년부터 새로운 개념의 M_1, M_2 사용)

28) MMDA(Money Market Deposit Account)는 시장금리부 수시입출식 예금을 의미

• 광의의 통화 (M_2) = M_1(협의의 통화) + 기간물 정기예적금
+ 시장형 상품(CD, RP, CMA, 표지어음 등)
+ 실적배당형 상품 + 금융채
+ 기타(투신사 증권저축 등)

- 광의유동성(L)
  • 광의유동성(L : liquidity aggregates)은 한 나라 경제가 보유하고 있는 전체 유동성의 크기를 측정하기 위한 것으로 M_2 이외에 금융기관이 공급하고 있는 금융기관유동성(Lf : The liquidity aggregate of financial institutions = 개편 전의 M_3와 같음)[29]에다 기업 및 정부 등이 발행하는 기업어음, 회사채, 국공채 등의 유가증권이 추가
  • 광의유동성(L) = M_2 + Lf + 국채, 지방채, 회사채, 기업어음 등

2) 통화지표 선택의 기준

- 두 가지 선택기준을 생각해 볼 수 있음.
  • 하나는 통화지표와 실물경제 사이에 존재하는 관계의 밀접성이며, 다른 하나의 선택기준으로는 통화지표의 통제 가능성을 들 수 있음.

- 문제는 이상의 두 기준이 일종의 상충관계를 갖는다는 데 있음.
  • 따라서 각 나라의 통화당국은 일단 다양한 통화지표를 만든 다음, 필요에 따라 적절하다고 생각하는 몇 가지를 골라 정책의 기초자료로 사용하고 있음.

3) 중심통화지표

- 우리나라에서는 1978년까지는 M_1을 중심통화지표로 사용해 왔음.

- 1979년 이후 M_2가 실물경제와의 상관성이 더 높아 M_2를 중심통화지표로 사용하고, M_1과 M_3(현재의 Lf)를 보조로 활용해 왔음.

---

29) 총유동성(M_3) = 총통화(M_2) + M_2 이외의 유동성

- 그 후 M_2의 실효성이 떨어져 1999년(1998년)부터는 $Lf(M_3)$를 중심통화 지표로 사용해 왔음.

- 그러나 최근에는 통화지표보다는 이자율을 통화정책의 목표로 하는 경우가 늘어나면서 통화지표의 중요성이 상대적으로 감소하고 있는 추세임. ⇒ 2003년 이후 금리 중시의 통화정책 실시

- 기존의 통화지표들이 금융기관 상품의 성격을 토대로 편재돼 현금흐름을 제대로 반영하지 못하는 단점을 극복하기 위하여 한국은행은 2002년에 다시 정의를 내려 '신M_1', '신M_2' 그리고 '신L'로 불렀는데, 이들 새로운 통화지표들은 통화의 유통속도, 현금화 가능성(즉 유동성) 등을 보다 정확히 반영하는 것으로 평가되고 있음.

- 그 후 2006년 5월 한국은행은 통화지표를 일부 개편하였는데, 2002년 개편 당시 M_1에 포함되었던 MMF(Money Market Fund)가 새로이 M_2에 포함되었음.
  - 그 이유는 MMF를 구입한 후 다시 매각하는 이른바 환매방식이 당일환매에서 하루 경과 후에 찾을 수 있는 일일환매로 전환되어 그만큼 MMF의 유동성이 낮아졌기 때문임.

- 이처럼 금융상품의 변화들이 통화지표의 변화를 가져오고 있음.

(5) 화폐의 수요와 공급

1) 화폐에 대한 수요

- 화폐에 대한 수요란 결국 보유하는 자산 중 얼마만큼을 화폐의 형태로 보유할 것인가에 대한 결정의 산물임.
  - 일반적으로 사람들은 주식, 채권, 부동산, 예금 등 여러 형태의 자산을 섞어서 보유하는 경향이 있음.
  - 이들을 어떤 비율로 섞어 보유하느냐가 중요한 선택문제가 될 수 있는데, 경제학에서는 이를 자산선택(portfolio choice)의 문제라고 부름.

• 화폐에 대한 수요는 기본적으로 이 자산선택의 문제라는 틀 안에서 발생하는 현상이라는 성격을 갖고 있음.

- 화폐를 보유하는 이유
  • 우리는 일상생활에서 이런 저런 물건들을 구입하게 되는데, 이를 위해서는 어느 정도의 화폐를 수중에 갖고 있어야 함. ⇒ 거래적 동기에 의한 화폐수요(이는 소득이 많을수록 많아지는데, 다시 말해 고소득층일수록 거래할 목적으로 화폐를 보유하는 양이 많아짐)
  • 예기치 않게 닥칠 일에 대비해 화폐를 갖고 있어야 할 필요가 있음. ⇒ 예비적 동기에 의한 화폐수요(이 역시 소득이 많을수록 액수가 높아짐)
  • 수익성이나 안정성의 측면에서 화폐가 다른 자산보다 더 낫기 때문에 화폐를 보유하려는 경우도 있을 수 있음(투자의 시기를 기다리기 위해서 한시적으로 현금 등 유동성이 높은 형태의 자산을 보유). ⇒ 투기적 동기에 의한 화폐수요(화폐를 자산 가운데 하나로 인식하는 것이므로 화폐의 가치저장 기능을 중시하는 것임)

2) 화폐수요함수와 화폐수요곡선

- 화폐수요함수는 화폐 수요량과 이것의 결정요인 사이에 다음과 같은 관계가 존재하고 있음을 구체적으로 보여주고 있음.
  • 물가수준 그 자체가 높을수록 화폐 수요량이 더 커지는 반면, 물가상승률의 경우에는 이것이 클수록 화폐 수요량이 더 작아지는 것임. ⇒ 물가수준이 높아지면 거래적 동기에 의한 수요가 그만큼 더 커져 화폐 수요량이 늘어나지만 물가가 빨리 오르는 상황에서는 화폐가 상대적으로 더 나쁜 가치저장의 수단이 되기 때문에 물가상승률이 커지면 화폐 수요량이 줄어드는 결과가 나타남.
  • 이자율이 상승하면 투기적 동기에 의한 화폐수요가 줄어드는 결과가 나타남. ⇒ 다른 금융자산과 달리 현금에는 이자가 붙지 않기 때문에 이자율이 상승한다는 것은 현금 보유의 기회비용이 더 커진다는 것을

뜻하기 때문에 이자율이 높을수록 화폐가 상대적으로 더 나쁜 가치저장의 수단이 되고, 이에 따라 투기적 동기에 의한 수요가 줄어드는 것임.

- 국민소득의 증가는 거래적 동기에 의한 수요를 늘려 화폐 수요량이 더욱 커지는 결과를 가져오게 됨.
- 금융제도의 변화도 영향을 줄 수 있는데, 일례로 24시간 현금지급기의 보급으로 어느 때든 현금을 인출할 수 있게 되었기 때문에 현금에 대한 수요가 현저히 떨어진 것을 볼 수 있음.
- 지하경제의 발달 정도도 영향을 줄 수 있는바, 지하경제에서는 대부분의 거래가 현금을 통해 이루어지는데, 그렇게 해야 정부의 눈을 피할 수 있기 때문임. ⇒ 따라서 다른 여건이 똑같다면 지하경제의 비중이 클수록 화폐 수요량이 더 커지는 것을 관찰할 수 있을 것임.

- 화폐수요에 영향을 주는 주된 요소인 소득과 이자율에 대한 시각차
  - 고전학파 경제학자들은 화폐수요는 소득에 의해서만 영향을 받는다고 인식했었는데, 케인즈는 투기적 동기를 강조해 화폐수요에 영향을 주는 요소는 소득뿐만 아니라 이자율도 또한 영향을 준다는 것을 논리적으로 밝혔음.
  - 오늘날 케인즈학파 경제학자들이나 고전학파의 전통을 이어받은 신고전학파 경제학자들 모두 화폐의 수요에 소득과 이자율이 모두 영향을 준다는 것은 인정하지만 소득과 이자율 중에서 더 중요한 요인이 무엇인가에 대해서는 여전히 견해 차이를 보이고 있음. ⇒ 케인즈학파의 학자들은 화폐수요에 더 큰 영향을 주는 것은 이자율이라고 주장을 하는 반면에 프리드만 등 신고전학파 학자들은 화폐수요에 더 큰 영향을 주는 것은 소득이고, 이자율은 큰 영향을 주지 못한다고 주장

- 화폐수요곡선
  - 화폐수요에 영향을 주는 다른 요인들은 불변임을 가정하고 이자율과 화폐 수요량 사이의 관계를 그림으로 나타낸 것이 바로 화폐수요곡선인데, 이자율과 화폐 수요량 사이에는 역(−)의 관계가 있기 때문에 화폐수요곡선은 우하향하는 모양을 가짐.

• 불변이라고 가정한 다른 요인에 변화가 생기면 화폐수요곡선 그 자체가 이동하는 결과가 나타나는데, 예를 들어 국민소득 수준이 상승하면 거래적 동기에 의한 화폐수요가 증가할 것이므로 화폐수요곡선은 오른쪽으로 이동함.

[그림 5-1] 화폐수요곡선[30]

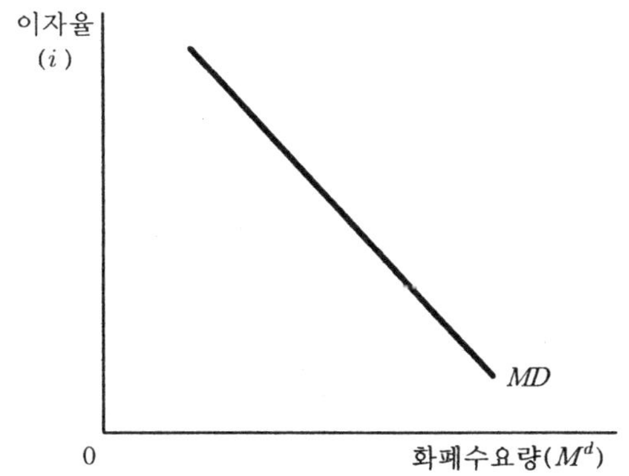

[그림 5-2] 화폐수요곡선의 이동[31]

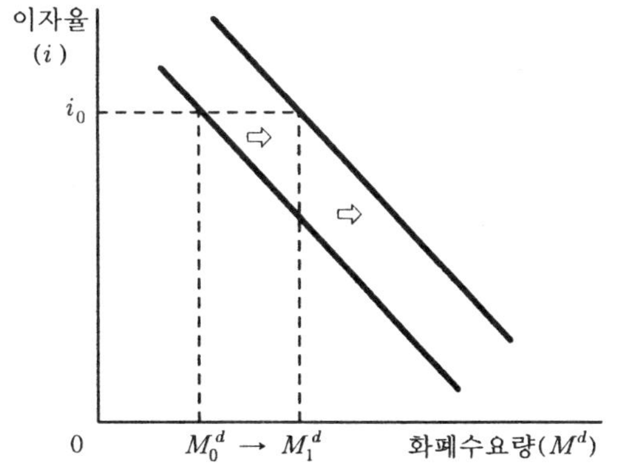

30) 화폐수요에 영향을 주는 다른 요인들은 불변임을 가정하고 이자율과 화폐 수요량 사이에 역(−)의 관계가 있음을 나타냄.

31) 화폐수요곡선을 그릴 때 이자율을 제외한 다른 화폐수요의 결정요인은 불변으로 가정하는데, 이것 중 어느 것에 변화가 생기면 화폐수요곡선이 이동하게 됨.

3) 화폐공급곡선

- 화폐의 공급이 중앙은행에 의해 독점적으로 결정된다고 생각하는 사람이 많지만 화폐의 범위를 M_1으로 좁게 정의하더라도 그 안에는 요구불예금처럼 중앙은행이 마음대로 그 크기를 조절할 수 없는 부분이 포함되어 있음을 잊어서는 안 됨.
  - 설사 중앙은행이 현금통화의 공급을 증가시킨다 해도 이를 현금으로 보유할 것인가 아니면 요구불예금으로 은행에 예금할 것인가는 결국 개인의 결정에 달려 있음.
  - 또한 은행이 얼마나 적극적으로 개인이나 기업에 대출을 해주려 하느냐에 따라 시중에 유통되는 자금의 양이 다르게 됨.
  - 이는 중앙은행뿐 아니라 개인과 일반 금융기관도 화폐공급에 영향을 줄 수 있다는 것을 뜻함.

- 그러나 한 가지 분명한 것은 정부, 즉 중앙은행이 화폐의 공급에 매우 중요한 영향을 미칠 수 있다는 사실임.

- 일단 분석의 편의를 위해 중앙은행이 다양한 정책을 통해 화폐의 공급을 완벽하게 조절할 수 있다고 가정

[그림 5-3] 화폐공급량이 정부정책에 의해 결정된다는 가정하의 화폐공급곡선

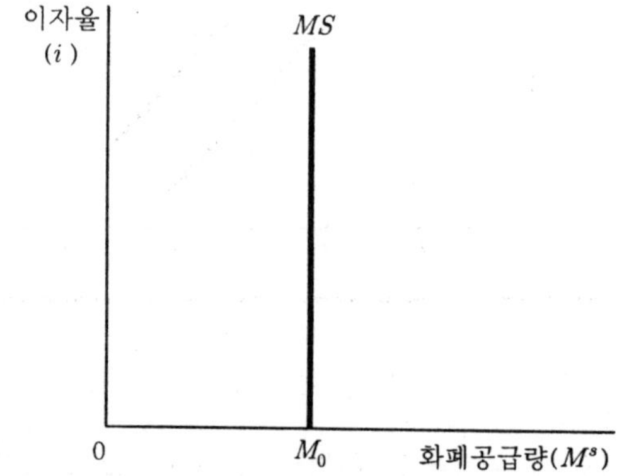

[그림 5-4] 화폐공급곡선의 이동[32)]

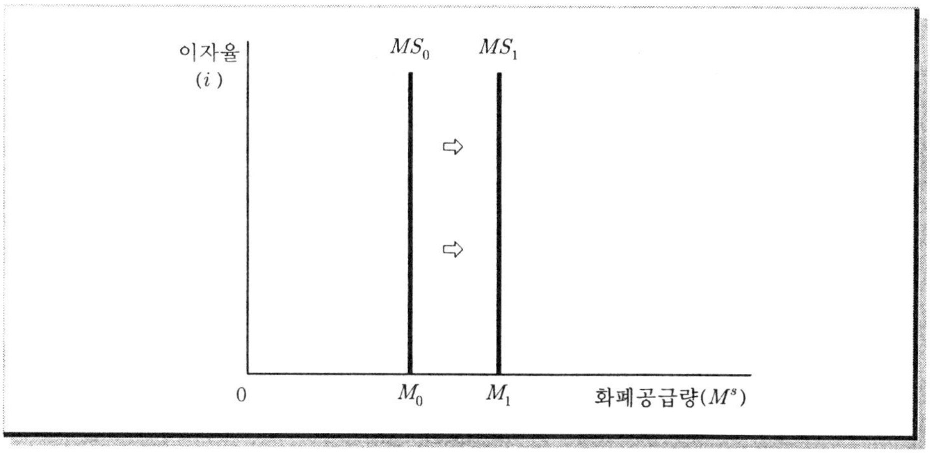

- 중앙은행이 화폐공급량을 일정수준으로 결정했다면 화폐공급곡선은 수직선이 됨. ⇒ 화폐공급량이 이자율과 관계없이 정부정책에 의해 결정된다는 가정을 반영
- 만일 중앙은행의 화폐공급량이 증가한다면 화폐공급곡선은 오른쪽으로 이동하게 될 것임.

- 바로 다음에 논의될 내용이긴 하지만 분석의 편의를 위해 우리는 민간부문에서 보유하는 화폐는 전혀 없고 모두 은행에 예금한다고 가정하고, 시재금[33)]도 없다고 가정하고 있으나 실제로는 본원통화[34)] 중의 일부를 민간이 보유하며, 은행도 예금의 일부를 시재금으로 갖게 되므로 통화공급은 통화량 중에 현금이 차지하는 비중인 현금통화율과 시재금에도 영향을 받음.

---

32) 중앙은행이 화폐공급량을 늘리면 화폐공급곡선이 오른쪽으로 이동하게 됨.
33) 예금은행이 영업자금을 확보하기 위해 은행금고에 보관한 현금을 시재금(cash in vault)이라고 함. 시중에 유통되는 현금통화와 시재금을 합쳐 화폐발행액이라고 함. 다시 말해 화폐발행액은 중앙은행 밖에 남아 있는 현금총액을 나타냄.
34) 본원통화(base money)란 중앙은행 창구를 통하여 시중에 나온 화폐를 말하며 이는 화폐발행액과 중앙은행 지준예치금을 합친 개념임. 여기서 중앙은행 지준예치금은 중앙은행의 창구를 통해 나간 본원통화 중 일부가 중앙은행에 다시 환류된 몫임.

(6) 예금은행과 통화창출

1) 은행 전체의 총예금액 증가분 계산과정

- 실례
  - 예를 들어 중앙은행만 있고 은행이라고는 하나도 없는 채, 현금만 100억원이 유통되는 나라가 있다고 하자.
  - 가령 은행이 한 개 생기고 사람들이 이 100억원을 모두 이 은행에 당좌예금했다고 할 경우에 이 은행의 법정지급준비율이 20%라면 예금액의 20%만 지급준비금으로 갖고 있고 나머지 80%는 모두 대출할 수 있다는 것임.
  - 그런데 많은 은행이 있고 대출을 받은 사람들은 모두 다시 그 돈을 은행에 예금한다고 하자. 이 경우 80억원을 대출받은 사람이 다른 은행에 이 돈 전액을 예금하면 그 은행은 그 예금액의 20%만 지급준비금으로 보유하고 나머지는 대출하게 됨.
  - 80억원 중 16억원은 지급준비금으로 보유하고 나머지 64억원은 대출할 수 있음.
  - 이런 예금과 대출 과정이 계속 되풀이되면 통화량은 얼마나 늘어나게 되는가?

    $$\begin{aligned} \Rightarrow \text{총 예금의 증가분} &= 100\text{억원} + 80\text{억원} + 64\text{억원} + 51.2\text{억원} + \cdots \\ &= 100\text{억원} \times [1 + 0.8 + (0.8)^2 + (0.8)^3 + \cdots] \\ &= 100\text{억원} \times \frac{1}{1-0.8} \\ &= 500\text{억원} \end{aligned}$$

- 처음의 100억원은 중앙은행이 발행한 현금통화인데, 이를 본원통화라고 함.
  - 중앙은행이 발행하여 중앙은행 창구를 떠난 돈을 본원통화(reserve base, monetary base, 또는 high-powered money)라고 함.

- 지급준비율이 20%인 경우 은행 전체는 500억원, 곧 5배에 해당되는 예

금통화를 창출하게 되므로 은행들은 본원통화의 승수 배만큼의 예금통화를 창출하게 됨.

- 이는 전체 은행이 창출할 수 있는 최대의 예금통화량임.
- 이 경우 통화승수는 5임(100 ÷ 20% = 5).

2) 통화승수

- 중앙은행이 애당초 늘려 공급한 화폐의 양과 은행의 예금창조[35] 과정을 거쳐 궁극적으로 증가한 통화량 사이의 비율을 통화승수(monetary multiplier)[36]라고 부름.

- 따라서 위의 예에서 보는 바와 같이 법정지불준비율이 z로 주어져 있을 때, 통화승수(m)는 $\frac{1}{z}$의 값을 가짐.

- 통화승수에 의한 증폭과정은 본원통화가 줄어들어 통화량이 줄어들 때도 그대로 적용될 수 있는바, 즉 본원통화가 줄어들면 예금파괴(deposit destruction) 과정을 거쳐 통화량이 더 큰 폭으로 줄어들게 되는 것임.

- 결과적으로 중앙은행이 통화량을 줄이기를 원할 때는 통화승수의 크기를 감안해 본원통화를 적절한 폭으로 줄이면 되는 것임.

(7) 이자율과 통화공급

- 중앙은행이 결정하는 본원통화량과 법정지불준비율은 정책변수이므로 중앙은행에서 정책적으로 결정하지만, 민간의 현금통화율과 은행시재금(C_v)은 시장이자율에 영향을 받음.
  - 왜냐하면 이자율이 높을 때는 현금으로 가지고 있기보다는 이자를 받기 위해서 은행에 예금하려고 하는 경향이 높기 때문에 이자율이 높을수록 현금통화율은 낮아질 것임.

---

35) 예금은행들은 직접 화폐를 발행하는 것은 아니지만 예금업무를 통해서 신용을 창출하여 통화량을 증대시키는데, 이것을 예금창조 혹은 신용창조(credit creation)라고 함.
36) 통화승수 = 총예금창조액 / 본원통화

- 마찬가지로 은행에서도 이자율이 높을수록 은행의 금고에 보관하는 시재금을 가능한 작게 유지하려고 할 것이고 그 결과 화폐공급량은 증가하게 됨.[37)]

- 화폐공급량이 본원통화[38)]나 법정지불준비율[39)]에 더 큰 영향을 받을 것인가, 아니면 은행시재금과 현금통화율에 의해서 더 크게 영향을 받을 것인가와 관련하여, 만약 후자라면 이자율이 화폐공급량에 미치는 영향이 클 것이고, 전자라고 하면 화폐공급량은 정책적으로 결정될 뿐이고 이자율과는 별로 상관이 없게 됨.

[그림 5-5] 단기적으로 이자율의 증가함수로 나타난 경우의 화폐공급곡선

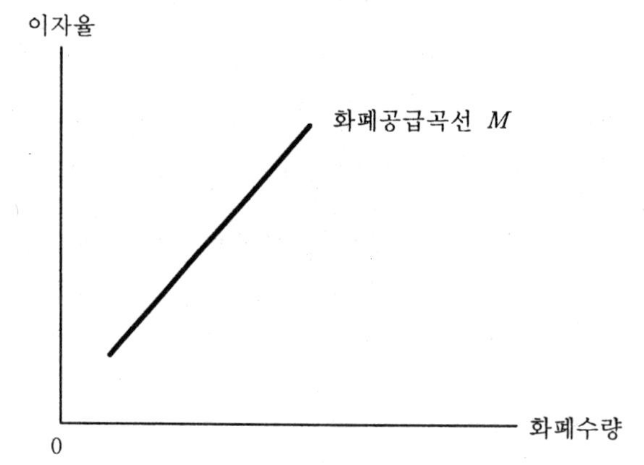

37) 통화공급은 단기적으로는 이자율의 증가함수로 나타남.

38) 본원통화(base money)란 중앙은행 창구를 통하여 시중에 나온 화폐를 말함. 본원통화의 일부는 시중에 유통되며(이를 현금통화라고 함), 일부는 예금은행에 예치되어 승수효과를 통하여 예치된 금액의 몇 배에 해당하는 예금창조가 발생되므로 고성능화폐(high-powered money)라고도 함.

39) 총지불준비금 또는 총지급준비금은 법정지불준비금과 초과지불준비금으로 구성됨. 총지불준비금 중의 일부는 의무적으로 한국은행에 예치해야 하는데, 이것을 법정지불준비금이라고 하며 그 비율을 법정지불준비율(법정지불준비금/총예금)이라고 부름. 법정지불준비금을 제외한 나머지를 초과지불준비금이라 하고 은행들은 이 초과지불준비금을 대출자금으로 사용할 수 있음.

- 일부 학자들은 은행관리의 효율화를 위해 은행시재금은 일정하고, 현금통화율도 관습적으로 단기간에는 잘 변하지 않기 때문에 화폐공급은 본원통화량과 법정지불준비율 등 정책적 변수에 의해 결정된다고 주장함.
- 실증적 연구에 의하면 통화량의 장기변동에는 본원통화량이 중요한 역할을 하고 단기변동에는 시재금과 현금통화율, 즉 이자율이 더 중요한 역할을 하는 것으로 나타남.

(8) 화폐시장의 균형과 균형 시장이자율의 결정

1) 화폐시장의 균형

- 화폐시장의 균형에서 이자율이 결정된다고 설명하는 이론을 케인즈의 유동성선호이론[40)]이라고 부름.
  - 사람들이 화폐를 얼마나 수요하고 있는지가 이자율의 결정에 중요한 역할을 하는 것으로 본다는 뜻에서 바로 이 유동성선호이론이라는 이름이 붙은 것임.
  - 그러나 이러한 설명은 분석의 편의를 위해 화폐공급이 통화당국에 의해 결정되는 정책변수로 가정한 데서 비롯되고 있는데, 실제로는 화폐공급이 중앙은행의 정책에 의해서만 영향을 받는 것이 아니라는 점을 우리는 이미 앞에서 언급했음.

- 지금까지의 논의를 요약하면 화폐수요에 영향을 주는 것은 소득과 이자율이고, 공급에 영향을 주는 것은 중앙은행의 정책과 이자율이기 때문에[41)] 소득이 일정하고, 정부의 정책이 일정하다면 화폐시장에서 수요와 공급에 결정적인 역할을 하는 것이 이자율이라는 사실을 알 수 있음.

- 따라서 화폐의 수요곡선과 공급곡선은 이자율의 함수로 표시할 수 있고,

---

40) 유동성 선호란 화폐수요의 다른 이름임.
41) 물론 화폐수요와 공급의 경우 여기서 언급된 이외의 요소들도 영향을 주고 있는 것이 사실이지만 이들이 주된 요소에 해당한다고 볼 수 있음.

이 두 곡선이 만나는 점에서 화폐시장의 균형이 성립되며 이때 균형이자율이 결정됨.

- 화폐시장에서 초과수요가 존재하는 경우 어떻게 회사채의 유통수익률(즉 시장이자율)이 오르게 되는가?
  - 만약 화폐시장에서 시장이자율이 균형이자율보다 낮으면, 화폐시장에서 화폐의 초과수요가 존재하고, 이는 채권시장에서 채권에 대한 초과공급을 의미하므로 채권의 가격이 하락함.
  - 채권가격은 채권의 수익률과 반비례하므로 결국 채권의 수익률이 오르게 되고, 이는 곧 시장이자율이 균형이자율을 향하여 상향 조정됨을 의미
  - 그러므로 균형이자율은 화폐시장과 채권시장 모두에서 초과수요나 초과공급이 존재하지 않게 되는 시장이자율이며, 이 시장이자율에서 화폐시장과 채권시장은 균형을 이루게 됨.

[그림 5-6] 화폐시장의 균형[42]

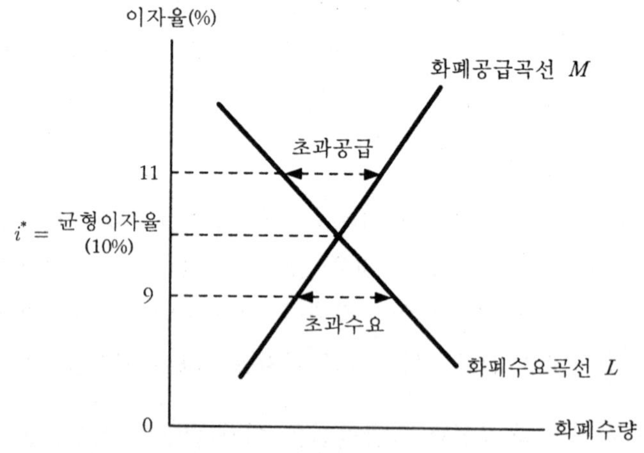

42) 화폐시장의 초과공급은 채권시장의 초과수요를 의미하고, 이 경우 채권의 가격이 올라 유통수익률이 하락하게 됨. 채권의 유통수익률이 곧 시장이자율임.

2) 이자율의 변화

- 화폐의 수요가 감소할 경우
  - 화폐의 수요가 줄어들면 이자율이 떨어질 수 있는데, 이는 원래의 균형이자율 수준에서 화폐시장의 초과공급을 의미함과 동시에 채권시장에서 채권의 초과수요를 의미하므로 채권가격은 오르게 되고 따라서 채권의 수익률, 즉 시장이자율은 하락하게 됨.

- 중앙은행이 통화량을 늘릴 경우
  - 대개의 경우 회사채 수익률(즉 시장이자율)이 하락하는데, 그 이유는 통화량이 늘어나면 원래의 균형이자율에서 화폐시장에서는 화폐의 초과공급이 존재하게 되며, 이것은 채권시장에서 채권의 초과수요를 의미하고, 따라서 채권의 가격은 상승하고 채권의 수익률, 즉 시장이자율은 새로운 균형이자율로 하락하게 되기 때문임.
  - 화폐수요곡선과 화폐공급곡선의 이동상황을 가지고 설명해 볼 수도 있는데, 화폐공급이 늘어나면 화폐공급곡선은 우측이동 ⇒ 균형이자율 하락(이는 국민소득이나 물가 같은 다른 요인들이 고정되있다는 가정하에서 얻어진 결과임)
  - 현실경제에서는 화폐공급이 늘어남에 따라 이자율이 하락하면 투자와 소비지출에 변화가 생겨 국민소득과 물가에 변화가 오게 되기 때문에 국민소득과 물가가 고정되었다는 가정하에서 진행한 분석결과에는 명백한 한계가 있을 수밖에 없음.

- 한마디로 화폐경제에서 결정된 시장이자율은 실물경제부문에서 지출(특히 내구재에 대한 소비와 투자)에 영향을 주어 실물경제의 생산활동 수준에 영향을 미치게 됨.

참 | 고 | 자 | 료

(1) 김승욱 외(2008), 《알짬 시장경제》, 박영사.
(2) 송병락(2006), 《글로벌시대의 경제학》, 박영사.
(3) 이준구 외(2007), 《경제학 들어가기》, 법문사.

제 6 장

금융의 작동원리

(1) 금융과 금융방식

1) 금융이란

- 금융이란 자금의 융통, 즉 돈을 빌려주고 빌리는 일을 말함.
  - 다시 말하면 채권자와 채무자 사이에 금융상품을 매매하는 행위라고 할 수 있음.

2) 자기금융과 외부금융

- 기업이 경영에 필요한 자금을 조달함에 있어서 사내에 유보되어 있는 내부자금으로 충당하는 것을 자기금융이라 하고, 외부로부터 차입하게 될 때 이를 외부금융이라 함.

- 외부금융은 다시 직접금융과 간접금융으로 구분되는데, 직접금융은 자금조달과정에 있어서 금융기관을 개입시키지 않고 주식 또는 사채를 발행함으로써 투자자로부터 직접 자금을 조달하는 것을 말하고, 간접금융은 금융기관을 통해 일반으로부터 흡수된 예금을 차입하는 것을 말함.
  - 간접금융기관 : 은행, 생명보험회사, 종합금융회사, 상호저축은행, 새마을금고, 신용협동기구(신용협동조합, 새마을금고, 농협・수협의 농어민을 위한 상호금융 등), 투자신탁회사 등
  - 직접금융기관 : 직접금융의 경우에도 물론 증권회사라는 금융기관이 개입하기는 하지만, 은행과 달리 증권회사는 채권자와 채무자 사이에 거래가 원활하게 이뤄지도록 알선하는 복덕방 역할만 할 뿐임.

3) 금융시장이란

- 직접금융이 이루어지는 곳을 금융시장(financial market)이라고 함.
  - 금융시장에서는 유가증권이 거래되는데, 유가증권은 크게 나누어 채권(bonds)과 주식(stocks)을 포함
  - 채권에는 만기일에 따라 1년 미만인 것을 단기채권, 1년 이상인 것을 장기채권이라고 부름.
  - 주식은 만기일이 없는 유가증권이므로 장기채권임.

- 금융시장에서 거래되는 채권과 주식 중 장기채권과 주식이 거래되는 시장을 묶어 자본시장(capital market)이라고 부름.

- 금융기관은 간접금융과 관련된 것이고, 금융시장과 자본시장은 직접금융과 관련된 것임.
  - 외환위기 당시 논의된 금융개방은 금융시장 중에서도 자본시장의 개방이 중요한 초점이 되고 있었음.
  - 국제금융시장이라는 용어는 외국인에게도 매매가 개방된 금융시장을 말함.

4) 금융방식의 추이

- 경제발전 초기에는 간접금융방식이 주를 이루었음(왜냐하면 조건이 맞는 거래 상대방을 직접 찾기가 쉽지 않기 때문에 금융기관의 중개를 주로 이용).

- 그러나 경제가 발전하고 금융산업이 고도화되면서 다양한 거래조건과 높은 수익을 제공하는 직접금융방식의 비중이 높아지고 있음.
  - 증권시장의 규모나 거래액이 커졌음.

- 최근 금융산업의 기술이 급속도로 발전하면서 간접금융에 직접금융적 요소가 도입되는 양상도 나타나고 있는데, 이를 '금융의 증권화' 현상이라고 함.

• 금융 빅뱅시대(업무영역의 확대, 금융기관의 대형화, 증권과 은행의 업무영역 파괴)

5) 자본시장통합법의 시행(2009년 2월 4일부터)

- 자본시장통합법(일명 자본시장법)이란
  • 명칭 그대로 자본시장을 합치는 것에 대한 법률임.
  • 자본시장은 여러 금융사로 구성돼 있는데, 은행 · 보험 · 증권사 그리고 자산운용사 · 종금사 · 선물회사 · 신탁회사 등이 있음.
  • 이들 가운데 은행과 보험을 제외한 증권사 · 자산운용사 등을 하나로 묶는 법이 바로 자본시장법임.
  • 좀 더 쉽게 설명하면 이들 각사의 업무영역을 규정한 법들이 있는데, 이 법들을 하나로 묶어서 자본시장법이라는 법이 탄생된 것임.

- 법이 통합되면 어떻게 되나
  • 각 금융사들은 현재 각자 고유의 영역을 갖고 영업을 해왔는데, 정확히 말하면 고유의 영역 안에서 영업을 했는바 적용되는 법이 다른 만큼 판매하는 금융상품도 각기 달랐던 것임.
  • 그런데 자본시장법이 시행되면 증권사 · 자산운용사 등으로 엄격히 나눠졌던 업종 간의 벽이 무너지게 되어 증권사가 자산운용사 업무를 할 수 있고, 자산운용사도 증권사 업무를 할 수 있게 되는 것임.

- 금융산업은 어떻게 바뀌나
  • 통합은 곧 겸업을 의미하는데, 하나의 증권사가 기존 증권업뿐만 아니라 자산운용업 · 선물업 등 다양한 금융업을 동시에 다룰 수 있게 됨으로써 큰 시너지를 창출할 수 있을 것으로 기대
  • 예컨대 선물시장이 크게 열리면 여기에 맞게 상품을 기획해 내놓는 형태인데, 현재는 "우리는 사업권이 없으니까 뭐"라며 두 손 놓고 있는 것과는 확연히 다름.

- 정부가 법을 통합한 이유
  • 우리나라 금융사들을 세계적 수준으로 올리기 위한 것임.

• 우리나라의 자본시장은 경제규모에 비해 경쟁력이 부족하다는 지적과 함께 이를 극복하기 위해 대형 금융사가 탄생할 수 있는 여건을 조성해야 한다는 목소리가 높았고, 이의 수단으로 자본시장법을 택한 것임.
• 그동안 은행들은 규모를 많이 키웠는바, 인수합병(M&A) 등을 통해 대형화를 이뤘고 수익성과 경쟁력도 높아졌으나 증권사 등은 규모를 키우지 못해 국제경쟁력이 매우 취약
• 이러다가는 해외 금융사들의 지배를 받을 수 있다는 우려감이 들었고, 결국 자본시장법을 통해 국내 금융사들의 경쟁력 강화에 나선 것임.

- 금융상품도 많이 늘어날까
  • 지금까지 볼 수 없었던 새로운 금융상품을 많이 볼 수 있게 될 것임.
  • 지금까지는 법에 규정된 금융 상품만을 판매할 수 있었는데, 앞으로는 이런 규제가 사라지고 일정한 요건만 충족하면 법에 규정돼 있지 않는 금융상품을 만들어 팔 수 있게 됨.
  • 금융사들은 고객인 소비자의 요구에 맞는 상품을 선보일 수 있게 되기 때문에 자본시장법이 금융사에게도 기회이지만 고객인 소비자에게도 큰 기회라는 말이 나오고 있음.

- 자본시장법과 금융IT 간의 관계
  • 금융사들이 자본시장법에 대비해 IT투자를 크게 확대하고 있음.
  • 이는 상품 개발의 신속성을 높이기 위한 것인데, 앞에서도 언급했지만 자본시장법 시행 이후에는 금융사의 경쟁력은 얼마나 빨리 고객이 원하는 상품을 출시하느냐에 달려 있음.
  • 이를 위해서는 IT가 필수인바, 이것을 구현하기 위해 금융사들이 소위 '차세대 IT시스템'을 구축하고 있음.
  • 차세대 IT시스템은 상품 개발의 신속성뿐만 아니라 IT를 이용해 새로운 상품을 기획할 수도 있다고 하는데, 참고로 금융컨설팅업체인 셀런트는 자본시장법 통과로 2007년부터 2011년까지 5년간 1조원에 이르는 IT 수요가 있을 것으로 전망

(2) 중앙은행의 역할

1) 화폐의 안정성이 중요

- 자본주의 경제체제가 안정적으로 발전하기 위해서는 화폐의 안정성이 반드시 요구됨.

- 가령 시중에 돈이 너무 많아지면 물가상승 등 경제혼란이 초래되기 때문에 정부는 은행이 화폐를 너무 많이 만들어내지 못하도록 규제하였음.
  - 옛날에는 거의 모든 은행이 각자 은행권을 발행한 적도 있었음.

- 모든 은행이 은행권을 발행하던 것을 금지시키고 특별한 은행만이 은행권을 발행하도록 제한한 것임.

- 은행권 발행을 독점하게 된 특별한 은행이 바로 오늘날의 중앙은행임.

2) 중앙은행의 역할

- 은행권을 독점적으로 발행
  - 발권은행으로서 적정통화량의 공급

- 정부의 은행
  - 정부에 대해 여러 가지 은행 서비스를 제공
  - 조세 등의 국고수입 관리 및 재정지출이 국고수입을 초과할 때에는 정부에게 대출도 해 줌.

- 은행의 은행
  - 각 은행이 건전하게 유지될 수 있도록 감독하고 나아가 은행들이 어려움에 처했을 때에는 지원
  - 은행으로부터 예금을 받는 형태로 지급준비금을 관리, 은행의 자금이 부족할 때는 대출 형태로 자금을 공급, 특히 은행이 경영위기에 직면하였을 때는 특별지원을 하는, 최후의 대부자 기능을 수행함으로써

전체 화폐금융 체계의 안정성을 유지하는 책임을 지고 있음(일례로 한은 특혜금융[43])을 들 수 있음).

- 중앙 집중 지급결제 기능을 수행
  - 한국은행은 금융기관 간의 자금거래를 최종적으로 결제함.

- 대외금융업무
  - 외환자유화가 진행되면서 중앙은행의 외환관리 역할은 약화되었지만, 환율을 안정적으로 유지하는 것은 여전히 중요한 역할 중 하나임.
  - 환율 이외에 외화자금의 보유와 유출입, 공적 대외지급준비금 등을 관리
  - 그리고 국제통화기금(IMF), 아시아개발은행(ADB), 세계은행(World Bank), 유럽개발은행(EBRD) 등 국제기구에 대한 출사나 출연 등의 업무를 담당

- 올바른 금융시장과 제도의 운영을 위한 감독이나 조치

- 경제조사연구 및 통계업무를 수행
  - 경제조사 및 연구를 통하여 경제의 움직임을 분석·전망하고 대책을 제시함으로써 통화신용정책은 물론 다른 경제정책의 수립에 기초자료로 활용할 수 있도록 함.
  - 한국은행이 작성하는 주요 통계에는 통화금융통계, 국민계정, 국제수지통계, 자금순환표, 산업연관표, 기업경영분석, 생산자물가지수 등이 있음.
  - 또한 조사통계월보, 연차보고서 등의 정기간행물과 각종 조사연구자료를 발간

---

43) 한은 특융 : 정부의 입김이 강하게 작용해 왔음. 장기 저리로 지원되기 때문에 곧잘 특혜시비를 불러일으키고 통화증발에 따른 인플레이션 압력을 가져오는 부작용이 있어 비난의 대상이 되기도 했음.

(3) 한국은행의 통화신용정책

- 중앙은행은 화폐의 양(통화량)과 가격(금리)을 조절하는 통화신용정책을 담당하는 기관

1) 통화신용정책을 수행하는 방식

- 간접적 정책
  - 금융시장의 시장 메커니즘을 이용하는 것으로 대출(재할인)정책, 지급준비율 정책, 공개시장조작 정책 등을 말함.
  - 경제 전반에 걸쳐 고르게 영향을 미치기 때문에 차별적 성격이 약하다는 장점을 갖고 있지만, 시장이 제 기능을 발휘하지 못하는 개도국에서는 그 효과가 매우 제한적임.
- 직접적 정책
  - 금융기관의 대출규모나 금리를 직접 규제하는 것으로, 특히 개도국에서는 경제발전을 위해 특정부문을 우대하는 정책금융을 시행하기 때문에 직접적 정책은 대부분 선별적 성격을 강하게 띠고 있음.
  - 한국은행도 과거 1960~1970년대 경제개발과정에서 직접적 정책을 위주로 통화신용정책을 펴왔음.
  - 1980년대 이후 금융자율화 조치가 추진되면서 통화신용정책의 직접적 성격은 겉으로 보기엔 많이 사라졌으나 아직도 개선할 측면이 많이 남아 있음.[44]

---

44) 과거 관치금융의 잔재가 완전히 사라졌다고 할 수 있는지 아직도 논란의 여지는 남아 있음(특히 인사개입을 통한 낙하산 인사 등). ① 관치금융 왜 하나 : 주된 이유로 지적되는 것은 정부가 관치금융을 통해 시장에 대한 지배력을 확대하려는 의도 때문, 금융과 관련한 법과 규정이 미흡하기 때문, 회사별 이기주의로 발생하는 시장 실패를 막기 위해, 낙하산 인사를 통해 정부 조직의 인사 적체를 해소하기 위해, 민간 금융회사 경영진의 경영능력을 보강하기 위해 등 ② 관치금융을 없애려면 : 금융회사 임직원들의 견해를 종합해 보면 금융당국의 공무원들이 금융회사와 시장을 보는 시각을 바꿔야 한다고 보고 있는바, 우선 공무원의 의식개혁을 지적, 두 번째로 금융회사의 민영화 등 지배구조 개선, 즉 정부가 대주주라는 점을 이용해 경영에 간여하고 있는 것에 대해 부정적인 시각을 보인 것으로 풀이, 셋째 보다 엄격한 금융관계법의 집행(관치금융이 정부의 구두 지시 등으로 이뤄지고 있음을 간접적으로 나타내 주고 있음)을 꼽았음.

2) 통화신용정책의 수단[45)]

- 간접적 정책수단
  - 대출(재할인)정책

    중앙은행이 일반은행에 대한 대출금리(재할인율)를 조정하거나 대출의 기준 또는 한도를 변경함으로써 자금의 수급을 조정하는 정책임.

    ⇒ 결과적으로 재할인율이 인상되면 통화량은 감소하게 됨. 한국은행의 대출은 정책 금융적 성격이 강하고, 또 대출금리도 장기적으로 고정된 경우가 많아 통화신용정책 수단으로서의 효과가 크지 않았음.
  - 지급준비율 정책

    일반은행은 예금주들의 예금인출 요구에 대비해 예금 총액의 일정부분을 지급준비금으로 갖고 있음. 중앙은행은 지급준비금 보유 비율의 최저한도를 변경함으로써 일반은행의 자금사정을 조절할 수 있음.

    ⇒ 중앙은행이 지급준비율을 높이면 그만큼 일반은행의 대출재원이 줄어드는 효과가 있어 시중의 통화량이 감소하게 됨. 지준율 정책은 그 파급효과가 매우 크다는 점에서 수시로 사용하기 어려운 단점이 있음.
  - 공개시장조작 정책

    중앙은행이 기관투자가들을 대상으로 유가증권을 매입 · 매각함으로써 시중의 자금사정을 조절하는 정책을 말함.

    ⇒ 시중에 돈이 너무 많을 때에는 중앙은행(기관투자가)이 갖고 있는 유가증권을 팔아서 자금을 흡수함. 선진국의 경우 공개시장조작 정책을 가장 중요한 정책수단으로 이용하고 있으나 우리나라에서는 유동성이 높은 단기 유가증권, 특히 단기 국 · 공채가 많지 않아 공개시장조작 정책을 본격적으로 펴기에는 아직 여건이 갖춰져 있지 않음.[46)]

---

45) 한국은 1981년까지는 주로 직접규제방식에 의한 통화관리를 했으나, 1982년부터 직접규제방식에서 간접규제방식에 의한 통화관리로 전환하였음.

46) 채권가격과 이자율의 관계 : 채권의 발행자, 즉 공급자는 자신들의 금융상품에 대한 수요가 많아졌기 때문에 이전보다 낮은 이자율을 지불(책정)하려고 할 것임. → 채권가격과 이자율은 역관계

- 직접적 정책수단
  - 한국은행은 과거 일반은행의 경영에 대해 여·수신 최고금리의 결정, 여신한도 부여, 통화안정계정의 설정, 통화안정증권 강제인수 등 직접적 통제수단을 많이 사용해 왔음.
  - 일례로 1980년대에 대표적인 통화량 조절수단으로 사용되었던 통화안정증권은 시장 실세금리보다 금리가 훨씬 낮은 금융상품이었음. ⇒ 따라서 한국은행은 금융기관에게 통화안정증권을 강제로 인수케 함으로써 통화량을 조절할 수 있었던 반면에 금융기관은 수익성이 낮은 금융상품을 갖고 있을 수밖에 없어 경영상의 압박을 받았음.

- 금융자율화 조치가 시행되면서 직접적인 통제는 많이 약화되었지만 아직도 정책금융의 비중이 높고(할당액까지 정해서 부실기업에 대출을 해주도록 지침을 내린 바 있음) 명시적인 법령에 의거하지 않는 창구지도가 관행적으로 남아 있는 등 일반은행의 경영 자율성을 제약하는 측면이 없지 않음.
  - 간접적 통화신용정책 수단으로의 전환이 요구되고 있음.

- 1990년대 이후 외국 자금이 자유롭게 들어오고 나가는 상황에서 국내 금융시장만을 대상으로 하는 통화신용정책은 소기의 성과를 거두기 어려움.
  - 한국은행이 국내 통화량을 줄이는 긴축정책을 시행하더라도 해외자금이 흘러 들어오면서 긴축효과는 사라지기 때문에 국제화·개방화 시대의 통화신용정책은 외환·환율 정책과의 긴밀한 협조관계 아래 시행되어야 함.
  - 단기 자금의 유출입양 규모(특히 투기성이 강한 핫머니[47], 헤지펀드[48] 등)가 워낙 커서 국내 통화정책의 독립성이 별 의미가 없음.[49]

---

47) 국제금융시장을 이동하는 단기성 자금
48) 국제증권 및 외환시장에 투자해 단기이익을 올리는 민간 투자기금
49) 즉 무력화될 수 있음. → 최근 동남아 금융위기 또는 외환위기 시 해당국의 펀더멘틀(fundamental)이 건실해도 그 파급효과가 대단히 컸다는 사실이 이를 반증해 주었음.

3) 통화정책의 운영방식

- 통화당국이 실제로 통화정책[50]을 운영하는 데에는 크게 두 가지 방식이 있는데, 중간목표관리제와 물가안정목표제가 그것임.

- 중간목표관리제
  - 물가안정 · 경제성장 · 완전고용 · 국제수지균형 등 통화정책의 최종 목표를 달성하기 위해 중간목표를 설정하고 이 중간목표를 우선적으로 달성하려고 하는 방식
  - 중간목표로는 최종 목표들과 밀접한 관계가 있고 중앙은행이 영향을 미칠 수 있는 이자율 · 통화량 · 환율 등이 사용됨.
  - 이자율을 중간목표로 삼는 운영방식은 진성어음주의(real bills doctrine)[51]라는 이름으로 1950년대까지 케인즈학파가 강력히 추천한 방식
  - 1970년대와 1980년대에 많은 나라들이 통화량을 중간목표로 삼는 통화목표관리제(monetary targeting)를 선택하였음.

- 물가안정목표제(inflation targeting)
  - 통화당국의 최종 목표를 물가안정으로 단일화시키고 중간목표 없이 다양한 거시경제변수들을 활용하여 물가안정목표를 직접 달성하려고 하는 방식
  - 물가안정목표제는 1990년대부터 여러 나라에서 채택하기 시작하였는바, 우리나라는 1979년부터 총통화(M_2)를 중간목표로 하는 통화목표관리제를 채택해 왔으나 1990년대 후반 들어 금융제도 개편에 따라 금융상품 간 자금이동이 확대되면서 통화지표들의 유용성이 크게 낮아짐에 따라 1997년 말 한국은행법 개정 때 물가안정목표제를 도입하여 1998년부터 운용하고 있음.

---

50) 통화정책은 한마디로 통화량의 조절을 통하여 이자율을 변화시켜 생산활동 수준과 물가를 조정하는 정책을 말하는데, 이는 금융정책의 한 분야라고 할 수 있음. 금융정책은 금융의 기능이 효과적으로 작용하도록 하는 보다 포괄적이고 넓은 의미의 정책을 말함.

51) 기업이 일반 상거래에 수반하여 발행한 진성어음을 제시하면 은행은 고정된 이자율 수준에서 얼마든지 할인해 주는 정책을 말함. 진성어음주의에 의하면 이자율을 적정수준에 고정시켜 놓고 그 수준에서 민간이 수요하는 화폐를 얼마든지 공급하는 것이 통화당국의 임무임.

(4) 한국은행의 독립성

1) 세뇨리지[52]와 중앙은행권 발행

- 은행권 발행을 독점하고 있는 중앙은행은 은행권의 액면가치와 그 생산비용의 차이에 해당하는 독점적 이윤을 누릴 수 있음.
  - 이러한 이익을 정부가 독점하고자 하는 측면이 없지 않음.
- 중앙은행권의 발행은 정부가 재정수입을 확보할 수 있는 가장 손쉽고도 확실한 방법
  - 중앙은행권 남발 유혹에 빠지기 쉬움 ⇒ 중앙은행권 발행으로 재정수입의 상당부분을 충당할 수 있기 때문
- 중앙은행권 남발에 따른 돈의 실질가치 하락은 국민들의 돈을 정부가 뺏어가는 것과 같기 때문에 정부에 의한 중앙은행권 남발을 '인플레이션 조세'라고 부름.
  - 인플레이션은 구매력 감소를 가져와 결국 국민으로부터 세금을 일정부분 거두어들인 것과 같게 되는 결과를 초래한다는 의미[53]

2) 중앙은행이 정부로부터 독립되어야 하는 주된 이유

- 중앙은행권의 남발 방지를 위해

---

52) Seigniorage : 영어로 성주가 Seignior인데, 세뇨리지란 화폐발행차익이라고 부름. 성주가 자신의 딸인 공주 혼례식 경비 마련 때문에 고민하던 중 영특한 신하가 세금을 거두지 않고 금화를 기념주화로 교환해 준다고 주민을 상대로 제의하면 모든 문제가 해결된다고 아이디어를 제시하여 실행 → 기념주화 100개 발행하면 금화 10개를 챙길 수 있게 되었음(10% 잡석을 섞어 기념주화를 발행하여 제공했기 때문).

53) 예를 들어 쌀가격이 가마당 10만원이고, 월 소득이 20만원이면 쌀 2가마 구입 가능. 그런데 인플레이션으로 인해 쌀가격이 12만5천원이 되었다면 쌀 1.6가마 구입. 이는 쌀가격이 변동하지 않았을 경우, 4만원의 세금을 납부한 다음 16만원을 가지고 쌀을 구입한 경우와 동일. 결과적으로 인플레이션은 근로자에게 4만원의 세금을 거두어들인 것과 같음.

3) 한국은행의 역사

- 1950년 설립 당시만 해도 미국 중앙은행 제도의 영향을 받아 많은 권한과 엄정한 독립성을 부여받았음.

- 5 · 16 혁명 이후 박정희 정권(제3공화국)은 한은법을 개정하여 그 독립성을 약화시켰음.
  - 금융통화위원회는 금융통화운영위원회로 이름이 바뀌면서 권한이 대폭 축소되었고, 한은 총재가 맡던 위원장도 재무부장관이 맡도록 바뀌었음.
  - 또한 한국은행은 일반은행만을 담당하고 특수은행이나 제2금융권, 그리고 외환정책은 재무부의 소관사항으로 넘겨졌음.
  - 결과적으로 재경부가 통화신용정책을 주무르게 되었고 한국은행은 세계에서 독립성이 가장 약한 중앙은행이 되고 말았음.
  - 통화신용정책은 '물가안정과 은행 · 신용제도의 건전화'라는 목표보다 정부의 경제성장 위주의 산업정책이나 무역정책에 철저히 종속되었음.
  - 한국은행의 독립싱이 상실된 결과 통화남빌이 계속되있고 이에 따라 악성 인플레이션이 고착되었음.

- 나아가 한국은행이 독립성을 잃어버린 가운데 정부는 금융을 장악하고 재벌그룹과 소수 특권층에 대한 특혜대출을 일삼음으로써 부실기업을 양산하는 등 금융산업을 총체적으로 부실하게 만들었음.

- 이제 경제규모가 커지고 구조도 복잡해진 만큼 과거와 같은 경제운용방식은 효율성이나 형평성 어느 측면에서도 효과적이지 못함. ⇒ 특히 전세계적인 금융산업의 자유화 · 개방화 물결 속에서 한국은행의 독립은 낙후된 금융산업을 발전시키기 위해서도 더 이상 미룰 수 없는 선결요건임.

- 1997년 12월에 한은법 등 금융개혁 관련 13개 법의 제 · 개정이 이뤄졌는데 한국은행의 독립성은 기대에 미치지 못함.
  - 물론 금융통화위원회의 위원장을 한은 총재가 맡도록 하는 등 진전이 없는 것은 아니지만 한은이 정부와 협의하여 물가안정 목표를 정하도

록 한 것이나 한은의 금융기관 감독기능이 약화된 것 등은 독립성의 후퇴를 의미

• 한국은행의 독립성이 보장되려면 통화관리의 권한이 전적으로 한국은행에 주어져야 함.

- 그리고 금융감독기구를 통폐합하고 금융감독위원회를 신설(1998년 4월 설립)하여 총리실 산하에 두기로 했는데, 통폐합은 그렇다 치고 금융감독원(은행, 증권, 보험 등 3개 감독원에 신용관리기금을 합쳐 1999년부터 출범)을 정부 산하에 두는 것은 바람직하지 않음.

  • 금융 감독기구는 그 자율성을 더욱 높이는 방향으로 개혁되어야 함.

- 최근 2008년 하반기 이후의 글로벌 경제위기 상황에서 한국은행의 역할 확대와 위상 강화를 모색하기 위한 한국은행법 개정 논의가 대통령 자문기구인 국민경제자문회의[54]에서 다뤄질 것으로 예상[55]

  • 한은법 개정문제와 달리 한은과 금감원 간 MOU 개정 논의는 진전을 본 것으로 알려졌음.[56]

4) 통화지표(통화량을 측정하는 지표)[57]의 유용성 감소

- 급격한 금리변동과 금융구조조정 등으로 금융권 간, 금융상품 간 급속한 자금이동이 빈번해지면서 나타난 현상임.

- 결국 금융자산의 다양화와 금융시장 구조의 변화라는 금융환경의 변화에 따라 금리정책에 무게가 실리고 있음(선진국의 경우도 이런 추세로 전환).

---

54) 국민경제자문회의는 대통령이 의장을 맡고 기획재정부 장관, 대통령실장이 위원으로 참여하며, 청와대 경제수석비서관이 간사위원 역을 담당하고 있음. 기획재정부는 자문회의 내에 한은과 금융위 등 관련기관 당사자들이 참여하는 별도 태스크포스를 꾸려 논의하는 방안을 검토 중인 것으로 알려졌음.

55) 이와 관련하여 서울신문(2009년 6월 18일) 참조.

56) 기획재정부 관계자는 "MOU 개정안이 확정된 것은 아니지만 어느 정도 중재안이 마련된 상태"라며 "한은과 금감원 간 정보공유의 폭을 현재보다 확대하고 공동검사를 좀 더 실질화하는 쪽으로 보완하는 내용이 될 것"이라고 언급하였음.

57) 통화지표와 관련하여 어디까지를 화폐로 볼 것인가에 대해 확실한 정설이 없음.

(5) 금리의 결정

- 금융은 자금을 빌려주고 빌리는 행위
  - 사과를 거래할 때 사과가격이 기준으로 되듯이 자금을 거래할 때에도 기준으로 되는 가격이 있는데, 그것이 바로 금리(이자율)임.

- 금리는 자금의 수요와 공급에 의해 결정
  - 자금의 가격인 금리 역시 자금에 대한 수요가 공급보다 많으면 올라가고, 반대로 수요보다 공급이 많으면 떨어짐.

- 자금에 대한 수요와 공급의 크기를 결정하는 기본적 요인은 투자와 저축
  - 기업이 투자를 활발히 하면 자금에 대한 수요가 늘어나고 국민이 저축을 많이 하면 자금의 공급이 늘어남.
  - 저축과 관련하여 과거 우리나라 국민의 저축률이 세계 최고수준이었는데, 한때 과소비 등의 만연으로 총저축률이 최저수준이라는 보도가 나온 바 있음.

- 투자와 저축과 같은 실물적 요인과 함께 화폐적 요인(통화공급)도 자금에 대한 (수요와) 공급에 영향을 미침.
  - 우선 중앙은행은 본원통화(민간의 보유현금 및 은행의 지불준비금)를 증가시킴으로써 직접적으로 자금 공급량을 늘림.[58]

- 중앙은행은 재할인정책, 지급준비율 정책, 공개시장조작 정책 등의 수단을 통해 일반은행이나 기관투자가들의 자금사정을 변화시킴으로써 일단 단기금리(콜금리, 회사채유통수익률 등)를 조정하고, 이것이 점차 파급되어 경제 전체의 금리, 특히 장기금리의 변화를 유도함.
  - 최근 금리정책의 중요성이 대두됨에 따라 위에서와 같이 간접적인 방식이 아니라 직접적으로 금리를 조정하고 있음.

58) 본원통화는 일반은행들의 신용창조를 통해 그 몇 배에 달하는 예금통화를 공급할 수 있는 기초가 됨. ⇒ 이러한 직·간접 경로를 통해 자금 공급량 및 가격(금리)을 조절하는 것이 바로 중앙은행의 통화신용정책(화폐적 측면에서 자금의 공급에 영향을 미치는 것을 말함)임.

- 금리는 물가상승을 고려하느냐 하지 않느냐에 따라 명목금리와 실질금리로 구분[59)]
  - 명목금리는 실제 금융거래에서 사용되는 금리를 말하며, 실질금리는 명목금리에서 예상물가상승률을 뺀 금리를 말함.[60)]

(6) 금융자율화의 의미

1) 1980년대 초 이래 금융자율화 시도

- 금융자율화는 관주도적 경제개발 전략을 포기하고 민간 중심의 자율적인 경제운용방식으로 전환한다는 의미를 가짐.

- 1980년대 초 우리나라 경제는 권위주의적 정부에 의해 추진된 관주도적 경제개발 전략의 폐해가 집중적으로 드러나면서 심각한 위기를 맞았음.
  - 역대 정권은 은행을 손에 넣고 재벌에게 특혜대출을 해주며 정치자금을 챙겼음.
  - 재벌들은 싼 이자로 거저 돈을 빌리다시피 해 부동산에 투자하였고, 그에 따라 부동산 투기가 온 나라를 휩쓸었음.
  - 또한 재벌그룹은 경쟁적으로 은행돈을 끌어다 자신의 몸집을 불리는 데 썼음.

---

59) 예를 들어 1,000만원의 원금을 빌려주고 1년 후에 100만원의 이자를 받을 경우에 명목이자율은 10%임. 반면 1년 사이에 물가가 7% 상승했다면 해당자는 오직 3%에 해당하는 만큼의 추가적인 재화와 서비스를 구입할 수 있게 됨. 즉 만원짜리 재화는 1,000만원 가지고는 1,000개 구입 가능함. 10% 이자를 받아 1,100만원의 수입이 있더라도 만약 가격이 10,700원으로 7% 상승했다면 1028개(약 3% 추가)밖에 구입 못하게 됨. 따라서 실질이자율은 3%라고 볼 수 있음. → 실질금리란 현재 소비를 희생한 대가로 장래에 추가적으로 구입할 수 있는 재화와 서비스의 가치를 의미

60) 예컨대 갑이 연 9% 이자율로 을에게 100만원을 빌려주어 1년 후에 109만원을 받는다고 하자. 이때 이자율(이것을 명목이자율이라 부름) 9%에는 두 가지 의미가 들어 있음. 첫째는 1년 사이에 물가가 올라서 1년 후에 화폐의 구매력이 떨어질 것에 대한 보상(예상 인플레이션, 연 5%로 가정)이고, 둘째는 이 돈을 빌려 준 사람이 다른 용도로 돈을 사용하지 못하게 되는 데에 따른 보상(이를 실질이자율이라고 부름, 연 4%라고 가정)임. 즉 명목이자율은 실질이자율과 예상 인플레이션율로 구성되어 있음.
→ 명목금리(9%) = 실질금리(4%) + 예상인플레이션율(5%)

- 이 과정에서 재벌들은 차입경영을 능사로 하게 되었고, 그 결과 부실기업을 양산해 왔음.
- 은행은 은행대로 책임경영과는 거리가 멀어지게 되어 천문학적 규모의 부실채권을 떠안게 되었으며 그 부담이 국민에게 고스란히 떠넘겨졌음.

- 우리의 금융자율화는 대외적으로 보면 선진국의 금융개방 압력에 굴복한 측면도 있음.
  - 미국을 중심으로 한 선진국의 금융산업은 자국 내에서 탈규제화를 추진하면서 동시에 해외로의 진출을 꾀하였음.
  - 선진국 금융기관의 해외진출 요구는 개도국의 입장에서는 곧 금융개방 압력을 뜻하는데, 1980년대 후반부터 미국은 우리나라에 무차별적인 금융개방 압력을 가하였음.

2) 개선사항

- 소위 관치금융에서 벗어나야겠다는 대내적 자율화의 필요성과 대외적 개방 압력을 배경으로 하여 금융자율화가 시도되었으나 관치금융과 그로 인한 금융산업의 낙후성은 선진국에 비해 아직도 개선될 여지가 많이 남아 있음. ⇒ 은행경영의 자율성은 은행인사와 자산운용의 자율성을 그 내용으로 함.
  - 은행장 임명의 경우 1990년대 들어 은행장 추천위원회 등 제도적 개선이 있었지만, 여전히 정권의 입김에 의해 좌우되고 있음.
  - 또한 대출과정에서 유무형의 외압이 여전히 작용하고 있어 부실채권 현상이 논란이 되고 있음.
  - 은행은 책임을 회피하기 위해 담보를 확보하는 데 급급하는 왜곡된 금융관행이 여전히 존재

- 금리자유화는 외형적으로는 상당히 진행되었으나 그럼에도 불구하고 정책당국의 눈에 보이지 않는 금리규제가 여전히 잔존

- 금융기관 설립의 경우 1980년대 초 이래 상당수의 은행과 제2금융권 금

융기관이 신설되어 과당경쟁의 문제가 심각하게 제기될 정도(일례로 문민정부 시절 특정지역의 금융기관 신설, 종금사 인허가 문제)였으나 그 후 많이 정리되었음.

- 금융기관의 신설이 준칙주의에 따른 것이 아니라 정책당국의 자의적인 인허가에 따른 것이었기 때문에 진정한 자율화와는 거리가 먼 것이었음.
- 현재는 시장원리에 의해 이것이 특혜가 될 수 없는 상황이 돼 버렸음.

- 그동안 엄격한 분업주의를 유지해 왔던 우리나라도 세계적인 겸업화 추세에 따라 은행업, 증권업, 보험업간의 상호 진출을 서서히 확대하고 있음.
  - 그러나 업무영역의 조정은 개별 금융기관의 입장에서는 사활이 걸린 문제이기 때문에 서로 주고받는 식으로 일관성 없이 처리되고 있음은 시정돼야 할 것임.

3) 선진국의 경우

- 금융기관의 책임경영체제가 이미 갖추어진 조건에서 과거 금융안정을 위해 취해졌던 정부규제가 오히려 경쟁을 제한하고 금융산업 발전을 저해하고 있다는 반성으로부터 금융자율화를 시작했음.

4) 우리나라의 금융자율화가 미흡한 주된 원인

- 책임경영체제의 구축 결여 ⇒ 책임경영체제의 구축과 관련하여 우리가 유념해야 할 사항은 산업과 금융의 분리 원칙(소위 금산분리 원칙)임.
  - 은행에 주인을 찾아주어야 책임경영체제가 확립될 수 있다는 주장은 현 한국경제의 발전수준에서는 맞지 않다고 보는 시각이 있음.
  - 실제 시중은행의 지배적 대주주가 될 수 있는 것은 재벌밖에 없기 때문에 은행에 주인 찾아주기 주장은 은행까지도 재벌의 소유 아래 넘겨주자는 말밖에 되지 않음.
  - 그렇지 않아도 경제력 집중 문제가 심각한 우리의 현실에서 재벌이 은행까지 소유하게 된다면 재벌은 통제 불가능한 공룡이 될 것이 분명

- 따라서 은행경영의 자율성 보장과 금융기관 간 경쟁적 구조로의 전환 등을 위한 정부의 법적, 제도적 개선 의지가 선행될 때만이 이 문제는 실효를 거둘 수 있을 것임.

- 그러나 MB정부 들어 금산분리 원칙에서 완화로 정책의 방향이 선회할 움직임을 보이고 있음은 우리에게 또 다른 의미로 다가오고 있음.

(7) 금리자유화의 영향

1) 금리는 자금에 대한 수요와 공급에 의해 결정

- 물론 이는 장기적인 관점에서 보면 옳은 말이지만, 현실에서는 수요와 공급이라는 시장의 힘이 작동하는 것을 방해하는 요인이 많은데, 그 대표적인 예가 정부의 금리규제였음.

2) 금리자유화 시행

- 금리자유화는 정부의 인위적인 금리규제에 따른 폐해를 없애고 금리의 시장기능을 높이기 위해 취해진 조치였음.

- 이 같은 배경 아래 우리나라는 1980년대 초 금융자율화의 일환으로 금리규제를 완화하기 시작

- 1991년부터 '단계별 금리자유화 추진계획'이 '수신금리보다는 여신금리 먼저, 단기금리보다는 장기금리 먼저'라는 원칙에 따라 시행되어 현재는 모든 금리가 완전히 자유화되었음.

3) 금리자유화에 따른 제반 예측 효과

- 긍정적 측면
  - 정부의 자의적인 시장개입에 따른 자금배분상의 왜곡을 시정하고 정경유착, 관치금융의 폐해를 근절하는 계기가 될 수 있음.

- 중소기업이나 일반국민이 금융기관에 접근하는 것도 보다 용이해짐.
- 금융기관 간의 경쟁을 촉진함으로써 낙후된 금융산업의 발전을 자극하고 개방화·국제화시대에 국제경쟁력을 높이는 데 일정하게 기여할 것임.
- 금리자유화는 정부주도 경제로부터 민간주도 경제로의 전환이라는 의미와 함께 금융기관 간의 경쟁촉진, 금융산업의 발전을 유도한다는 의미를 동시에 갖고 있음.

- 비용 측면
  - 자금에 대한 수요가 언제나 많은 상황에서 금리자유화는 금리상승을 불러올 가능성이 높을 것이라고 우려
  - 금융기관 간 경쟁은 높은 예금금리를 지불하는 수신경쟁으로 이어져 대출금리의 상승을 부추길 수 있으며, 또한 경쟁격화는 금융기관의 수익성을 악화시킬 수 있음. ⇒ 금리자유화로 인해 예대마진(예금금리와 대출금리 사이의 이윤) 폭이 줄어들 수밖에 없기 때문
  - 금융질서 전체가 불안정하게 될 위험이 있는바, 금리자유화로 인해 금융기관의 자산운영이 고수익·고위험을 추구하게 되어 그만큼 개별 금융기관이 파산할 가능성이 높아지기 때문 ⇒ 금융산업의 특성상 어느 한 금융기관의 파산은 금융질서 전체에 엄청난 파장을 미칠 수 있음.

4) 자유화를 정부규제의 완전 철폐로 이해하는 것은 잘못

- 분명 과거와 같이 정부의 직접적인 개입은 없어져야 하겠지만, 자유화에 따른 불안정성에 대비하기 위해 건전한 금융 감독 체계를 수립하는 것이 반드시 필요

- 파급효과를 최소화하기 위한 방안의 하나로 예고 시스템의 도입이 필요하다는 논의도 있음.
  - 이것이 바로 금리자유화 시대에 정부가 해야 할 역할

(8) 금융산업(은행) 구조조정

1) 사 례

- 1998년 6월 29일 동화 · 대동 · 동남 · 충청 · 경기 등 5개 은행이 금융감독위원회의 명령으로 문을 닫은 데 이어 상업은행과 한일은행 사이에(한빛은행 ⇒ 다시 평화은행과 광주은행, 그리고 경남은행을 합병하여 우리은행으로), 국민은행과 옛 대동은행, 그리고 장기신용은행 사이에(국민은행 ⇒ 다시 주택은행과 옛 동남은행과 합쳐져 국민은행으로), 하나은행과 옛 충청은행, 그리고 보람은행 사이에(하나은행 ⇒ 서울은행을 합병하여 다시 하나은행으로), 조흥은행과 충북은행 · 강원은행 사이에(조흥은행 ⇒ 다시 신한금융지주회사로 합병), 그리고 외환은행의 해외매각 추진(미국계 구조조정 전문펀드인 론스타의 외환은행 정부 지분 인수) 등

2) 추진 이유

- 금융기관의 국제경쟁력 제고 및 금융의 선진화(사실은 서구화)를 이룬다는 논리로 금융시장을 개방하고 금융구조조정을 추진해왔음.
- 문제는 현재 정부가 추진 중인 금융산업 구조조정이 자립적이고 균형적인 경제의 발전을 목표로 하기보다는 미국 등의 금융자본과 소수 재벌 · 관료들의 요구와 이해를 중심으로 진행되고 있다는 점도 있음을 유념해서 볼 필요가 있음. ⇒ 일례로 은행의 퇴출은 BIS 자기자본비율[61]

---

61) BIS 자기자본비율 : 'BIS가 규정한 자기자본비율(BIS capital ratio)'임. BIS란 국제결제은행(Bank for International Settlement)을 뜻하는데, 각국 중앙은행들 사이의 조정을 맡는 국제협력기관으로 '중앙은행들의 중앙은행'으로 불림. BIS 자기자본비율은 위험도에 따라 환산한 총자산의 8% 이상을 부채가 아닌 자기자본으로 보유하도록 하고 있음(기준이 너무 셈). BIS는 국제결제은행을 뜻하는 약어이므로 BIS 자기자본비율은 국제결제은행이 정한 금융기관의 안정성을 나타내는 하나의 지표라고 말할 수 있음. 기본적으로 이 비율은 기업의 재무구조 안정성을 나타내는 지표로 흔히 활용되고 있는 자기자본비율을 금융기관의 영업 특성을 고려해서 약간 수정한 것임. 자기자본비율은 총자산에서 자기자본이 차지하는 비중, 즉 (자기자본 / 총자산) × 100을 말함. 예컨대 기업이 공장을 더 짓고 사무실을 늘리게 되면 총자산이 늘어나게 되는데 총자산이 늘어나서 기업이 성장하더라도 내 돈으로 자산을 늘리느냐, 남의 돈 즉 부채에 의존해서 늘리느냐에 따라 재무구조 안정성은 다르게 될 것임. 자기자본은 글자 그대로 내 돈에 해당

8%를 기준으로 이뤄졌는데 BIS 비율 8%는 은행건전성의 절대적 기준이 될 수 없음에도 불구하고 IMF와 미국은 이를 무리하게 그것도 단시일 안에 지키도록 국내 금융기관에 요구하였음.

• 이는 한국에 빌려 준 돈을 짧은 기간 안에 되돌려 받기 위한 것인 동시에 한국 내에서 미국 금융자본의 지배(시장점유, 경영권 인수 등)를 용이하게 하기 위한 것임.

3) 합병에 의한 은행의 대형화

- 합병에 의한 은행의 대형화가 구조조정의 중요 내용을 이루지만 이것이 국제경쟁력을 가져다주는 것은 아님.

• 왜냐하면 국내은행의 자산규모는 세계적인 초대형 은행의 20% 수준에 불과해 애초부터 대형화하는 데는 명백한 한계가 있을 수밖에 없기 때문임.

- 국내 은행들은 BIS 기준을 지키고 경쟁에서 살아남기 위해 외국자본 도

하는 개념인데 영업을 해서 남긴 이익금을 비롯해서 주식발행을 통해 조달한 돈이 여기에 해당됨. 이자를 물면서 갚을 걱정을 해야 되는 부채, 즉 타인자본보다 이러한 자기자본을 많이 사용할수록 재무구조 안정성은 높아지게 됨. 금융기관의 경우에는 일반 제조업과 다른 금융기관의 특성에 맞는 계산방법을 사용해야만 안정성을 제대로 반영할 수 있게 됨. 가령 은행의 자산은 제조업과 달리 고정자산이나 재고자산보다 각종 대출금을 비롯해서 주식이나 채권과 같은 유가증권으로 구성되어 있어 상환불능위험이 수반되기 때문에 분모인 총자산을 구할 때 단순 합산하지 않고 자산별 위험가중치를 곱해서 합산하게 됨. 예를 들어 현금의 경우에는 위험이 전혀 없으므로 0%, 공공기관 발행채권은 10%, 주거용 주택에 대한 저당권이 설정된 채권에는 50%, 기타 민간부문에 대한 대출금과 주식에는 100%의 위험가중치를 부여하게 됨. 따라서 일반 신용대출과 주식운용을 많이 하게 되면 높은 위험가중치로 말미암아 분모 값이 커지게 되고 자기자본비율은 내려가게 됨. 이러한 이유 때문에 8%라는 자기자본비율 기준에 미달하는 은행들은 신용대출을 기피하게 되어 한국은행이 통화공급을 늘려도 가령 중소기업에는 그 혜택이 돌아가지 않는 것임. 정리하면 다음과 같음. BIS비율 = (자기자본 / 위험가중자산) × 100 ≥ 8.0%, 여기서 자기자본은 납입자본금, 이익잉여금 등의 기본자본 외에 재평가적립금, 후순위채권 발행대금 등의 보완자본까지 합해서 산출됨. 위험가중자산에는 현금, 예금담보대출, 중앙정부와 한국은행 관련 채권(이상 가중치 0%), 국내 공공기관, 지자체 관련 채권(가중치 10%), 국내 및 OECD국가은행(종금사 포함) 관련 채권(가중치 20%), 주거용 주택이 전액 담보된 채권(가중치 50%), 민간부문(개인, 법인)에 대한 채권(가중치 100%) 등이 포함됨.

입에 매달린 결과 국내 주요 시중은행들의 외국인 지분이 급격히 높아졌으며 순수 토착(국내) 은행을 찾아볼 수 없게 되었음.

4) 은행 구조조정에 대한 비판적 시각

- 노동자와 민중 위주가 아니라 외국 금융자본과 소수 국내 대자본을 위주로 진행
  - 은행 노동자 11만4천명 가운데 무려 3만9천명에 달하는 노동자들이 직장에서 쫓겨났음.
  - 3명당 1명이 해고당한 셈이며 임시직 · 계약직도 늘어났음.
- 금융산업 구조조정을 위해 정부는 64조원의 공적자금을 조달하였는데, 이 돈은 모두 국민부담
- 은행 구조조정이 진행되면서 은행들의 영업방식이 점차 서구식으로 바뀌는 등 변화가 없는 것은 아님.
  - 은행은 예대마진에 의존하는 전통적인 방식에서 벗어나 유가증권 투자 등 이른바 돈 되는 사업을 적극적으로 찾아 나시고 있음.
  - 은행의 증권화 또는 은행의 종합금융화가 진행된 결과 일반은행은 적자에서 탈피하여 흑자를 기록
  - 과연 이런 변화를 긍정적으로만 평가할 수 있는가. ⇒ 은행들의 수익구조가 유가증권 투자에 의존하게 되면 매우 불안정해지게 마련, 은행의 수익구조가 개선된다 해도 이익의 대부분은 외국 금융자본과 국내 소수 대자본의 수중으로 돌아가게 되며 금융산업 내의 부익부빈익빈 현상이 심화, 또 은행이 주식 · 채권 투자 등 단기 수익성 위주로 나아가게 됨으로써 중 · 장기적 사업전망을 고려해 자금을 배분하는 은행의 기능이 축소 · 약화될 것임.

5) 은행산업 구조조정의 성공을 위한 경제주체(정부, 은행경영진, 노조)들의 실천 과제

- 정부의 역할은 아무리 강조해도 지나침이 없음.

- 우선 건전한 금융시스템 확보를 위한 감독자로서 금융구조조정을 신속하고 주도적으로 이끌어 가야 할 것임.
- 관치금융을 방지하고 은행의 자율경영을 보장해 줄 수 있는 제도적 장치를 마련해야 할 것임.
- 특히 정치권이 은행의 인사와 대출에 대해 부당한 압력을 행사하는 것을 막을 수 있는 장치가 필수적임.
- 정부는 또한 기업부실의 치유 없이는 금융구조조정은 완성될 수 없다는 사실을 주지하고 기업구조조정이 제대로 이루어질 수 있는 구조적·제도적 여건 조성에도 노력을 기울여야 할 것임.

- 노조 또한 대승적 견지에서 금융구조조정에 협력해야 할 것이며 은행경영진도 기득권의 유지를 위해서 구조조정을 거부해서는 안 될 것임.
  - 고용안정이 보장되던 곳에서 고용이 가장 불안한 곳으로 변한 직장에서 일하게 된 은행원들의 개인적 고통을 충분히 이해할 수 있지만 인터넷뱅킹과 유니버설 뱅킹이라는 금융시장의 근본적이고 급격한 변화 속에서 고용보장은 한시적일 수밖에 없다는 점을 인식해야 함.
  - 노조와 경영진은 은행원들의 전직을 쉽게 해줄 수 있는, 즉 은행원들의 '고용 가능성'을 높일 수 있는 직업훈련의 강화에 노력을 경주해야 하는데, 이것이 바로 궁극적으로 은행원들의 고용안정을 도와주는 길이 되는 셈임.
  - 그리고 은행경영진은 은행경영의 투명성 제고와 선진화된 경영방식의 도입에 노력해야 하는데, 이런 노력을 통해 주주와 고객의 이익을 최우선으로 추구할 때에만 경쟁력이 제고될 수 있는 것임.

6) 금융 정상화 방안

- 금융의 정상화·건전화를 이루려면 금융 부실화를 낳는 근본원인인 정경유착을 뿌리 뽑아야 함.
- 또한 금융이 국민경제의 자립적·균형적 발전에 기여할 수 있도록 외국 금융자본에 의한 국내 금융산업의 장악을 막고 국내 금융의 자립적 구조를 확보해야 함.

- 또한 금융산업의 생산성을 높이기 위해서는 노동자들에게 고용과 최소한의 생계를 보장해 주어야 함.

(9) 은행합병

- 2001년부터 추진된 2차 금융구조조정의 중요 내용이 바로 은행합병을 통한 은행의 대형화였음.

1) 은행합병의 역사

- 1980년대 이래 미국을 중심으로 한 세계적인 M&A(기업인수·합병) 열풍이 불면서 금융기관 간 합병도 활발하게 진행되었음.
  - 미국의 은행합병은 은행의 주(州) 간 영업금지 규제가 1980년대 중반부터 완화되면서 시작
  - M&A의 동기가 비용절감이나 효율성 제고를 노린 것이었다면 당시의 은행합병을 위한 M&A는 매출확대를 염두에 두고 있었음.
  - 일정규모에 이를 때까지는 비용절감이 합병의 가장 중요한 동기이지만 그 이상의 초대형 합병은 매출확대(더 많은 고객을 상대로 영업 가능, 즉 지역의 확대를 의미)를 노리고 벌어짐.
  - 즉 더 많은 고객에게 더 많은 서비스를 제공하기 위해 합병이 벌어지고 있음.
  - 미국이 국내전쟁을 끝내고 나면 아시아 시장으로 진출 시도 ⇒ 초대형 합병 태풍에 대비[62)]

- 세계적으로 금융기관 간 합병이 활발하게 진행되고 있는 이유
  - 격렬해지고 있는 국제경쟁 아래서 합병을 통한 대형화는 생존을 위한 필수조건으로 간주
  - 서로 다른 업무에 강점을 갖고 있는 금융기관 간의 합병은 업무의 보완성을 높일 수 있음.

---

62) 이와 관련하여 매일경제(1998년 4월 15일) 참조.

- 천문학적 액수의 전산투자 비용을 절감할 수 있는 유력한 방안이기도 함.
- 유럽연합(EU)이 창설[63]되면서 유럽 금융시장이 완전히 통합된 것이 금융기관 간 합병을 국제적으로 확산시킨 계기가 되었음.

- 우리나라에서 금융기관의 합병은 소형 금융기관이 파산위기에 처했을 때 이뤄지는 구제합병을 제외하면 그 예를 찾기 어려웠음.
  - 은행합병을 추진할 때마다 은행 노동자들은 합병이 은행산업 발전의 올바른 방향이 되지 못하고 노동자를 희생시킬 뿐이라며 합병반대를 요구해왔던 게 사실

2) 은행합병의 의미

- 은행합병을 통한 은행 간의 경쟁격화는 결국 투명하고 선진화된 경영방식으로 무장하고 고객을 중시하는 은행만이 높은 수익성을 올리고, 그렇지 못한 은행은 생존에 어려움을 겪게 되는 은행 간 차별화로 귀결될 수밖에 없는 것임.

- 은행 간 합병 열기는 크게 두 가지 의미를 지니고 있는데, 크게 거시경제적 측면과 미시경제적 측면으로 나누어 볼 수 있음.
  - 우선 거시경제적 측면에서 볼 때 은행 간 합병은 경제의 불안요인 혹은 불확실성이 많이 제거됨으로써 경제 전반에 긍정적인 효과를 가져올 것으로 평가됨.
  - 미시경제적 측면에서 살펴본다면, 은행 간 합병시도는 규모의 경제, 범위의 경제 등으로 인해 우리 은행산업에서도 3~4개 대형은행을 제외하고는 생존하기 어렵다는 예측을 은행 스스로 하고 있다는 점을 보여주는 것으로 이는 시장에 의한 금융구조조정이 이루어지고 있다는 점에서 고무적인 사실로 인식될 수 있음.[64]

---

63) 1999년 1월 1일, 유럽 단일화폐인 유로(euro)출범

64) 물론 은행 간 합병이 과연 은행 간 자율적인 협상의 결과로 실현됐는지에 대해서 논란의 여지가 없는 것은 아님.

- 은행 간 합병은 산업 차원에서 볼 때 은행산업의 고질적 문제였던 오버뱅킹 문제, 즉 은행 수가 너무 많다는 문제를 완화시켜 줌으로써 은행산업의 구조조정을 촉진시킴과 동시에 개별은행 차원에서도 중복 부문의 통합에 따르는 비용절감, 개별사업 부문 간의 시너지 창출 등을 통하여 합병은행의 경쟁력을 높일 수 있는 방법이기도 함.

3) 은행합병을 보는 시각

- 은행합병이 곧 은행의 효율성과 경쟁력을 보장해 주는 것은 아님.
  - 많은 연구들은 과거 미국 등 선진자본주의 나라들에서 진행된 금융기관의 합병이 합병 당사자들에게 비용상의 효율성이나 수입 또는 이윤상의 효율성을 개선시킨다는 주장에 의문을 제기하고 있음.
  - 가령 베인 앤드 컴퍼니(Bain and Company) 보고서는 1990년대 이후 은행합병 중 약 75%가 실패했다고 밝히고 있음.
  - 또 일본 대장성 재정연구소의 1999년 보고서도 일본 도시은행들의 합병 결과 생산성이나 수익성 면에서 개선된 것보다 오히려 더욱 악화되거나 전과 동일한 경우가 더 많았다고 밝히고 있음.
  - 그럼에도 불구하고 합병의 열기가 식지 않는 것은 인수합병을 통해 주가상승을 노리는 주식투자자들이나 경영자들의 이익을 위해서임.
- 은행부실의 근본적인 문제인 관치금융이 척결되지 않는 가운데 은행의 구조조정과 은행합병이 추진되고 있다는 점
  - 은행산업이 제 역할을 하려면 무엇보다도 정경유착과 관치금융을 뿌리뽑아야 하는데도 아직도 정권의 압력에 의한 불법대출과 각종 금융사기가 비일비재로 일어나고 있고 부실여신 규모도 줄어들고 있지 않음.
  - 주택은행과 국민은행의 합병도 은행 자율에 따른 것이라고 말하지만 정부의 적극적인 개입이 없이는 이뤄질 수 없다는 점에서 관치금융의 대표적인 사례라 하겠음.
  - 관치금융과 정경유착을 근절하기 위해서는 정부로부터 독립적인 금융감독기관이 철저하게 감독권을 행사해야 하며 재벌의 은행산업 지배를 막아야 함.

- 은행산업 자체의 수익성만을 잣대로 한 은행 대형화 논리는 전체 국민경제의 관점을 상실한 일면적인 사고임.
  - 금융산업은 역사적으로 실물경제의 발전을 지원하기 위해 생겨났으나 얼마 전까지 우리나라 금융을 보면 필요한 자금이 기업으로 흘러 들어가지 않았음.
  - 한편으로는 부실채권의 누적 때문에 다른 한편으론 국제결제은행의 자기자본비율 규제나 미래상환능력 규제 때문에 은행들은 기업금융을 기피하고 그 대신 국공채 투자를 위주로 자금을 운용하고 있었음.
  - 금융의 중개기능이 마비된 조건에서 은행 간의 짝짓기가 경제에 어떤 도움이 될 수 있을지 깊이 생각해 봐야 함.

4) 은행합병의 성공 조건

- 은행 간 합병이 성공하려면 자본 충실도와 자산건전성 제고 등 재무 측면에서의 고려나 비용절감을 위한 인력관리 등의 문제뿐만 아니라, 합병은행 간에 기술적으로 효율성 향상 효과가 있는지의 여부가 무엇보다도 중요한 고려사항이 되어야 함.
  - 다시 말해 은행산업의 생산함수가 해당 은행 간의 합병에 유리할 수 있는 구조를 가지고 있는지를 판단해 보지 않고서는 합병의 성공을 보장할 수 없음.

- 은행산업의 생산함수에 대한 연구는 은행합병과 관련해서 대체로 다음과 같은 세 가지의 중요한 정보를 제공하는바, 첫째 은행산업 혹은 은행의 주요 업무들이 규모의 경제성을 갖는지의 여부, 둘째 은행업무들 간에 범위의 경제성 존재 여부, 셋째 개별업무 서로 간 겸업에 따른 비용절감 효과의 존재 여부임.
  - 여기에서 규모의 경제란 규모가 커짐에 따라 효율성이 높아지는 현상을, 범위의 경제란 업무범위를 넓힘에 따라 효율성이 높아지는 현상을 의미하며, 겸업에 따른 비용절감 효과는 특정한 두 업무의 겸업에 따른 효율제고 효과를 의미

- 따라서 은행산업에 규모의 경제가 존재한다면 합병은 효과적인 효율제고 수단이 될 수 있을 것이며, 여기에 다양한 업무들 간에 범위의 경제가 존재하고, 특히 각 은행 주력업무 간의 겸업에 따른 비용절감 효과까지 있다면 합병은 더 없이 좋은 효과를 가져다줄 수 있을 것임.

- 물론 이러한 기준이 절대적일 수는 없는데, 그 이유는 합병의 성공 여부라고 하는 것이 이러한 생산기술적 조건 외에도 수많은 요인에 의해 결정될 수밖에 없기 때문임.
  • 합병을 통해 아무리 대형화된다고 해도 과거와 같은 관치금융 관행에서 탈피하지 못하여 새로운 자본을 끌어들이지 못한다면 합병은 더 큰 부실을 초래할 수도 있을 것임.

5) 종합적 견해

- 우리나라의 경제규모를 감안하지 않은 채, 또 무엇보다도 금융부실의 근본원인인 정경유착과 관치금융을 그대로 둔 채, 은행의 수익성이라는 기준만 절대화하면서 은행의 대형화를 추진하는 것은 문제 해결보다는 새로운 문제를 발생(합병이 더 큰 부실초래)시키게 될 뿐임.

- 따라서 정경유착과 관치금융을 뿌리 뽑고 은행의 자율성을 높이며 근로자들의 생존권을 최대한 보장하는 방향에서 금융개혁이 이루어져야 할 것임.

- 변화된 금융환경
  • 개정된 금융지주회사법이 2009년 7월 22일 국회를 통과했는데, 그것의 주요 내용은 산업자본의 은행지주회사 주식보유한도를 4%에서 9%로 높이고 은행을 자회사로 갖지 아니하는 금융지주회사에 대해 일반 제조업체의 지배를 허용케 한 것임.
  • 금산분리 완화에 대한 반대 논리는 은행의 사금고화이고, 찬성 논리는 희소자원의 적정 배분을 통한 금융산업의 경쟁력 제고이지만, 양측의 주장이 첨예하게 대립되어 보는 각도에 따라 판단이 다를 수 있음.
  • 그러나 국내 주요 은행들의 외국인 지분이 50~70%에 달하고 대기업집단이 이미 금융계열사를 소유하고 있어 현실을 방치하기보다는 규

제의 틀 속으로 끌어들이기 위해 금융지주회사법 개정은 불가피한 것으로 정부와 여당은 판단

- 미국의 사례
  - 미국에서 은행의 성장은 인수·합병을 통해 이루어졌음.
  - 미국은 인수·합병이 활발했던 1980년부터 1999년까지 상업은행 숫자는 40% 감소했지만 지점 수는 오히려 40% 증가하였고, 고용 또한 10% 늘었음.
  - 미국 사례를 보면 은행의 대형화는 은행의 안정성 및 효율성을 증진시켰음.
  - 이와 더불어 은행의 대형화가 초래할 수 있는 부작용, 즉 중소기업에 대한 대출 축소 또는 은행 간의 담합 등과 같은 폐해가 이론상 존재할 수 있지만, 미국에서 그런 폐단은 없었음.

- 금산분리 완화를 계기로 살펴본 은행 빅뱅의 전제조건
  - 첫째 은행지주회사법이 개정되었지만 유럽연합 및 일본 등 선진 각국에서 행하고 있는 은행소유 규제에 비해 아직도 너무 엄격하여 소기의 목적을 달성할 수 있을지 의문임. ⇒ 산업자본의 주식보유한도를 4%에서 9%로 상향 조정했지만, 소유 제한을 유럽연합 수준까지 완화할 필요가 있음.[65]
  - 둘째, 금산분리 완화로 메가 뱅크 탄생을 바란다면 은행 간 인수·합병이 원활하게 전개되어야 함. ⇒ 은행 간 인수·합병은 어디까지나 당사자 간의 자유로운 의사에 의해 결정되어야 하지만, 실효성 제고 차원에서 은행 간 중개 역할을 담당할 기관이 필요함.[66]
  - 셋째, 지주회사 설립 및 운영 촉진을 위한 세제개선 방안 강구[67]

65) 유럽연합은 직접적 또는 간접적으로 은행 주식을 10%, 20%, 33%, 50% 초과 보유할 수 있지만 각각의 경우 감독당국의 적격성 심사를 통한 승인이 필요함. 우리도 소유 제한을 9%까지 올렸지만 은행의 주인 찾아주기가 금산분리 완화의 목적이라면 소유 제한을 차등화하고 이에 상응하는 차별된 감독수준 및 공시제도를 채택할 필요가 있음.

66) 감독당국이 이런 역할을 할 수도 있지만, 이는 감독당국의 자의적인 의사가 개입될 소지가 있음. 따라서 은행권, 언론, 경제부처 및 연구기관 등 은행 관련 단체 사이에서 합병 논의가 활발하게 일어나 다양한 합병 시나리오를 제시하고 이의 장·단점 등이 토론을 통해 수렴되는 등 합병 분위기를 조성할 필요가 있음.

- 금융산업 경쟁력 제고의 길
  - 우리나라 금융의 근간을 바꾸어 금융업에서도 삼성전자와 같은 세계적인 기업이 나오도록 하기 위해서는 금산분리 완화에 따른 부작용을 제거하는 노력과 함께 금산분리 완화를 통한 금융업 경쟁력 제고에 무엇이 장애가 되는지 살피고, 이를 제거하는 노력도 꾸준히 하여야 할 것임.

참 | 고 | 자 | 료

(1) 김상조(2001), 《손바닥 경제》, 사계절.

(2) 김대식 외(2007), 《현대 경제학원론》, 박영사.

(3) 좌승희(1998), "은행합병 만병통치약 아니다", 《매일경제》, 1998. 8. 6.

(4) 조명현(2002), "은행합병 제대로 하려면", 《매일경제》, 2002. 8. 27.

(5) 김승욱 외(2008), 《알짬 시장경제》, 박영사.

(6) 2008. 5. 22., 《전자신문》

(7) 이상빈(2009), "은행 빅뱅의 전제조건", 《매일경제》, 2009. 7. 29.

67) 현행 법인세제는 법률적으로 독립된 법인만을 과세대상으로 하고 있어 지주회사와 같이 경제적으로 결합되어 있지만 법률적으로는 분리되어 있는 모자회사를 하나의 과세대상으로 하지 않고 있음. 법률적으로 분리되어 있지만 실질적으로는 동일체인 지주회사에 대해 각 법인의 소득과 결손금을 합산하여 법인세를 납부하는 연결납세제도를 도입할 필요가 있음. 또 지주회사의 시너지 효과를 제고하기 위해서는 전산 및 총무 등 후선 업무 통합이 필수적이기 때문에 금융지주회사 계열사 사이에 이루어지는 용역거래에 대해 부가가치세를 면제하여야 함.

제 7 장

정부와 재정

(1) 정부의 역할에 대한 시각

1) 두 가지 상반된 견해

- 경제정책의 목표[68]를 달성하기 위해 정부가 어떠한 역할을 해야 하는가에 대해 두 가지 상반된 견해가 존재
- 개입주의
  - 정부의 적극적인 개입이 필요하다는 주장
  - 경제를 자유방임 상태로 둘 경우, 특히 자본주의의 경우 빈익빈 부익부 현상, 경기변동, 그리고 지나친 기업집중 등의 문제가 나타나므로 경제목표가 달성되기 어렵다고 보기 때문
- 자유주의
  - 정부의 간섭이 오히려 경제의 자율적인 안정구조를 해치기 때문에 정부의 역할은 최소한의 수준으로 국한되어야 한다는 견해

2) 방향성

- 1980년대 이후 세계경제는 영미를 선두로 정부의 시장개입을 가능한 한 제한하고, 민간부문의 경쟁을 통한 효율성 제고를 도모하는 방향으로 나아가고 있음.

---

68) 경제정책의 실질적인 목표는 크게 세 가지가 있음. 첫째 경제를 성장시켜 실업률을 낮추는 것이고, 둘째는 물가를 안정시키고 국제수지의 균형을 달성해서 대외적으로 경제의 안정을 이룩하는 것이고, 셋째는 경쟁 질서를 확립하고 사회적 안전망을 갖추어 경쟁에서 낙오된 자들을 보호하는 것임.

• 그러나 이러한 현상이 반드시 미국과 같은 자유방임적 시장주의가 최선의 선택임을 의미하는 것은 아님.
• 독일의 경우에서와 같이 자유방임적 시장주의보다는 확립된 경제 질서의 틀 안에서 자유롭게 시장이 기능하도록 하는 국가도 있음.

- 우리나라의 경우 과거 개발연대에 정부의 시장개입은 경제발전에 기여한 부분도 많으나 금융·소득분배의 불균형, 취약한 산업기반, 정경유착 등 많은 부작용을 가져왔기 때문에 정부의 시장개입을 줄이고, 민간부문의 효율성을 증대시키는 방향으로 우리 경제를 변화시켜 나가야 할 것임.

(2) 재정의 기능

1) 재정이란

- 국가의 예산인 세입(歲入)과 세출(歲出)의 운용을 말함.
  • 세입은 정부가 거둬들이는 세금수입을 말함.
  • 세출은 정부가 지출하는 돈을 뜻함.

- 재정은 기업의 재정과는 의미가 다름.
  • 기업활동과 관련하여 사용되는 재정(public finance)이라는 표현은 기업이 자금을 조달하여 운용하는 것을 말함.
  • 국가의 재정은 기본적으로는 기업의 재정과 큰 차이가 없지만, 공공부문에서의 자금운용이므로 공공재정이라고 함.

2) 재정의 기능

- 첫 번째 기능은 국가의 치안유지와 국방
  • 정부는 국가의 치안유지와 국방에 재정을 사용하는데, 이를 통해 국민의 안녕과 질서를 확립하는 것이 최소한의 국가기능임.

- 두 번째 기능은 경제 하부구조의 확충
  - 경제 하부구조란 도로, 철도, 전력 등 경제활동에 기본적으로 필요한 기반시설을 말함.
  - 경제 하부구조가 발달되어 있지 못하면, 경제활동이 제대로 수행되기 곤란

- 세 번째 기능은 소득재분배 기능
  - 소득재분배는 일단 분배된 소득을 조세와 보조금 등의 정책수단을 통하여 다시 조정하는 것을 말하는데, 재정의 적극적인 기능을 통해서 보다 바람직한 소득재분배를 도모할 수 있는 것임.
  - 이러한 목적으로 사용되는 제도 중의 하나가 조세를 누진세율로 걷는 것임.

- 네 번째 기능은 경기조절의 수단으로 사용
  - 경기가 침체되면 재정지출을 늘리고, 세금을 감면해 주는 확장적 재정정책(expansionary fiscal policy)을 통해 유효수요를 확대함.
  - 경기가 지나치게 과열되면, 긴축적 재정정책(restrictive fiscal policy)을 통해 재정지출을 축소하고, 세금을 인상함으로써 유효수요를 축소시킴.

- 다섯 번째 기능은 신사업분야의 개발
  - 변화하는 대내외 경제 및 사회적 환경에 능동적으로 준비하기 위해서 정부는 재정정책을 통해 국가 사회의 미래 수요를 예측하고, 이에 필요한 새로운 사업 분야를 개발하는 데 앞장서기도 함.

- 마지막 기능은 가장 적극적인 기능이라고 할 수 있는 산업지원의 기능
  - 우리나라의 경우 과거 경제개발계획의 기간 동안 국가 전략산업부문에 대한 정부의 세금 감면과 보조금 지급 등으로 이들 산업이 빠르게 성장할 수 있도록 하였음.
  - 오늘날 이러한 방식의 산업지원이 용이한 것은 아니지만, 세계 각국은 보이지 않는 형태로 현재에도 국가 전략산업에 대한 각종 재정적 지원을 하고 있음.

3) 요 약

- 치안과 국방이라는 공공재를 제공하고 하부구조를 건설하는 것이 국가의 가장 소극적인 역할이고, 가장 적극적인 역할은 특정계층의 소득을 지원하는 소득정책과 특정산업을 지원하는 산업정책임.

- 과거에는 적극적 재정정책이 중요했으나, 최근에는 정부실패가 중요하게 부각되면서 적극적 정책을 줄여야 한다는 목소리가 높음.
  - 특히 WTO에서는 각국의 산업정책을 금하고 있으며, 각국 정부는 국제기구가 허락하는 범위 내에서 국가의 경쟁력을 높이고 가장 효율적인 시장운영의 방안을 마련하기 위해서 고심하고 있음.

(3) 재정에 대한 시각

1) 재정관의 변화 추이

- 19세기 입헌군주시대에는 전쟁수행 등 불가피한 경우를 제외하고는 군주의 지출을 억제하는 것이 의회의 관심이었기에 균형재정을 이상적으로 여겼음.

- 20세기에 들어와 이러한 재정의 이념은 변화되었는데, 부의 축적과 전쟁의 감소는 각국의 독립적인 재정을 가능하게 하였고, 이를 토대로 하여 적극적인 재정의 이념이 등장하게 되었음.
  - 특히 1930년대 세계경제 대공황을 겪으면서 재정의 적극적인 기능이 더욱 강조되었고, 이러한 재정의 이념은 각국에서 널리 받아들여졌음.
  - 케인즈는 총수요의 부족으로 대량실업이 발생했다고 보고, 정부지출을 증가시켜, 즉 적자재정을 통해 유효수요를 창출해 실업을 해소해야 한다고 주장 ⇒ 재정의 경기조절기능을 중시하는 이른바 기능적 재정(functional finance)관을 가지고 있었음.

- 그러나 한번 방만해진 정부지출을 축소시키기란 쉬운 일이 아니기 때문에 오늘날 대부분의 나라들은 방만한 정부지출의 증가로 재정적자가 누

적되었고 이는 자유 시장기능의 위축과 인플레이션의 심화라는 부작용을 낳았음.

• 또한 재정적자의 재원을 충당하기 위해 국채를 발행할 경우 다음 세대에게 세금을 부담시키는 것을 의미하기 때문에 정치적 부담이 될 수 있음.

2) 최근 추이

- 최근에는 경기부양을 위한 공공투자 지출증가와 저소득층 및 고령자에 대한 사회복지 지출증가로 적자재정을 경험한 대부분의 선진국들은 균형재정을 선호하는 경향을 보이고 있음.

(4) 재정의 기구 : 예산

1) 예산이란

- 국가정책 수행을 위해 필요한 지출과 이를 위한 재원을 금액으로 나타낸 것으로 '숫자로 표시된 정부의 정책'이라고 할 수 있음.

  • 중앙정부든 지방정부든 모든 정부는 재정을 꾸려 나가기 위해 매년 예산을 편성함.

2) 본예산과 추가경정예산

- 본예산이란 회계연도(우리나라의 경우 1월 1일부터 12월 31일까지의 1년 단위로 구성) 전에 편성된 예산을 말함.
- 추가경정예산이란 회계연도 중이라도 국내외 경제상황의 변화 또는 천재지변과 같은 돌발사태가 발생할 경우 다시 수정할 수 있는 예산을 말함.

3) 결 산

- 예산을 집행한 결과를 말하는데, 결산은 예산범위 내에서 이루어지지만

반드시 일치한다는 보장은 없음.

- 왜냐하면 경기에 따른 조세수입의 변동, 사업의 진척속도 및 인플레이션에 의한 비용 상승 등 여러 가지 이유로 예산에 준하여 집행되기가 어렵기 때문임.

4) 재정의 항목 : 세입과 세출

- 세입이란 정부의 모든 수입을 말하는데 우리나라 중앙정부의 세입예산은 크게 국세수입과 세외수입 및 자본수입으로 분류됨.
  - 국세수입은 소득세, 법인세, 상속세, 부가가치세, 특별소비세 등의 내국세와 관세, 교통세 및 특정목적에 용도가 한정된 주세(酒稅)와 농특세(農特稅)로 구성됨.
  - 세외수입은 국세 이외의 수입을 말하는데 정부출자수입, 벌금 등의 경상세외수입과 공기업 주식매각 수입 및 전년도 이월금 등으로 이루어짐.
  - 국세수입과 세외수입을 합해 경상수입이라고 함.[69)]
  - 자본수입은 정부가 소유한 토지나 건물 등 자본재를 판매해서 발생하는 수입을 말함.

- 세출이란 정부가 행하는 모든 지출로서 흔히 재정지출이라고 부르는데, 경제적 분류(경상지출, 자본지출, 순대출)와 기능적 분류[70)]로 구분해 작성됨.
  - 경상지출은 공무원 봉급지급을 포함한 정부소비지출, 정부가 차입한 채무에 대한 이자지급 및 이전지출[71)]을 말함.

---

69) 일반회계는 국세수입이 대부분을 차지하나 특별회계는 목적세 수입을 제외하고는 세외수입이 많은 부분을 차지함.

70) 총세출이 어떠한 용도로 지출되었는가를 말하는 것으로 분류방식이 시대에 따라 변화하는바 일반 공공행정, 국방비, 사회복지비, 교육비, 수송 및 교통, 통신, 과학기술, 산업 · 중소기업 등 다양함.

71) 이전지출(transfer payments)이란 재화나 용역에 대한 구입의 형태가 아닌 가계나 기업에 보조금 형태로 지급하는 것을 말하며 의료보험, 실업보험, 사회보조금 등이 이에 해당됨.

• 자본지출은 정부가 토지, 건물, 자본재 등을 취득하는 데 드는 지출을 말함.
• 순대출은 정부가 각종 기관에 빌려준 융자금에서 회수금을 뺀 것을 말함.

(5) 통합재정수지

1) 통합재정수지의 등장

- 세계 각국은 IMF의 〈정부재정통계편람〉에 따라 통합재정수지를 산출하고 있는데, 이는 각국의 재정통계를 표준화하기 위함임.
- 우리나라도 1979년 이후 이와 같은 방식에 따라 통합재정수지를 산출하고 있음.[72)]
- 통합재정은 공공목적을 달성하기 위해 강제적으로 재원을 조달하여 공공재를 생산하는 비금융재정활동을 포괄함.

2) 우리나라의 통합재정수지

- 우리나라의 통합재정수지는 일반정부와 비금융 공기업으로 구성되며, 일반정부는 다시 중앙정부와 지방정부로 구성됨.
- 중앙정부 예산은 1개의 일반회계와 17개의 특별회계로 구성됨.
- 일반회계는 일반세입으로 일반적 지출을 담당하는 회계임.
  • 소득세, 법인세, 부가가치세, 관세 등 국세수입의 대부분과 정부보유주식 매각분, 각종 수수료 등 세외수입을 세입으로 하여 정부의 일반행정비, 방위비, 사회개발비, 경제개발비, 지방재정교부금, 채무상환 및 기타부문에 지출됨.

---

72) 우리나라 재정의 범위를 말하는 통합재정수지는 중앙은행을 포함하여 공적인 금융기관의 재정을 의미하는 '공공금융기관'과 이를 제외한 '비금융공공부문'으로 구성됨.

• 또한 특정한 사업의 수행을 위해 운영되는 특별회계의 자체 재원이 부족할 경우 이를 지원하기도 함.
• 통상 예산이라고 하면 일반회계를 지칭

- 특별회계는 양곡, 통신, 조달 등 기업특별회계와 농어촌구조개선 특별회계 등 국가에서 특정한 목적의 사업을 운영할 때, 또는 재정융자 특별회계와 같이 특별한 자금을 보유해 운용할 때, 그리고 기타 특정한 세입을 특정한 세출에 충당함으로써 일반 세입세출과 구분해 정리할 필요가 있을 때 지원함.
  • 특별회계는 각 개별법에 의해 설치, 운영되고 있음.

- 중앙정부의 예산과는 별도로 각 중앙관서의 장이 관리 및 운영하는 기금이 있음.
  • 특정한 분야의 사업에 대해 지속적이고 안정적인 자금지원이 필요하거나 사업추진에 있어 탄력적인 집행이 필요한 경우에 예산과 별도로 설치하여 운용하는 것임.
  • 기금은 예산 외로 운영되기 때문에 기금 운용계획의 변경은 예산과는 달리 추가경정예산의 대상이 아님.

- 한편 국세수입 중에서 주세, 전화세, 토지초과이득세, 교육세 등 일부 세원은 일반회계에 편입되지 않고 곧바로 지방자치단체 지원 재원으로 사용되는데 이를 지방양여금이라고 함.
  • 지방정부는 예산편성 및 결산작성의 시차, 그리고 회계과목 간의 차이 때문에 현재 통합재정에 포함시키지 못하였으나 2005년 결산기준부터 지방정부의 예산도 통합재정수지에 포함시키고 있음.

(6) 균형재정

1) 균형재정이란

- 세입이 세출보다 큰 경우를 흑자재정(budget surplus), 세입이 세출보다

적은 경우를 적자재정(budget deficit), 세입과 세출이 같은 경우를 균형재정(balanced budget)이라고 함.

2) 적자재정의 경우

- 정부는 적자를 메워 주는 돈을 어디에선가 충당(보전)해야 하는데, 충당 방법은 중앙은행과 예금은행에서 돈을 빌리거나, 또는 국공채를 발행하거나, 아니면 외국에서 돈을 차입해야 함.

- 적자재정은 정부의 예산제약[73)]을 초과해 지출한 것을 말하는데, 이는 총수요의 증가를 의미하며 인플레이션을 유발시킴과 함께 실물경제에도 상당한 영향을 미치게 됨.
  - 첫째 적자재정은 정부차입을 의미하는데 국공채발행 등 민간부문으로부터의 차입증가는 국내자금시장을 경색시켜 이자율이 상승하게 됨으로써 민간부문의 투자활동을 위축시켜 총산출량 수준을 하락시키는 바,[74)] 장기적으로는 민간부문의 투자위축으로 자본축적량을 감소시켜 경제성장을 저해함.
  - 둘째 적자재정은 정부부채이므로 이자를 부담해야 하기 때문에 이자부담만큼 세금을 더 거두어야 하므로 국민의 부담이 더 늘어남.
  - 적자재정은 국제수지에 나쁜 영향을 줌.[75)]

3) 바람직한 재정의 방향

- 정부가 경기부양을 목적으로 적자재정을 편성하는 경우도 있으나 일반적으로 적자재정은 바람직하지 못한 반면에 흑자재정은 적자재정보다는

---

73) 정부의 예산 제약식은 다음과 같이 표현됨.
→ 정부지출 − 조세 = 통화공급 증가 + 국공채발행 증가 + 해외차입 증가

74) 이를 구축효과(crowding-out effect)라고 함.

75) 우리나라의 재정적자로 이자율이 상승하여 유가증권 수익률이 증가하였다고 하자. 이는 외국투자자들에게 우리나라의 유가증권에 대한 매력을 느끼게 해 외국투자가들은 유가증권을 사들이기 위해 원화 화폐수요를 증가시킴. 이는 우리나라의 화폐가격을 상승시켜(환율하락) 수출이 감소하고 수입이 증가하여 국제수지를 적자로 가게 하는 요인이 됨.

바람직하다고 할 수 있음. ⇒ 그러나 예산의 잉여분을 금융기관에 상환하거나 대출하는 경우 통화량의 증가를 가져와 물가상승의 원인이 될 수 있으므로 경제상황에 따라 다르기는 하지만 정부는 균형재정을 재정의 목표로 삼는 경우가 많음.[76]

(7) 기능별 예산

1) 의 미

- 기능별 예산이란 예산이 어떠한 용도로 사용되는가를 말함.
  - 예산의 크기도 중요하지만, 전체 예산이 어떠한 기능으로 사용되는가는 더욱 중요

- 국가 재정이 국가경제의 비용을 감소시키고 생산성을 증가시키기 위해서는 경직성 예산의 비중이 줄어들어야 하며, 반대로 사업성 예산의 비중은 늘어나야 함.
  - 우리나라의 2007년도 일빈회계의 기능별 예산을 살펴보면, 공무원 인건비 등이 포함된 일반 공공행정 예산이 21%로 가장 높고, 그 다음이 교육과 국방 각각 19%와 16%인 반면에 산업에 대한 지원부분은 20%에도 미치지 못함.
  - 국가경제의 성장을 위해서는 일반 공공행정이나 국방비와 같은 경직성 예산의 비중을 줄이고, 산업에 대한 지원인 사업성 예산의 비중이 늘어나야 함.
  - 비록 사업성 예산이라고 하더라도 정부산하기관의 예산이 포함되어 있기 때문에 사업성 예산의 수치만 가지고 예산이 합리적으로 편성되어 있는지를 판단하기는 곤란 ⇒ 공공부문의 개혁 필요성 제기

---

76) 경제가 불황에 있을 때 균형재정을 추구함으로써 경기가 더욱 침체에 빠지게 되는 현실을 정책함정(policy trap)이라고 함. 이와 관련하여 김대식 외(2007) 참조.

2) 중요성

- 예산이 어떠한 용도로 사용되는가를 의미하는 기능별 분포는 재정의 효율적 운용을 결정하는 매우 중요한 지표임.

(8) 바람직한 재정의 운용

- 우리나라 재정이 안고 있는 과제는 크게 네 가지인데, 첫째 경직성 예산의 축소, 둘째 행정개혁을 통한 효율적인 정부의 구현, 셋째 공공부문의 민간부문 이양, 넷째 국제화시대에 맞는 재정의 기능창출 등을 지향해야 함.

- 그러나 무엇보다 중요한 것은 우리에게 맞는 재정의 역할을 재정립해야 할 필요가 있다는 것임.
  - 우리 사회가 서구식 사회보장제도를 도입하기 위해 재정의 많은 부분을 할애하는 것이 무조건 바람직한가는 깊이 생각해 보아야 할 문제인데, 사회보장제도가 가장 발달되어 있는 유럽 선진국들에서 노후를 외롭게 보내는 노인들이 많은 것은 우리에게 시사해 주는 점이 큼.
  - 우리의 대가족제도와 같은 가족을 기반으로 하는 사회보장제도는 외국에서도 높게 평가하고 있으므로 우리에게 적합한 재정정책을 확립하는 것이 우리에게 주어진 가장 중요한 과제임.

참 | 고 | 자 | 료

(1) 김승욱 외(2008), 《알짬 시장경제》, 박영사, 2008. 2.
(2) 김대식 외(2007), 《현대 경제학원론》, 박영사, 2007. 1.

제 8 장

총수요관리정책과 재정

정부가 물가를 안정시키거나 생산활동을 촉진시키고자 하는 목적으로 세출(정부지출 등)과 세입(조세 등)을 변화시키는 정책을 재정을 통한 총수요관리정책이라고 함.

(1) 재정을 통한 총수요관리

1) 자동안정화 장치

- 의미
  - 재정을 통한 총수요관리정책의 한 가지 특징은 재정의 특징상 경기변동에 대하여 자동적으로 대응하는 기능을 가지고 있다는 점임.
  - 자동안정화장치(built-in stabilizer)란 정부가 의도적으로 개입하지 않아도 자동적으로 경기를 안정화시켜 주는 재정의 기능을 말함. ⇒ 즉 경기가 과열되어 총수요가 너무 많을 때 이를 완화시켜 주고 반대로 총수요가 부족할 때 이를 자동적으로 보충해 주는 장치를 말함.
- 대표적인 자동안정화 장치로 누진소득세와 실업보험을 들 수 있음.
  - 누진소득세의 경우 경기가 좋아져 총소득이 증가하면 누진소득세구조에서는 높은 소득세율을 적용받기 때문에 세금을 많이 내게 되고 따라서 소비수요가 감소하게 되는바, 이는 총수요의 확대를 억제시키고 경기과열을 완화시키는 작용을 하며, 반대로 경기불황으로 총소득이 감소하면 낮은 소득세율을 적용받게 되므로 이는 소비수요가 덜 줄어들어 총수요 위축을 억제시키고 경기침체를 완화시키는 작용을 함.
  - 실업보험이란 평상시 기업과 근로자 및 국가로부터 일정액의 보험료

를 적립하였다가 근로자가 실업을 당하게 되면 재취업 때까지 정해진 실업수당을 지급하는 사회보장제도의 하나이기 때문에 불황 시 민간의 소비수요가 급격히 감소되는 것을 막을 수 있어 경제안정화에 도움이 됨.

- 부정적 측면
  - 경제가 불황을 극복하여 회복국면에 들어설 때 소득세율도 함께 올라 경기회복을 더디게 할 수 있음.
  - 경제 내 자기조정기능 및 시차 등의 문제 때문에 자동안정장치만을 가지고는 경제의 완벽한 안정성을 보장할 수 없음.

- 이처럼 자동안정장치는 경기호황과 경기침체의 강도를 완충시키는 긍정적인 측면이 있지만, 부정적 측면도 내포하고 있기 때문에 경제안정화를 기하기 위해 정부의 의도적 개입이 필요하다고 주장하는 견해들도 있음.

2) 재량적 재정정책

- 의미
  - 경제안정화를 위해 정부가 의도적으로 개입하는 정책을 재량적 재정정책(discretionary fiscal policy)이라고 함.
  - 총수요의 부족으로 균형국민소득이 완전고용국민소득보다 낮아 경기침체와 실업이 우려될 때 정부는 조세감면이나 정부지출 증가에 의한 확장적인 재정정책으로 총수요를 확대시켜 경기침체와 실업을 해소할 수 있음.
  - 한편 총수요가 완전고용국민소득을 상회하여 인플레이션이 우려될 때 정부는 조세증수나 정부지출 감소에 의한 긴축적인 재정정책으로 인플레이션을 방지할 수 있음.

- 그러나 재량적 재정정책은 모든 경제문제를 한꺼번에 해결해 주지는 못함. ⇒ 즉 총수요조절에 의한 재량적 재정정책은 실업과 인플레이션을 한꺼번에 잡을 수 없음.

[그림 8-1] 재량적 재정정책[77]

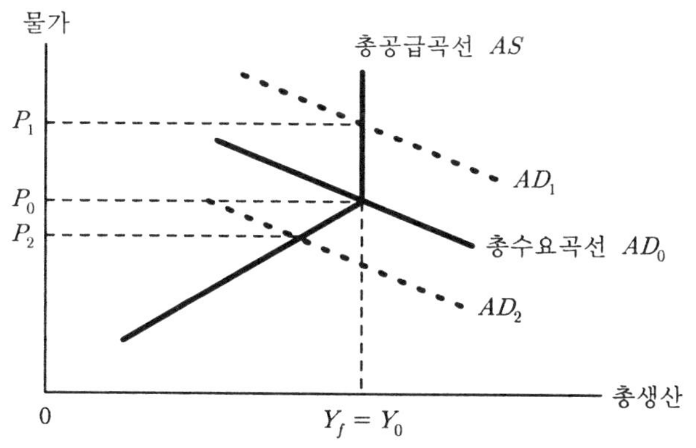

(2) 총수요관리정책의 한계

1) 총수요-총공급 모형을 통한 설명

- 총수요관리정책으로 물가안정과 경제성장을 동시에 달성할 수 없다는 사실은 필립스곡선에서 이미 지적한 바 있는데, 이것을 총수요-총공급 모형으로 다시 설명해 볼 수 있음.

- 총수요관리정책이 지닌 딜레마
  - 확장적 재정정책이나 금융정책을 사용하면 총수요곡선이 우측이동하게 되는데, 이 경우 균형국민소득이 증가하므로 실업은 감소하지만 물가수준이 증가하므로 물가상승은 피할 수 없음.
  - 반대로 물가상승을 잡기 위해 긴축적인 총수요관리정책을 사용하면 물가상승은 억제하지만 경기침체(실업증가)는 더욱 심화됨.

---

77) 경기상태에 따라 조세나 정부지출을 재량적으로 사용하여 실업이나 인플레이션을 줄이고자 하는 정책을 재량적 재정정책이라고 함.

[그림 8-2] 총수요관리정책의 한계[78]

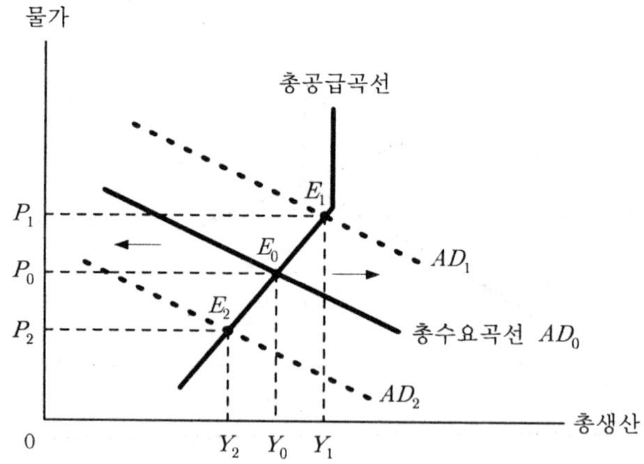

2) 총수요관리정책의 한계를 극복하기 위한 정부의 정책 : 소득정책

- 정부는 실업과 인플레이션 방지에 직접적으로 개입하는 정책도 사용하는데, 이러한 방법의 한 예로서 소득정책(incomes policy)을 들 수 있음.
  - 소득정책은 실업의 감소 없이 인플레이션을 억제하기 위해 정부가 임금과 가격을 직접적으로 규제하는 정책을 말함.

- 소득정책의 실례
  - 임금 · 가격을 억제하기 위해 정부가 업계 · 노조에게 강력한 요청을 하는 조보닝(Jawboning)
  - 임금 · 물가상승률의 상한선을 정하는 임금물가가이드라인(Wage-Price Guideposts)
  - 임금 · 물가의 인상을 통제하는 임금물가통제(Wage-Price Controls)
  - 임금 · 물가의 인상을 동결하는 임금물가동결(Wage-Price Freezes)

---

78) 총수요관리정책은 실업과 인플레이션을 동시에 치유할 수 없음. 즉 한 변수를 치유하기 위해 다른 변수는 희생되어야 함. 예컨대 확장적인 재정정책이나 금융정책으로 균형점이 E_0에서 E_1으로 이동하는 경우 경기상승으로 실업률은 낮출 수 있으나 물가상승이 유발됨.

• 임금 · 물가의 인상 억제에 협조하는 기업과 근로자들에게 세금혜택을 주는 세금혜택소득정책(tax-based incomes policy)

3) 종합적 견해

- 이러한 총수요관리정책들은 단기적으로 가능하지만 장기적으로는 가격기능을 왜곡시켜 자원배분을 비효율적으로 하게 만드는 문제점을 초래하기 때문에 장기적으로는 생산기반의 확충을 통한 경제의 생산역량을 강화하는 방법만이 실업과 인플레이션의 문제를 해결할 수 있음.

(3) 경제정책의 운용

1) 경제정책의 목표와 수단

- 정부가 경제정책의 현실적인 목표를 달성하기 위하여 사용하는 수단은 나라마다 다르지만, 일반적으로 재정적 수단, 금융 및 통화적 수단, 환율수단, 권유와 직접명령, 그리고 제도의 변경 등이 있음.
- 일반적으로 정책수단의 수보다 해결해야 할 목표의 수가 더 많을 때 정부가 경제정책을 사용하는 데 있어서 원하는 모든 목표들을 달성하기란 불가능함.

2) 틴버진의 원리

- 틴버진(J. Tinbergen)은 정부가 경제정책을 사용하는 데 있어서 바람직한 결과를 얻기 위해서는 정책수단이 정책목표의 개수만큼 있어야 한다고 말하는데, 이를 틴버진의 원리라고 함.

3) 정책결합(policy mix)

- 정부는 상황에 따라서 여러 가지 정책수단들을 동시에 사용해야 할 때가 있는데, 이를 정책결합이라고 부름.

• 예를 들어 물가와 이자율이 높아 투자가 위축되어 있다고 할 때 이를 해결하기 위해 정부지출을 감소시킴으로써(재정정책) 총수요를 위축시켜 물가를 잡는 한편, 통화량을 증가시켜(통화정책) 이자율 하락을 유도해 투자증대를 꾀할 수 있음.
• 그러나 통화량 증가가 단기적으로는 이자율을 낮추지만 장기적으로는 물가를 올려 이 정책의 효과가 반감될 수 있음.

(4) 정책운용방식

- 경제정책의 운용방식에 관한 두 가지 논쟁을 살펴보고자 하는데, 첫째는 경기변동에 정부가 적극적으로 대처할 것인가 아니면 소극적으로 대처할 것인가에 관한 문제이고, 둘째는 정부가 재량적인 경제정책을 수행해야 할 것인지 아니면 준칙(rule)에 의한 경제정책을 해야 할 것인지에 관한 문제임.

1) 개입의 정도 : 적극적인 경제정책과 소극적인 경제정책

- 적극적인 경제정책 옹호 입장
  • 주로 케인즈학파의 학자들로서 예상치 못한 충격으로 경제가 항상 불안정하다고 보고 재정정책이나 통화·금융정책을 통해 경기의 미세조정(fine-tuning)이 가능하다고 주장
- 소극적인 경제정책 옹호 입장
  • 주로 통화주의자들로서 경제란 근본적으로 자기치유적(self-correcting) 기능을 가지고 있는 것으로 보고 이를 무시한 적극적인 안정화정책은 오히려 비효율적인 경기변동을 야기할 수 있다고 경고 ⇒ 이들이 적극적인 경제정책에 회의적인 반응을 보이는 이유는 정책의 시차(policy lag) 때문임.[79]

---

79) 흔히 경제정책이 수립·집행되는 시점과 그 정책효과가 나타나는 시점까지는 상당한 시차가 존재함. 정책시차는 내부시차와 외부시차로 구분할 수 있음. 내부시차(inside lag)는 정책당국이 외부적 충격으로 발생한 경기변동으로 인지하는 데 걸리는 시간인 인식시차와 이에 따른 정책의 수립과 국회의 동의에 걸리는 시간인 실행시차로 나누어

• 정책의 시차뿐만 아니라 경기예측의 어려움도 적극적인 안정화정책이 경제의 불안정성을 야기하는 요인이 된다고 주장함.

- 정책의 시차와 관련하여 재정정책은 정책의 수립·집행에 긴 시간이 소요되나 실시 후 효과는 빨리 나타나므로 내부시차는 길며 외부시차는 짧은 것이 일반적이지만, 통화정책은 정책의 수립·집행이 비교적 간단한 반면에 실물부문에 효과를 가져다주는 데 상당한 시간이 소요되므로 내부시차는 짧고 외부시차는 긴 편임.80)

2) 개입방법 : 재량적인 경제정책과 준칙에 의한 경제정책

- 재량적인(discretionary) 경제정책은 적극적인 경제정책과 일맥상통한 것으로 정부가 경기를 파악하여 경기안정을 위해 정책을 재량적으로 운용하는 것을 말함.
- 준칙(rule)에 의한 경제정책은 정책결정자가 경제상황과는 무관하게 미리 공포한 준칙에 따라 정책을 실시하는 것을 말함.
- 통화주의자들(Monetarists)이 주장하는 통화정책의 준칙
  • 그들은 통화정책이 단기적으로 재정정책보다 강력한 효과를 지니고 있으나 (외부)시차의 문제를 극복할 수 없기 때문에 경제를 안정화하는 데 적합하지 않으며, 방만한 통화공급은 장기적으로 물가상승만 초래한다고 보았음.
  • 따라서 재량적인 통화정책보다는 장기적 경제성장률에 대응하는 일정비율로 통화공급을 매년 증가시키는 것이 바람직하다고 주장 ⇒ 이를 흔히 프리드만(Milton Friedman)의 k% 준칙이라 함.
- 준칙에 의한 경제정책이 재량적인 경제정책보다 바람직한 이유는 '정책결정자에 대한 불신'과 '시간의 비일치성' 때문임.

볼 수 있으며, 외부시차(outside lag)는 실시된 정책이 현실적으로 효과를 나타내는 데 소요되는 시간을 말함.

80) 가령 중앙은행이 시중의 자금경색을 완화하기 위해 통화량을 풀어 이자율을 하락시키면 이자율 하락이 실물부문에 영향을 미치는 데 상당한 시간이 걸리게 되는데, 이것이 바로 통화정책의 외부시차가 길다는 의미임.

• 정책결정자에 대한 불신은 국민들이 정책결정자의 정책방향이 일관적으로 유지되리라고 믿지 못함을 의미 ⇒ 정치적 경기변동[81]을 제거하기 위해 준칙에 의해 균형예산과 같은 법을 제정함으로써 정치적 요인을 줄일 수 있음.

• 시간의 비일치성(time inconsistency)이란 정책결정자가 민간의 기대형성에 영향을 미치려고 정책을 미리 공포하는 경우 이에 근거하여 민간의 기대가 형성되고 행동으로 옮겨지게 되는데, 막상 행동으로 옮겨진 후에는 다른 정책을 수행하려는 현상을 말함.[82] ⇒ 시간의 비일치성으로 정부가 신뢰를 잃게 되면 민간은 정부가 공표한대로 기대형성을 하지 않기 때문에 장기적으로 정부가 의도한 방향으로 정책을 유도하기 어렵게 됨.

- 일반적으로 경제가 안정적인 상태에서는 자기조정능력을 가지므로 소극적인 경제정책이 바람직하지만, 경제가 극도로 불안정할 때는 정부의 보다 적극적인 개입이 필요하다고 볼 수 있는데, 결국 재정정책을 포함하여 모든 경제정책의 시행은 신뢰성을 확보할 수 있는 원칙과 기준 위에서 이루어지는 것이 중요함.

참 | 고 | 자 | 료

(1) 김승욱 외(2008), 《알짬 시장경제》, 박영사, 2008. 2.

81) 가령 집권당이 정권을 잡기 위해 선거 전에는 팽창정책을 사용하여 선거시기와 경기호황을 겹치도록 유인하나, 선거 후에는 인플레이션을 잡기 위해 긴축정책을 채택하는 경우가 허다한데, 이렇게 발생되는 경기변동을 정치적 경기변동(Political Business Cycle)이라고 함.

82) 가령 현재 인플레이션율은 8%이고 실업률은 5%라고 가정하자. 정부는 현재 인플레이션율이 높다고 생각되어 내년에는 현재수준보다 통화증가율을 낮추어 4%대의 인플레이션을 유지시키겠다고 공포하였음. 이렇게 되면 민간들은 내년 인플레이션을 4%로 예상하여 경제활동을 벌이게 됨. 그리하여 경제정책을 수행할 시점에서 이 경제는 4%의 인플레이션과 5%의 실업률 수준으로 됨. 그러나 새로운 경제상황에서 정부는 약간의 인플레이션을 감수하면 실업률을 3%로 줄일 수 있는 유혹을 느껴 결국 약속을 깨고 통화증가율을 앞서 공포한 통화증가율보다 높게 책정하게 됨. 이것이 바로 흔히 일어나는 시간의 비일치성에 대한 예임. 시간의 비일치성으로 정부가 신뢰를 잃게 되면 민간은 정부가 공표한대로 기대형성을 하지 않기 때문에 장기적으로 정부가 의도한 방향으로 정책을 유도하기 어렵게 됨.

제 9 장

경제안정정책

(1) 경제안정정책의 성격

1) 경제안정정책이란

- 경제가 너무 불안정한 상황으로 치닫는다고 판단될 경우, 정부는 여러 가지 정책수단을 동원해 경제를 안정시키려고 노력하는데, 이런 의도에서 실시되는 정책을 경제안정정책이라고 부름.
  • 현대 정부에서 이 정책이 차지하는 비중은 상당히 높은 수준에 있음.

- 경제가 불안정한 양상을 보이는 것은 수요 측면에서 문제가 있어 그런 경우도 있고, 공급 측면에서 문제가 있어 그런 경우도 있음.
  • 총수요가 부족하면 불황과 실업의 문제가 발생하는 한편, 총수요가 너무 크면 인플레이션의 문제가 발생하는 것임. ⇒ 현실에서 발생하는 문제들을 보면, 이렇게 수요 측면에서 그 원인을 찾을 수 있는 경우가 대부분임.

- 경제안정정책은 대체로 총수요를 조절하는 정책의 성격을 갖고 있는데, 심지어 공급 측면에 문제가 발생한 경우에도 총공급을 조절하는 정책을 통해 대응하는 경우는 별로 보기 힘든 것이 일반적임.
  • 부존자원의 크기나 생산성 등에 의해 결정되는 총공급을 단기적 성격을 가진 정책에 의해 조절하는 것은 매우 어려운 일이기 때문임. ⇒ 따라서 경제안정정책을 범위를 좁혀 좀 더 구체적이고 현실적으로 표현한다면 총수요관리정책 혹은 총수요조절정책이라고 말할 수도 있음.

2) 총수요 조절을 위한 정부의 정책수단

- 직접적 방법
  - 정부지출을 늘리거나 줄이는 것이 이에 해당
  - 정부지출은 총수요의 구성요소 중 하나이기 때문에 정부지출을 늘리면 총수요가 바로 늘어나게 됨.

- 간접적 방법
  - 조세징수액, 화폐공급량 혹은 이자율 등을 변화시킴으로써 총수요를 적절한 수준으로 관리하게 됨.
  - 예를 들어 정부가 조세 징수액을 줄이면 국민의 가처분소득이 늘어나 소비지출이 늘어나고, 이는 즉각 총수요 증가로 이어짐.

3) 경제안정정책의 정책수단에 따른 구분 : 재정정책과 통화정책

- 재정정책(fiscal policy)은 정부지출이나 조세 징수액 같은 재정수단을 통해 총수요를 조절하는 정책을 뜻함.
  - 경기침체에서 벗어나기 위해 총수요를 늘릴 필요가 있을 때는 정부지출을 직접 늘리거나 조세 징수액을 줄이는 조치를 취함.
  - 이와 반대로 경제가 너무 과열된 경우에는 정부지출을 줄이거나 조세 징수액을 늘려 총수요를 줄이려고 노력하게 됨.

- 통화정책(monetary policy)은 화폐공급량이나 이자율을 조절함으로써 총수요를 관리하는 정책임.
  - 경제가 불황에 빠져 있을 때 정부는 화폐공급량을 늘려 시중에 풍부한 자금을 공급하는 동시에 이자율이 낮아지도록 만듦.
  - 그렇게 되면 소비자들의 소비지출이 늘어나는 동시에 기업들의 투자지출이 늘어 총수요가 더 커지게 됨.
  - 경우에 따라서는 좀 더 직접적인 방법으로 이자율이 떨어지도록 유도함으로써 소비지출과 투자지출을 촉진시키려 하는 경우도 있음.

(2) 재정정책

- 국채발행을 통해 조달한 자금으로 재정지출을 늘리는 경우를 논의해 보기로 하겠음.

1) 정부지출 증가의 효과

- 상품시장에 미치는 영향
  - 정부지출이 늘어나게 되면 총수요가 바로 그만큼 커지게 됨.
  - 그 결과 물가는 올라가고 국민소득도 커진다는 것을 알 수 있음.[83)]
  - 그러나 이것은 정부지출 증가가 경제에 미치는 영향을 부분적으로 설명한 데 불과함.
  - 정부지출 증가의 효과를 완전하게 파악하기 위해서는, 이것이 화폐시장에 미치는 영향은 물론, 화폐시장에서 생긴 변화가 다시 기업들의 투자지출에 미치는 영향까지 모두 살펴보아야 함.

- 화폐시장에 미치는 영향
  - 앞서 본 것처럼 정부지출의 증가는 상품시장에서 국민소득의 증가와 물가의 상승을 가져오게 됨.
  - 이와 같은 변화는 화폐시장에서 거래적 동기에 의한 화폐수요가 더 커지게 만드는 원인이 되어 이자율이 올라가게 됨.

- 최종적인 영향
  - 이와 같은 이자율 상승은 기업들의 투자지출 감소를 가져오고, 이는 곧바로 총수요 감소로 이어지게 됨.
  - 투자지출의 감소로 인해 상품시장에서 초기에 발생했던 국민소득과 물가의 상승이 줄어들긴 하지만, 결국 정부지출의 증가가 국민소득의 증가와 물가의 상승이라는 효과를 내게 됨.

- 유의할 사항

83) 총수요 - 총공급 곡선을 통해 손쉽게 보일 수 있음.

- 정부지출의 증가가 상품시장과 화폐시장에 영향을 미치는 실제의 과정은 이와 약간 다를 수 있음.
- 실제로는 정부지출 증가에 대해 상품시장과 화폐시장이 순차적이 아니라 동시에 반응을 보여 그 결과로 국민소득과 물가가 각각 변화하게 됨.
- 이 과정에서 이자율이 올라가는 현상도 동시에 나타나게 됨.
- 이 모든 변화가 한꺼번에 일어난다는 것이 좀 더 정확한 표현이라고 할 수 있으나 이해를 돕기 위해 두 시장이 순차적으로 반응을 보인다는 식(즉 일단 상품시장에 영향을 주고, 이로 인해 생긴 변화가 화폐시장에 영향을 준 다음, 화폐시장에서 생긴 변화가 다시 상품시장에 영향을 준다는 식)으로 설명한 것임.

2) 요 약

- 논의를 정리해 보면, 국채 발행을 통해 정부지출을 증가시킨 결과 이자율이 올라가고 투자지출이 줄어드는 현상이 나타났음.
  - 다시 말해 투자지출이 줄어들어 정부지출 증가로 인한 총수요 증가의 효과를 부분적으로 상쇄하는 결과가 나타난 것임.
- 말하자면 '정부지출이 투자지출을 구축한 결과'가 빚어진 것인데, 이런 뜻에서 구축효과(crowding-out effect)가 발생했다고 말함.
- 현실에서 구축효과가 어느 정도로 발생하는지에 대해서는 경제학자들 사이에 상당한 이견이 있으나 이론적인 관점에서 볼 때 정부지출의 증가가 투자지출의 감소를 가져올 가능성이 있다는 사실만은 어느 누구도 부정하지 않음.

(3) 통화정책

1) 통화정책의 전달경로

- 만약 정부가 화폐공급량을 늘린다면 우선 화폐시장에서 균형이자율이

떨어지는 결과가 나타나고,[84] 이자율이 떨어지면 기업들이 투자지출을 늘릴 것이고 이는 승수효과[85]를 통해 더 큰 폭의 총수요 증가로 이어지게 됨.

- 그 결과 국민소득이 커지는 동시에 물가도 올라가게 되는 것을 볼 수 있음.

- 결론적으로 화폐공급의 증가는 국민소득의 증가를 가져와 경기를 팽창시키는 효과를 갖는데, 이렇게 화폐공급의 변화가 이자율의 변화를 가져와 상품시장에 영향을 미치는 과정을 통화정책의 전달경로(transmission mechanism)라고 부름.

- 통화정책의 전달경로를 요약해 보면 〈표 9-1〉과 같음.

〈표 9-1〉 통화정책의 전달경로

화폐공급 증가 ⇒ 이자율 하락 ⇒ 투자증가 ⇒ (승수효과) ⇒ 총수요 증가 ⇒ 국민소득 증가 〈제1단계〉 〈제2단계〉 〈제3단계〉
화폐공급 감소 ⇒ 이자율 상승 ⇒ 투자감소 ⇒ (승수효과) ⇒ 총수요 감소 ⇒ 국민소득 감소

- 유의할 사항
  - 지금까지의 논의로부터 정부지출 증가나 화폐공급량 증가가 모두 (단기적으로) 국민소득을 증가시키고 물가를 상승시키는 경기팽창 효과가 있음을 확인할 수 있었음.
  - 그러나 두 정책이 국민소득의 구성에 미치는 효과에는 큰 차이가 있다는 점에 주의해야 함.

84) 이 역시 화폐수요곡선과 화폐공급곡선을 이용하여 손쉽게 보일 수 있음.

85) 어떤 이유로 인해 소비지출, 투자지출, 혹은 정부지출이 증가하게 되면 국민소득은 그 증가분의 몇 배에 이르는 크기로 증가하게 됨. 이와 같이 지출의 증가가 국민소득을 몇 배나 더 큰 폭으로 증가시키는 결과를 가져오는 것을 가리켜 승수효과(multiplier effect)라고 부름.

- 화폐공급량이 증가하면 이자율이 떨어져 투자지출이 늘어나게 되는 반면에 정부지출이 증가하면 이자율이 상승해 투자지출이 감소하는 결과가 나타나기 때문에 정부가 두 정책 중 어느 쪽을 선택하느냐에 따라 국민소득에서 투자지출이 차지하는 비중이 달라짐.
- 일반적으로 기업들은 경기부양책으로 재정정책보다 통화정책을 더욱 선호하는 경향을 보이는데, 이는 돈을 빌려 투자자금을 조달해야 하는 기업의 입장에서 볼 때 이자율이 오르는 결과를 가져오는 재정정책이 별로 달가울 리 없기 때문임.

2) 통화정책의 효율성

- 통화정책이 총수요를 변화시키는 데 효과를 발휘하기 위해서는 〈표 9-1〉에서 보는 것처럼 우선 첫 단계에서 이자율이 민감하게 반응해야만 함.
  - 화폐공급량이 변화하는데도 이자율이 별 반응을 보이지 않으면 투자지출에 큰 영향을 줄 수 없기 때문임.

- 어떤 상황에서는 화폐공급량이 크게 늘어나도 이자율이 전혀 떨어지지 않는 현상이 나타날 수 있는데, 이와 같은 현상이 나타날 때 경제가 유동성 함정(liquidity trap)에 빠졌다고 말함.
  - 경제가 유동성 함정에 빠져 있는 경우에는 화폐공급량을 아무리 변화시켜도 이자율에 어떤 변화도 생기지 않으므로 투자지출, 나아가 총수요에 전혀 영향을 주지 못하는 결과가 빚어지는 것임.

- 전달경로의 제2단계에서는 투자지출이 이자율 변화에 얼마나 민감하게 반응하는지가 통화정책의 효율성을 좌우하게 됨.
  - 투자지출이 이자율에 민감한 반응을 보여야, 즉 이자율이 떨어질 때 투자지출이 큰 폭으로 늘어나야 통화정책이 총수요에 미치는 영향이 클 수 있는 것임.

- 전달경로의 마지막 단계는 투자지출의 변화가 승수효과를 통해 더 큰 폭의 총수요 변화로 이어지는 과정인데, 투자지출이 일정한 폭으로 증

가한다고 할 때 투자승수[86]가 클수록 총수요가 한층 더 큰 폭으로 늘어나게 됨.

• 그러므로 통화정책의 효과가 크게 나타나기 위해서는 투자승수가 커야 한다는 조건도 함께 충족되어야 함.

- 결론적으로 화폐공급량을 늘렸을 때 이자율이 더 큰 폭으로 떨어지고, 이에 따라 투자가 큰 폭으로 늘어나는 한편, 투자승수도 큰 값을 가지면 통화정책은 경제를 안정시키는 데 효과를 발휘할 수 있음.

• 다시 말해 이 조건들이 모두 충족되어 있어야 화폐공급량을 늘렸을 때 국민소득이 큰 폭으로 늘어나 경기침체 상태에서 벗어날 수 있는 것이지만 현실에서 이 조건들이 동시에 충족된다는 보장이 없고, 바로 이 점에서 통화정책의 효율성에 대해 의문을 제기할 여지가 있음.

(4) 통화정책과 관련된 몇 가지 문제

- 중앙은행 혼자서 화폐공급량을 결정할 수 있는 것은 아니지만, 거의 지배적인 영향을 미칠 수 있는 것만은 사실인데, 중앙은행은 두 가지 기본경로를 통해 화폐공급량을 조절할 수 있는바, 하나는 본원통화의 공급량을 조절하는 것이고, 다른 하나는 통화승수의 크기를 조절하는 것임.

1) 중앙은행의 통화관리방식

- 재할인율정책

• 중앙은행이 시중은행에 빌려주는 자금에 적용되는 금리인 재할인율(discount rate)을 높이거나 낮춤으로써 통화량을 조절하는 정책을 뜻함.

• 중앙은행이 시중은행에 자금을 빌려주는 과정에서 본원통화의 공급량이 늘어나게 됨.

• 중앙은행이 '돈을 풀었다'는 말을 자주 쓰는데, 중앙은행이 정말로 돈

86) 1원의 투자증가가 가져오는 국민소득의 증가폭을 말함.

을 찍어 시중에 유통시켰다는 뜻으로 그렇게 말하는 것은 아니고, 돈을 푼다는 것이 실제로는 시중은행이 중앙은행에서 빌려 예치해둔 자금, 즉 중앙은행 예치금을 늘려주는 것 같은 장부상의 변화를 의미할 때가 훨씬 더 많음.

- 지급준비율정책
  - 중앙은행이 법정지급준비율을 올리면 통화승수의 값이 작아져 본원통화의 공급량이 그대로 있어도 통화량이 줄어들게 되며, 반대로 법정지급준비율을 내리면 통화승수의 값이 커져 통화량이 늘어나게 됨.
  - 원래 예금자를 보호하려는 취지에서 도입된 지급준비제도를 통화관리의 수단으로 사용하는 것이 바로 지급준비율정책임.
  - 그런데 대부분의 선진국이 유사시에 예금자를 보호해 주는 예금보험제도를 도입하고 있어 지급준비제도의 예금자보호 기능은 그 의미가 크게 퇴색하게 되었음.
  - 또한 금융산업의 발달에 따라 비은행 금융기관을 중심으로 지급준비의 의무가 없는 금융상품이 많이 개발됨에 따라 지급준비제도의 적용을 받는 은행의 수익성이 상대적으로 떨어진다는 형평성의 문제가 대두되었음.
  - 이에 따라 1980년대 이후 주요 선진국에서는 지급준비율을 크게 내리거나 아예 폐지하는 추세에 있어 실제로 통화관리정책으로서의 지급준비율정책의 의미는 크게 줄어든 상황임.

- 공개시장조작
  - 공개시장조작(open market operation)이란 중앙은행이 공개시장에서 국공채나 기타 유가증권을 사고팔아 본원통화의 양을 조절하는 정책을 말하며 금융시장이 발달한 선진국에서는 여러 통화관리 수단 중 이것을 가장 많이 이용하고 있음.
  - 예를 들어 중앙은행이 은행이나 민간으로부터 국채를 사들이면 그 대가로 은행의 중앙은행 예치금을 늘려 주거나 민간에게 현금을 지급해야 하는데, 그 결과 본원통화의 양이 늘어나고 이에 따라 통화량도 늘어나게 됨.

• 반면에 중앙은행이 국채를 팔면 본원통화의 양이 줄어들고 통화량도 줄어들게 됨.
• 공개시장조작은 본원통화의 양을 조절하는 효과뿐 아니라 이자율을 변화시키는 효과도 갖고 있음.
• 중앙은행이 국채를 사들이기 시작하면 국채에 대한 수요가 커져 국채 가격이 올라가게 되는데, 액면이 고정된 국채의 가격이 상승한다는 것은 국채의 수익률, 즉 이자율이 떨어진다는 것을 뜻함.
• 마찬가지로 중앙은행이 국채를 팔면 유통시장에서 국채의 공급이 늘어나 국채가격이 떨어지고 이에 따라 이자율이 상승하게 됨.
• 이와 같이 공개시장조작은 통화량을 조절하는 동시에 이자율에 영향을 주는 이중의 효과를 거둘 수 있음.

- 직접규제방식
  • 이상의 세 가지 통화관리방식은 중앙은행이 시중은행의 행동에 직접 제약을 가하지 않는다는 점에서 간접규제방식이라고 부를 수 있는데 반해, 직접규제(direct control)방식은 은행별로 여신한도를 정하는 등, 은행이 제공하는 대출의 양뿐 아니라 그 용도까지 직접 통제한다는 점에서 대조를 이룸.
  • 통화량을 줄이기 위해 시중은행에 앞으로 일정기간 동안 대출을 자제하라는 지침을 내리는 것이 직접규제의 한 예가 됨.
  • 어떤 산업에는 대출을 많이 해주고 다른 산업에는 대출을 많이 해주지 말라는 식으로 간섭하는 경우도 있음.
  • 이 방식은 '창구지도'라는 말로 더욱 널리 알려져 있는데, 실제로 우리나라에서는 1997년 말의 외환위기 이전까지만 해도 간접규제방식보다 이 방식이 더 많이 사용되었음.

2) 이자율과 통화량 간의 상대적 우선순위 논란

- 통화정책의 전달경로를 보면, 화폐공급량의 변화가 이자율의 변화를 가져오고, 이것이 투자지출에 영향을 줌으로써 정책의 효과가 나오게 되

는데, 이와 같은 설명에서 일단 화폐공급량을 변화시키는 주목적이 이자율을 변화시키는 데 있다는 인상을 받을 수 있으며, 이와 동시에 화폐공급량을 일정한 양만큼 변화시킴으로써 이자율을 정확하게 원하는 수준으로 조정할 수 있다는 인상을 받을 수도 있음.

• 화폐공급량을 변화시킴으로써 이자율을 원하는 방향으로 움직일 수 있으며, 그것이 통화정책의 중요한 부분이라는 데는 이론의 여지가 없으나 현실에서 중앙은행이 화폐공급량을 변화시킬 때 오직 이자율을 어떤 수준으로 조절하는 것만 목적으로 삼는 것은 아님.

- 통화정책의 주목적이 통화량 그 자체를 조절하는 데 있는 경우도 상당히 많은 것을 볼 수 있는데, 통화량의 많고 적음이 경제에 미치는 영향도 크기 때문에 이것을 적절한 수준으로 통제하는 것은 매우 중요한 일임.

• 경기가 침체되어 있는 상황에서는 통화량 그 자체를 늘리는 것이 중요한 목표가 될 수 있는데, 실제로 중앙은행이 통화정책을 수행할 때는 이자율만이 아니라 통화량의 추이에도 매우 큰 관심을 기울이는 것이 보통임.

- 한편 정부가 이자율을 어떤 수준으로 조정하고 싶을 때, 목표로 삼고 있는 이자율을 직접적으로 발표하는 수단을 쓰는 경우가 있는데, 그 좋은 예가 '콜금리'를 올리거나 내리는 방법임[87](한국은행은 2008년 3월 7일부터 정책금리를 이전 '콜금리 목표'에서 '한국은행 기준금리'로 변경하였음).

• 우리가 '이자율'이라고 부르는 것은 개인이나 기업이 자금을 빌릴 때 적용되는 금리를 뜻하는데, 이것은 콜금리[88]와 같은 방향으로 움직이는 것이 보통이므로 중앙은행이 콜금리를 올리거나 내리면 이자율도 같은 방향으로 움직이게 되는 것임.

87) 콜금리 역시 자금의 수요와 공급에 의해 결정되기 때문에 중앙은행이라고 해서 이를 마음대로 올리고 내릴 수 없음. 엄밀하게 말하면 중앙은행이 콜금리 그 자체가 아니라 그것의 목표치를 올리거나 내린다고 표현해야 함. 중앙은행이 목표치를 올리거나 내리면 콜금리가 이에 따라 오르고 내리는 것이 보통임.

88) 콜금리란 은행들이 아주 짧은 기간 동안 자금을 빌려주고 받을 때 적용되는 금리를 뜻함.

- 이자율과 통화량을 적절한 수준으로 관리하는 것이 중요하다는 점에 대해서는 경제학자들 사이에 이견이 없으나 이 둘 중 어느 것이 상대적으로 더 중요한지에 대해서는 의견이 엇갈려 있음.
  - 어떤 경제학자는 이자율의 추이가 경제의 움직임과 더욱 밀접한 관련을 갖기 때문에 이자율을 바람직한 수준으로 유지하는 것이 중요한 과제라고 주장하는 반면에 통화량이 더욱 중요한 변수이며, 따라서 통화량을 적절하게 관리하는 데 더 높은 우선순위를 두어야 한다고 주장하는 사람도 있음.

- 만약 이자율과 통화량을 동시에 바람직한 수준으로 통제하는 것이 가능하다면 별 문제가 없을 것이나 현실에서는 이 둘을 동시에 통제하는 것이 불가능하기 때문에 어떤 것에 높은 우선순위를 부여해야 하는지가 문제가 됨.
  - 다시 말해 중앙은행의 입장에서 볼 때, 어느 쪽에 관심의 초점을 맞추어 통화정책을 운영할 것인지가 중요한 선택문제로 제기되는 것임.

(5) 재정정책과 통화정책 사이의 상대적 적정성 논란

- 통화정책과 재정정책 가운데 어느 쪽을 선택하는 것이 더욱 바람직한지의 문제와 관련하여 일반적으로 케인즈 경제학자(keynesian)들은 재정정책을 선호하는 반면, 통화주의자(monetarist)라고 불리는 경제학자들은 통화정책이 좀 더 바람직하다고 생각하는 경향이 있는바, 두 학파의 견해차는 통화정책의 전달경로와 정책시차에 대한 견해차로 요약될 수 있음.

1) 통화정책의 전달경로에 대한 견해차

- 케인즈 경제학자(혹은 케인즈학파)의 견해
  - 케인즈 경제학자들은 통화정책의 전달경로가 너무나도 길고 불확실해 별로 믿을 만하지 못하다고 생각하기 때문에 경기가 침체되었을 때 화폐공급량을 늘리는 것이 그리 큰 효과를 내지 못할 것이라고 말함.
  - 화폐공급량을 늘려도 이자율이 큰 폭으로 떨어지기 힘들뿐 아니라,

설사 이자율이 충분히 떨어진다 해도 기업의 투자지출이 쉽게 늘어나지 않는다는 것이 이들의 지적임.[89)]

- 케인즈 경제학자들은 통화정책에 비해 재정정책의 효과가 한층 더 직접적이고 확실하다고 믿고 있는바, 정부지출의 증가는 곧바로 총수요의 증가로 이어지며 조세감면 역시 가처분소득을 늘려 확실하게 소비지출을 늘리는 효과를 낸다는 것임.
- 따라서 침체된 경기를 부양시키기 위해서는 그 효과가 불투명한 통화정책보다 직접적으로 총수요에 영향을 줄 수 있는 재정정책을 쓰는 편이 훨씬 더 낫다고 생각

- 통화주의자의 견해
  - 통화주의자들은 화폐공급량의 변화가 이자율의 변화를 통해 투자에 영향을 주는 것으로 보는 케인즈 경제학자들의 견해 그 자체를 수용하지 않는데, 이들은 케인즈 경제학자들이 말하는 통화정책의 전달경로라는 것이 실제로 통화정책이 실물경제에 영향을 미치는 과정을 너무 좁게 한정해서 보는 것이라고 반박함.[90)]
  - 화폐공급량의 변화가 이자율 변화를 거치지 않고도 직접적으로 총수요에 영향을 미칠 수 있다는 것이 이들의 주장임.
  - 통화주의자의 견해에 따르면, 재정지출을 늘리는 것은 구축효과 때문에 경기를 활성화하는 데 별 효과를 거두지 못한다고 보고 있는데, 설사 정부지출 증가가 약간의 경기팽창 효과를 갖더라도 투자지출을 감소시키는 결과를 가져오기 때문에 바람직하지 않다고 지적 ⇒ 투자가 위축되면 자본축적이 제대로 이루어지지 못해 경제가 순조롭게 성장해갈 수 없다는 것임.
  - 반면에 케인즈 경제학자들의 견해를 적용하더라도 화폐공급량을 늘리면 이자율이 떨어져 투자가 촉진될 수 있기 때문에 통화정책이 상대적으로 더 낫다는 것이 이들의 주장임.[91)]

---

89) 케인즈는 투자가 기업가의 동물적 충동에 의해 주로 결정된다고 말했는데, 이것이 사실이라면 이자율이 떨어진다 해서 투자지출이 크게 늘어나리라고 기대하기는 힘들 것임.
90) 사실 통화정책의 전달경로는 케인즈 경제학자들이 주로 논의하고 있는 개념임.
91) 그렇다고 해서 통화주의자들이 통화정책을 적극적으로 활용해야 한다고 주장하는 것

2) 정책시차에 대한 견해차

- 정책이 수립·집행되어 실제로 효과가 나타날 때까지는 어느 정도 시간이 흘러야 하는 것이 보통인데, 다시 말해 정책의 효과는 다소간의 시차를 두고 나타난다는 말인데, 이와 같은 시차를 가리켜 정책시차(policy lag)라고 부름.

- 정책시차의 존재는 경제안정정책을 수행하는 데 중대한 걸림돌이 되는 바, 정책시차가 아주 긴 경우에는 경제의 안정을 위해 실시된 정책이 오히려 경제를 한층 더 불안하게 만드는 역할을 하는 결과까지 가져올 수 있음.[92)]

- 일반적으로 재정정책은 통화정책에 비해 정책의 수립·집행에 걸리는 시간이 더 긴 것으로 알려져 있는 반면에[93)] 통화정책은 국회 동의와 같은 법적 절차를 거칠 필요 없이 통화당국의 의지 하나만으로 신속히 수립·집행될 수 있음.
  - 통화주의자들은 이 점을 들어 재정정책보다 통화정책이 한층 더 효과적인 경제안정정책이라고 주장
  - 반면에 재정정책을 옹호하는 케인즈 경제학자들은 통화정책이 실제로 효과를 발휘할 때까지 걸리는 시간이 길다는 점을 강조[94)]

은 아님. 통화주의자들은 경제안정을 위한 정부의 적극적 개입에 대해 반대하고 있음. 이와 같은 태도는 통화정책의 경우에도 예외가 아니라고 말할 수 있음.

92) 예를 들어 어느 해 3월 갑작스럽게 원유가격이 뛰어올라 경기가 현저히 위축되기 시작했다고 하자. 이에 대한 대책을 둘러싸고 정책담당자들 사이에 격론이 벌어진 끝에 9월이 되어서야 화폐공급량을 일정한 크기로 늘리는 구체적인 정책을 실행에 옮길 수 있었음. 그런데 화폐공급량 증가의 효과는 이로부터 7개월이 지난 그 다음 해 4월에 가서야 서서히 나타나기 시작했다고 함. 문제는 정책의 효과가 나타나기 시작한 다음 해 4월의 경제상황이 그 전 해 3월과 상당히 달라져 있을 가능성이 크다는 데 있음. 예컨대 이때 예기치 않은 수출 호조로 경제가 서서히 과열의 조짐을 보인다고 하자. 이 상황에서 1년여 전에 실시한 팽창적 통화정책의 효과가 나타나기 시작한다면 이것은 심각한 일이 아닐 수 없음. 그렇지 않아도 경기과열이 문제되는 터에 팽창적 통화정책의 효과까지 가세하면 경제의 상황은 한층 더 불안해질 것이기 때문임.

93) 가령 조세감면을 구체화시키기 위해서는 복잡한 입법과정을 거쳐야 하기 때문에 상당히 긴 시간이 소요되는 것이 보통임.

94) 정부지출의 증가는 곧바로 상품시장의 총수요 증가로 이어질 뿐만 아니라 조세감면

- 이상의 논의를 〈표 9-2〉에 요약해 놓았음.

〈표 9-2〉 케인즈 경제학자와 통화주의자의 견해 차이

비교기준	케인즈 경제학자	통화주의자
통화정책의 효과	효과가 약함 : 이자율을 통해 간접적으로 실물부문에 영향을 줌. 화폐시장에 유동성 함정이 존재하거나 투자가 이자율에 비탄력적이면 경기조절효과가 없음.	효과가 큼 : 통화량 변동은 이자율의 변화를 통하지 않고 실물시장에 직접적으로 영향을 주므로 실물시장에 미치는 효과가 상당히 큼.
재정정책의 효과	효과가 큼 : 실물시장에 직접적으로 영향을 미침.	효과가 약함 : 정부지출이 증가할 때 이자율 상승으로 인한 구축효과가 발생해 경기조절효과가 상쇄됨.
정책시차	통화정책의 외부시차가 김.	재정정책의 내부시차가 김.

(6) 미세조정의 시도에 대한 견해차

- 경제안정을 위한 정부개입이 바람직한지의 여부와 관련하여 케인즈 경제학자들과 이에 반대하는 경제학자들 사이에 견해차가 존재

1) 필립스곡선과 경기의 미세조정

- 케인즈 경제학자들은 경기가 침체되었을 때 정부지출이나 화폐공급을 늘려 총수요를 증가시키고, 경기가 과열되면 그 반대방향으로 정책을 운영하는 총수요 조절정책을 통해 경제를 원하는 방향으로 이끌어갈 수 있다고 믿었음.

도 가처분소득을 증가시켜 짧은 시간 안에 소비지출을 증가시키는 효과를 낸다고 말함. 반면에 통화정책이 이자율 변화를 통해 투자지출을 변화시키는 데는 상당히 오랜 시간이 필요하다는 것이 이들의 주장임. 가계의 소비지출이나 정부지출의 결정과 달리, 투자지출의 결정은 오래 전부터 계획되는 것이 보통이어서 단기적인 이자율 변화에 둔감한 경향이 있기 때문이라고 함.

• 이처럼 통화정책이나 재정정책의 방향과 강도를 조절함으로써 경제를 안정된 상태에 유지시키려는 정책을 경기의 미세조정(fine-tuning)이라고 부름.

- 그런데 정부가 아무런 제약도 받지 않고 미세조정 정책을 수행할 수 있는 것은 아님.
  • 왜냐하면 현실에서 총수요 조절 정책을 통해 경기를 미세하게 조정해 나가는 과정에서 실업과 물가 사이의 상충관계(trade-off)라는 제약에 직면하게 되기 때문임.[95]

- 만약 우리가 실업률과 물가상승률 사이의 상충관계를 정확하게 알고 있다면 이 둘의 적절한 조합을 선택함으로써 경제를 바람직한 방향으로 이끌어갈 수 있을 것임.

- 초기의 케인즈 경제학자들은 필립스곡선이 단순히 실업률과 물가상승률 사이에서 관찰할 수 있는 통계적인 상관관계[96]를 보여주는 데 그친다고 보지 않았음.
  • 그들은 이 곡선을 통해 실업률과 물가상승률 사이에 어떤 구체적인 관계가 있는지 알아내 이를 정책수립에 활용할 수 있다고 생각했는데, 예컨대 필립스곡선의 모양을 알고 있으면 미세조정 정책을 통해 그 위의 어떤 한 점을 선택할 수 있다고 믿었던 것임.[97]

- 당시의 케인즈 경제학자들은 필립스곡선에 대한 지식이 경제안정정책을 수립하는 데 매우 유용하게 활용될 수 있다고 보았음.

2) 통화주의자의 비판

- 프리드만(M. Friedman)을 중심으로 한 통화주의자들은 경제를 미세조정

95) 예컨대 정책당국이 실업을 줄이기 위해 총수요 팽창정책을 쓸 경우에는 물가가 오르는 것을 감수해야 하며, 물가안정을 위해 총수요를 줄이는 정책을 쓰게 되면 어느 정도의 경기침체를 감수해야 함.
96) 실업률과 물가상승률 사이에 뚜렷한 음의 상관관계가 존재
97) 이것은 바로 그 점이 뜻하는 실업률과 물가상승률을 실현시킬 수 있다는 것을 말함.

할 수 있다는 케인즈 경제학자들의 낙관론을 믿지 않았으며, 정부의 개입이 경제에 오히려 더 나쁜 결과를 가져올 수 있다고 경고했음.

• 경제안정정책은 물가에만 영향을 줄 뿐 실업률을 낮추는 데는 아무런 도움도 되지 않는다는 것이 그들의 믿음이었음.

- 케인즈 경제학자들이 지지하는 미세조정 정책은 적극적인 동시에 재량적인 정책[98]의 성격을 갖고 있는 반면에 통화주의자들은 미세조정 정책이 오히려 경제를 불안정하게 만들 수 있음을 지적하고, 소극적이며 준칙에 의거한 정책[99]을 사용하는 것이 바람직하다고 주장했음.

  • 통화주의자들이 소극적인 경제정책을 옹호하는 이유는 경제를 바라보는 시각이 케인즈 경제학자들과 다르기 때문인데, 통화주의자들은 경제가 상당히 안정적인 성향을 갖고 있으며, 스스로 균형을 회복할 수 있는 능력을 갖고 있는 것으로 보기 때문에 정부의 개입이 불필요하다고 보고 있음.
  • 통화주의자들은 경제안정정책에 따르는 정책시차가 길고 가변적인데 이에 대한 정책당국의 지식은 보잘것없기 때문에 미세조정 정책은 오히려 경제를 한층 더 불안한 상태로 만들 수 있다고 말함.
  • 또한 그들은 경제상황이 매우 심각해 불가피하게 개입을 하게 되는 경우라도 소극적인 대응에 그쳐야 하며, 일반적인 상황에서는 미리 정해 놓은 준칙에 의해 통화정책을 운영해야 한다는 것이 기본입장이었음.

- 준칙에 의해 경제를 운영해 나간다는 것의 의미

  • 프리드만을 중심으로 한 통화주의자들은 소위 'k% 준칙'(k% rule)이라고 불리는 통화정책을 사용해야 한다고 주장
  • 이는 정부가 화폐공급량을 매년 일정한 비율로, 예컨대 k%씩 증가시

98) 정부가 총수요를 늘리거나 줄임으로써 경제안정을 위해 적극적으로 개입하는 정책을 적극적 정책(active policy)이라고 하며, 정책당국이 경제상황에 따라 적절한 정책을 선택해 대응하는 방식을 재량적 정책(discretionary policy)이라고 부름.

99) 정부가 경제안정을 위해 소극적으로 대처해 가는 정책을 소극적 정책(passive policy), 사전에 정책운영방식을 정해 놓고 상황이 변화하더라도 그 방식을 고수하는 경우를 준칙(rule)에 의해 정책을 운영한다고 말함.

켜 나갈 것이라고 미리 밝혀 놓은 후 경제상황에 관계없이 이를 계속 유지해 나가는 정책을 뜻함.

- 이 정책을 채택하면 미세조정에 따른 부작용을 피할 수 있을 뿐만 아니라 정책의 투명성이 보장되어 민간부문의 경제주체들이 장기계획을 세우는 데 도움이 될 수 있다는 것임.

3) 합리적기대이론의 정책무력성 명제

- 1970년대에 접어들면서 루카스(R. Lucas)를 중심으로 한 일군의 경제학자들이 합리적기대이론(rational expectation hypothesis)을 제기해 경제학계에 새로운 바람을 일으키기 시작했는데, 이들은 합리적인 사람이라면 미래에 대한 예측을 할 때 사용할 수 있는 모든 정보를 적절한 방법으로 활용할 것이라고 설명하면서 사람들이 이런 방식으로 미래에 대한 기대를 형성할 경우[100] 경제안정정책이 실물경제에 아무 효과도 가져다주지 못한다는 주장을 함으로써 경제학계에 큰 충격을 불러일으켰음.[101]

- 이 이론(혹은 가설)에 따르면 총수요 팽창정책은 난기에서도 물가만 상승시킬 뿐 실업률을 줄이는 데는 아무런 효과도 내지 못한다는 것인데, 이를 정책무력성(policy ineffectiveness)의 명제라고 부름.

- 모든 사람들이 미래의 일에 대해 합리적으로 기대를 형성하고 있다면 왜 경제안정정책이 아무 성과도 거두지 못하게 되는 것일까?
  - 예컨대 경기침체로 인해 실업률이 상당히 높아진 상황에서 정부가 화폐공급량을 늘려 경기부양을 시도한다고 할 경우, 다시 말해 약간의 인플레이션을 감수하고서라도 실업률을 줄이려는 정책처방을 쓰기로 할 경우를 생각해 보기로 하자.

---

100) 합리적기대가설의 핵심은 사람들이 사용할 수 있는 모든 정보를 적절한 방식으로 활용해 미래에 대한 기대를 형성하는 것, 즉 합리적 기대(rational expectation)를 한다고 보는 데 있음.

101) 여기에는 사람들이 정책의 변화를 미리 예상할 수 있다는 전제가 붙어 있음에 주의해야 함. 따라서 엄밀하게 말하자면 "사람들에 의해 예상된 경제안정정책이 실물경제에 아무 효과를 가져다주지 못한다."라고 표현해야 함.

• 이런 상황에서 경제안정정책이 효과를 발휘할 수 있으려면, 정부가 돈을 더 찍어내 물가가 오르는데도 근로자들이 현재의 임금에 만족하고 있어야 하는데, 그렇게 되면 물가가 상승하는 분위기하에서도 명목임금이 예전의 수준에 머물러 있어 실질임금이 떨어지기 때문에 고용이 늘어나고 실업률이 떨어지는 결과가 나타날 수 있는 것임.
• 그런데 모든 사람들이 합리적으로 기대를 형성한다면 화폐공급량의 증가가 물가상승을 가져올 것을 정확히 예측하게 되기 때문에 물가가 뛰어오를 것을 예상하는 근로자들은 당연히 임금을 올려달라고 요구하게 되며, 그렇게 되면 실질임금은 떨어지지 않고 기업은 고용을 증가시킬 이유를 전혀 발견하지 못하게 되어, 결국 화폐공급량의 증가가 실업률을 떨어뜨리지 못한 채 물가만 상승시키는 결과를 가져오게 됨.
• 사람들이 합리적으로 기대를 형성하는 상황에서는 경제안정정책이 실업률을 줄이는 데 아무런 효과를 내지 못하는 것임.

- 순수하게 이론적 관점에서 본다면 정책무력성의 명제는 거의 흠잡을 데 없는 완벽한 논리를 갖추고 있으나 현실의 경험에 비추어 볼 때 경제안정정책이 그런 정도로 무력하다는 주장은 선뜻 받아들이기 곤란
  • 현실경제의 상황은 합리적기대이론에서 상정하는 이상적인 상황과 상당한 거리를 갖고 있는 것이 사실임(가정의 비현실성).

- 따라서 현실에서 경제안정정책은 실업률을 낮추는 데 어느 정도 효과를 발휘할 것으로 기대할 수 있음.

참 | 고 | 자 | 료

(1) 이준구 · 이창용(2007), 《경제학 들어가기》, 법문사.

제Ⅱ편

시사경제 초점

1 사회자본의 경제적 의미

(1) 정 의

1) 사회자본이란

- 신뢰와 네트워크는 개인적으로나 집단 수준에서 많은 이점을 가져다주는데, 이를 두고 사회과학에서는 '사회자본(social capital)'이라고 명명하여 분석하고 있음.

- 일반적으로 특정사회 집단이 타 집단에 비해 상호간에 신뢰의 정도 및 공동체 의식이 높고 강할수록 사회적 의사결정이 신속하게 이루어지며 사회적 합의 역시 빨리 도출해 낼 수 있음.

- 또한 다른 이들에 비해 공식·비공식 네트워크에 많이 참여하고 있는 개인일수록 많은 정보를 갖게 됨에 따라 남들보다 손쉽게 해결책을 찾을 수 있음.

- 신뢰의 양에 따라서, 그리고 맺고 있는 네트워크의 수에 따라서 얻어지는 이익이 달라짐.

2) 사회자본도 역시 자본

- 통상 자본이라 함은 '이익을 창출하기 위해서 투입되는 자원'이라고 정의할 수 있기 때문에 신뢰와 네트워크는 이러한 점에서 당연히 자본이라고 할 수 있음.

- 또한 사회자본 역시 그것을 축적하고 유지하기 위해서는 '투자'가 필요

하다는 점에서도 자본의 특성을 지니고 있다고 봐야 함.

- 즉 상호간 신뢰를 형성하고 네트워크를 확장·유지하기 위해서는 시간을 할애하거나 다른 일을 희생하는 등 그만큼의 노력과 희생이 필요하다는 점에서 이를 투자로 이해할 수 있음.
- 따라서 이러한 신뢰와 네트워크 등을 경제자본과 마찬가지로 하나의 '자본'으로 간주할 수 있다는 것이 최근 학계의 경향임.

(2) 특 성

- 사회자본은 경제자본을 비롯한 일반적인 자본과는 다른 특성을 보임.

- 신뢰와 네트워크 등의 사회자본은 일반적 자본과 같이 각자가 개별적으로 보유하고 있는 것이 아니라, 행위자들 상호간의 관계 속에 내재하고 있다는 점이 하나의 중요한 특성이라고 할 수 있음.

- 그렇기 때문에 거기에서 비롯되는 이익이 자본 소유자에게 배타적으로 돌아가기보다는 행위자들 서로 간에 공유된다는 점도 중요한 특징임.

- 사용하면 할수록 줄어들기보다는 더욱 축적되고 증가된다는 점도 주목할 만함.
  - 즉 일반적인 시장에서의 거래와 달리 신뢰를 주고받았다고 하여 거래 당사자인 두 사람 사이에 존재하는 신뢰가 줄어들거나 늘어나는 영합(zero-sum) 관계로 나타나지 않는다는 것임.

(3) 측정방법

- 사회자본의 특성상 눈으로 볼 수 있는 물리적인 실체가 있는 것도 아니어서 얼핏 보기에 추상적이라는 느낌을 지울 수 없음.

1) 설문조사 활용(가장 일반적으로 쓰이는 방법)

- 사회자본을 측정하는 가장 대표적인 조사로 세계가치조사(World Value

Survey)가 있는데, 이는 세계 각 나라의 국민들을 대상으로 신뢰·네트워크에 대한 설문조사를 실시하여 국가 간 비교를 시도한 조사임.

2) 설문조사의 내용

- 우선 사회 구성원들이 서로서로 얼마나 신뢰하는지의 일반적인 신뢰수준을 측정하기 위해 '사람들을 대할 때 조심하는 것이 필요하다'고 생각하면 0점, '대부분의 사람들은 신뢰할 수 있다'고 생각하면 10점이라 하고 '○○님의 견해는 몇 점에 해당합니까?'로 설문
- 또한 사회 각종 제도의 신뢰수준을 측정하기 위해 정부·정당·언론·기업·노조·교육기관 등에 대해 얼마나 신뢰하는지를 역시 점수로 나타내도록 함.
- 한편 네트워크 형성과 참여를 측정하기 위해 '믿고 의지할 만한 이웃이나 친구가 얼마나 있는지', '각종 단체나 조직에는 얼마나 가입해 있는지', '각각 어느 정도의 적극성을 갖고 활동하는지'를 조사
- 이밖에도 호혜성의 규범 등을 알아보기 위해서는 시민의식과 준법의식과 관련한 설문 등을 사용하기도 함.

(4) 경제적 의미

1) 연구결과

- 최근 KDI 등 연구기관들의 연구결과를 통해 설문조사의 방법으로 측정한 사회자본이 국가마다 어느 정도이며, 어떠한 결과를 나타내는지 밝혀지고 있음.
- 총체적 연구결과
  - 집약적으로 살펴보면, 사회자본이 풍부한 국가일수록 경제적 성과가 좋으며, 민주주의의 발전 정도 역시 대체로 앞서 있는 것으로 나타나고 있음.

- 따라서 사회자본을 어떻게 형성하고 축적해 나갈 것인가가 학계에서 뿐만 아니라 정책적인 차원에서도 중요시되고 있음.

- 개인적 차원에서의 연구결과
  - 구직이나 결혼 상대자를 찾는 데 있어서 약하지만 넓은 네트워크가 주효하다고 보고되고 있음.
  - 또한 각종 단체의 가입과 활동이 해당 개인에게 소속감이나 정체성 등 심리적인 보상의 측면도 있다고 함.
  - 따라서 사회자본의 특성을 잘 이해하고 활용하여 여러 측면에서 좀 더 나은 사회가 될 수 있도록 하는 것이 매우 중요함.

2) 사회자본과 관련하여 주의가 필요한 부분

- 사회자본의 구성 개념 중 하나인 네트워크, 즉 연결망을 두고 아마도 많은 사람들은 '연줄' 또는 '연고주의' 등을 떠올리곤 함.

- 바로 이러한 사람들 간 연결망이 정보의 원활한 소통과 이에 따른 개인적·사회적 성과로 나타나지만 자칫 지나치게 사적으로 흐를 경우 사회 전체적으로는 '연고주의'라는 부정적인 결과로 나타날 수 있음을 주시해야 함.

- 사회자본의 중요성과 긍정적 효과를 강조하는 의도에서 이를 두고 '사회적 반(反)자본(social anti capital)'이라 칭하여 구분하기도 함.

3) 사회자본의 양면성 고려

- 사회자본의 양면성을 고려하여 긍정적 효과를 극대화하기 위한 노력 필요
  - 부정적인 측면을 줄이고 긍정적인 효과를 극대화하기 위해서는 정책적인 차원에서 주요한 대상이 될 수밖에 없음.

- 또한 사회적으로도 사회자본이 가지는 공공재적 성격을 더욱 강화하고 바람직한 우리 사회를 만들기에 적절히 사용되어야 할 것임.

- 아마도 누구나 다 자신들이 살아가는 사회의 구성원들이 서로서로 신뢰하고 공정하게 활동하며 정이 넘치는 공동체 속에서 생활할 수 있기를 바랄 것임.
  - 많은 이들이 사회자본에 관심을 보이고 노력과 기대를 내보이는 것도 이 때문이라고 할 수 있음.

참 | 고 | 자 | 료

(1) 이용수(2007), "사회자본이란 무엇이며, 왜 중요한가?", 《"click" 경제교육》, 한국개발연구원, 2007. 2.

(2) 2008. 11. 14., 《매일경제》

(3) 매일경제 대한강국 프로젝트팀(2008), 《Mission 10만 달러》, 매일경제신문사, 2008. 4.

2

잠재성장률의 이해

(1) 잠재성장률이란

- 잠재성장률은 노동과 자본 등 한 나라의 경제가 보유하고 있는 모든 생산요소를 통해 달성할 수 있는 최대의 경제성장률을 의미
- 최근에는 물가상승을 유발하지 않고 경제가 상승할 수 있는 능력으로 정의되기도 함.[102)]
- 따라서 잠재성장률 하락은 한국경제의 성장여력이 점차 떨어지고 있고, 이로 인해 예측 가능한 미래에 국민들이 누릴 수 있는 후생이 감소할 수 있음을 의미함.

(2) 잠재성장률의 결정요인

- 한 나라의 잠재성장률은 각 생산요소, 즉 노동, 자본, 생산성, 인적자본 등이 얼마나 제 능력을 발휘하느냐에 따라 결정됨.
  - 그러나 한 나라의 경제가 일정수준 이상에 도달하면 노동과 자본 등 생산요소 중심의 성장은 한계에 이르게 되고, 특히 한국처럼 경제규모가 세계 10위권에 이르면 이러한 현상은 더욱 심해짐.
  - 또한 저출산·고령화의 가속화는 경제활동 참여가능인구를 감소시켜 노동투입에 의한 성장을 더욱 더 가로막을 뿐 아니라 연금과 의료비 부담을 가중시켜 자본축적도 힘들게 함.

---

102) 결국 잠재성장률이란 바로 한 나라 경제가 꾸준히 커 나갈 수 있는 적정한 성장 속도를 의미함. 경제학적인 측면에서 잠재성장률은 한 나라 경제가 물가를 안정시키면서 달성할 수 있는 최대 성장률이며 생산요소의 양과 총요소생산성에 의해 결정됨.

- 그동안 우리 경제는 생산성 제고를 위해 다양한 제도 개혁과 R&D 투자 확충에 힘써 왔으나 높은 수출 실적에도 불구하고 국내소비 및 투자 부진이 지속되는 것을 보면 그간의 노력이 경제 전반의 생산성 제고로 이어지지는 못하고 있는 듯함.

- 노동, 자본, 생산성 등이 지금과 같은 추세를 지속한다면 4%대의 잠재성장률도 미래에는 장담할 수 없으며, 국민소득 3만 달러 달성은 더욱 요원해질 것임.[103)]

- 이런 점에서 한국경제가 진정 우려해야 할 사항은 잠재성장률 하락이 아니라 잠재성장률을 끌어올릴 요인을 찾기 힘들다는 현실일 것임.

(3) 잠재성장률의 하락 요인

- 우리나라 잠재성장률이 앞으로 하락할 것으로 예상되는 이유를 알기 위해서는 노동, 자본, 총요소생산성을 살펴볼 필요가 있음.

- 노동 측면
  - 우리나라의 생산가능인구(15~64세)는 출산율 저하와 고령화 등으로 2020년을 지나면서 급격히 감소할 전망임.
  - 우리나라 합계출산율은 2008년 현재 1.19명으로 경제협력개발기구(OECD) 국가 중 최하위권임.
  - 일손이 부족하면 공장의 기계를 놀릴 수밖에 없고 따라서 생산량은 감소함.
  - 결국 경제활동에 참가할 사람이 부족해짐에 따라 잠재성장률이 점차 낮아짐.

---

103) 아쉽게도 잠재성장률을 직접적으로 알 수 있는 방법은 없음. 우리가 알 수 있는 것은 경제성장률임. 그래서 정부나 중앙은행, 경제연구소 등에서는 경제학적인 이론과 모형을 통해 잠재성장률을 추정하고 있음. 경제연구기관들이 추정해 놓은 결과를 살펴보면, 2009년 현재 우리나라 잠재성장률 수준은 4% 중반으로 보임. 그러나 앞으로 우리나라 잠재성장률은 하강곡선을 그릴 전망임. 2010년대에 4% 초·중반, 2020년대에는 2~3% 수준까지 하락할 것으로 예상됨.

- 자본 측면
  - 자본의 양은 투자를 통해 결정됨.
  - 낡은 기계와 건물을 교체하고 생산을 확대하기 위해서는 새로운 투자가 끊임없이 이루어져야 함.
  - 우리나라는 1970~1980년대에 투자가 연평균 10% 내외로 늘어났고, 이는 고속성장에 크게 기여했음.
  - 하지만 1990년대에는 투자 증가율이 연 5.8%로 낮아졌고, 2000년대에는 3.7%로 급락했음.
  - 특히 최근에는 경제위기 영향으로 투자활동이 더욱 부진해졌음. ⇒ 2008년에는 투자가 전년 대비 1.7% 감소했고, 올해도 감소세를 보일 것으로 예상됨.
  - 기계가 부족한 공장과 비좁은 사무실에 일하는 사람을 늘린다 해도 생산량 증가를 기대하기는 어렵기 때문에, 결국 투자가 부진해지면서 생산에 이용되는 자본의 양이 불충분해지고 잠재성장률이 낮아짐.

- 총요소생산성 측면
  - 한국생산성본부가 연구한 결과에 따르면 우리나라 2000년대 총요소생산성은 1981~2000년 평균에 비해 절반 이하로 떨어졌고, 미국, 일본, 프랑스, 독일 등 선진국에 비해 낮은 수준임.
  - 동일한 노동과 자본을 가지고 있어도 과거보다 그리고 선진국보다 생산량이 적을 수밖에 없음.
  - 이렇게 노동과 자본이 부족해지고 총요소생산성이 낮아지면 잠재성장률이 떨어지는 것은 당연함.

(4) 잠재성장률의 제고방안

- 앞서 설명한 생산요소, 즉 노동과 자본을 증가시키고 총요소생산성을 향상시켜야 할 것임.

- 노동의 증가
  - 노동을 증가시킨다는 것은 일할 사람을 늘리는 것임.

• 출산율을 높여 인구감소를 방지하고 여성 경제활동 참여를 확대함으로써 일할 수 사람을 늘릴 수 있음.
• 이를 위해서는 적극적인 사회보장 정책 등 정부지원이 필요하며, 또한 정년연장을 통한 노동공급 증가도 고려할 만함.

- 자본의 증가
  • 자본을 증가시키려면 꾸준한 투자가 필요함.
  • 투자 주체는 크게 기업과 정부로 나누어 볼 수 있음.
  • 기업이 이윤창출을 위해 사업기회를 적극적으로 포착하고 투자를 진행해야 자본이 증가할 수 있음.
  • 정부는 이를 위해 시장질서 확립, 세제 지원, 법적·제도적 절차 합리화 등으로 투자환경을 개선해야 함.
  • 또한 정부가 직접 나서서 기업이 감당하기 어려운 대규모 사회간접시설(SOC) 사업 등을 수행할 수도 있음.

- 총요소생산성의 향상
  • 노동과 자본을 단기간에 증가시키기는 어려운데, 인구증가에는 시간이 필요하고, 기업투자를 강제할 수도 없음. ⇒ 따라서 현 상황에서는 총요소생산성을 향상시키는 것이 중요함.
  • 기술개발, 생산과정 합리화, 노동 숙련도 향상, 노동·자본 합리적 배치, 효율적 투자 등을 통해 같은 양의 노동과 자본으로 더 많은 생산을 할 수 있음.

- 경제전문가들은 인적자원이 향후 지속성장의 핵심이 될 것이라고 예측
  • 인적자본은 교육투자와 훈련을 통해 지식 및 숙련도를 높인 인간을 말하는데, 실제로 인적자본은 경제성장의 가장 큰 원천의 하나임.
  • 또한 자본이나 물질적 자원은 주어진 양과 질에 따라 확장과 개발이 한정되어 있는 데 반해, 인적자원은 능동적이고 자율적인 성격을 띠고 있어 장기적인 응용과 개발이 용이함.
  • 하지만 자본이나 물적자원처럼 비축할 수 없고, 인적자원을 제대로 활용하지 못할 경우 자연적으로 소진될 수 있다는 단점도 있음.

- 따라서 학령기뿐만 아니라 인적자원이 노동시장에 유입된 후에도 지속적으로 교육과 투자가 이뤄질 때 인적자원을 통한 성장률 제고가 가능해짐.

- 한 나라의 경제적 미래는 인구구조 측면 및 생활수준 측면에서 그려 볼 수 있는바, 미래에 잘살 수 있다는 기대감도 중요하지만, 밝은 미래를 맞이하기 위해서는 현재 우리가 무엇을 준비해야 하는가도 잊어서는 안 됨.

참 | 고 | 자 | 료

(1) 정원식(2007), "잠재성장률 저하의 해법, 인적자원 고도화에서 찾아라!", 《"click" 경제교육》, 한국개발연구원, 2007. 9.

(2) 2009. 7. 18., 《매일경제》

3 국가채무

(1) 정 의

- 쉽게 말해 정부가 재정적자를 메우기 위해 국내외에서 빌려 생긴 빚을 말함.

(2) 핵심 내용

- 국가채무를 산정할 때 주로 IMF나 OECD 등 국제기구의 기준에 따르는데 IMF 등 국제기구에서 정의하는 국가채무란 중앙정부와 지방정부 등 일반정부가 직접적인 상환의무를 지는 확정채무를 말하는 것으로 보증채무나 사회보장기금의 준비금, 중앙은행 채무 및 공기업의 채무 등은 국가채무에서 제외

1) 중앙정부 채무

- 국가채무 중 중앙정부 채무를 좀 더 구체적으로 보면 '정부차입금'과 '국채발행액' 및 '국고 채무부담행위'로 나눌 수 있음.
  • 먼저 정부차입금은 정부가 한국은행 등 국내 금융기관과 민간기금으로부터 빌리는 국내차입금, 그리고 국제기구나 외국정부 등으로부터 도입하는 재정차관을 말하는 해외차입금으로 나뉨.
  • 국채발행액은 정부가 국고채나 외평채 등 국채를 발행하면 나중에 이를 모두 갚아야 하므로 정부의 빚으로 간주
  • 마지막으로 국고 채무부담행위는 한마디로 정부가 공공사업을 현금이 아닌 외상으로 진행하면서 진 빚을 말함.

2) 보증채무

- 예보채 등 구조조정 채권과 보증차관 등 정부가 지급보증을 한 보증채무는 IMF 등 국제기구 기준에 의한 국가채무에는 포함되지 않고 있음.
- 이는 보증채무를 채무의 발생 가능성 및 발생규모가 확정되지 않은 우발채무로 보기 때문임.
- 그러나 만약 문제가 생기면 보증분에 대하여 정부가 물어줘야 하기 때문에 국가채무가 늘어나는 요인이 될 수 있음.

(3) 국가채무 현황

- 2005년 말 현재 우리나라의 국가채무는 248조원으로 외환위기 당시인 1997년(60.3조원)에 비해 무려 4배 이상 증가
  - 이처럼 국가채무가 급증한 것은 1998년 이후 외환위기를 극복하는 과정에서 정부가 경기회복과 금융안정을 위해 정부지출을 늘린 데 주로 기인
- 우리나라의 국가채무는 경제가 적정성장을 통해 충분히 감당할 수 있는 수준이긴 하지만 급속히 늘어나는 빠른 증가속도에 대해 우려가 됨.
- 또한 2006년 이후 인구 노령화의 진전에 따라 사회복지예산이 크게 증가할 것으로 예상되는데, 이를 조세 대신 국채로 해결하면 국가채무는 불과 몇 년 안에 급격하게 늘어날 것임.
- 정부 세출의 구조조정과 세입기반 확충을 통해 재정건전성을 높여 후손에게 너무 많은 빚을 물려주지 않도록 노력해야 할 것임.

참 | 고 | 자 | 료

(1) 임태옥(2007), "국가채무", 한국은행 경제교육 청소년 경제나라(시사경제), 한국은행 전북본부, 2007. 5. 22.
(2) 김영진(2007), "우리나라의 국가채무는 얼마나 될까?", 한국은행 경제교육 청소년 경제나라(시사경제), 한국은행 경남본부, 2007. 7. 9.

4 국가신용등급

(1) 국가신용등급의 중요성

- 지난 1997년의 외환위기를 겪으면서 국가신용등급은 우리에게 익숙한 경제용어가 되었는데, 우리나라의 국가신용등급이 AA 또는 A등급 수준에서 투자부적격 등급인 BB등급 이하로 급격히 떨어지면서 우리 경제는 큰 어려움을 겪어야만 했음.
- 그런데 2007년 7월 25일 국제적인 신용평가사인 무디스(Moody's)가 우리나라의 국가신용등급을 한 단계 상향 조정하였다고 발표
- 국가 간에 국경이 사라진 지금과 같은 세계화 시대에는 국가신용등급이 변동할 경우 국가경제에는 물론 기업이나 개인의 투자나 경제적 의사결정에도 큰 영향을 미치게 됨.
- 따라서 국가신용등급은 이제 경제전문가뿐만 아니라 우리 모두가 관심을 가져야 할 문제라 할 수 있음.

(2) 국가신용등급이란

- 한 나라가 외국에 진 빚을 갚을 수 있는 능력이 어느 정도인지를 평가한 것이라 할 수 있음.
- 개인의 신용등급은 1등급부터 10등급까지로 구분되는 반면, 기업이나 국가의 신용등급은 해당 기업이나 국가가 채권을 발행하여 자금을 빌릴 경우 어느 정도나 자금을 상환할 능력이 있느냐에 따라 결정되는데, AAA에서부터 D등급까지로 기호로 표시

- 국가신용등급은 원화나 외화로 자금을 빌릴 경우 자금조달을 위해 발행한 증서(채권)에 대해 별도의 신용등급이 부여되지만 보통의 경우는 외화표시 채권에 대한 신용등급을 의미

(3) 국가신용등급의 평가 기관

- 금융기관은 개인이나 기업과 금융거래를 하면서 거래 고객의 신용을 확인할 필요가 있지만 현실적으로는 신용평가회사의 자료를 많이 활용하게 됨.

- 신용평가회사는 개인이나 기업 또는 은행의 신용도를 조사하여 평가하는 업무를 함.

- 특히 국제적인 대형 신용평가회사는 해외 금융시장에서 자금을 조달하는 기업이나 국가의 신용등급을 조사하여 발표하고 있음.

- 우리나라 언론에서도 자주 듣고 볼 수 있는 스탠다드 앤드 푸어스(S&P), 무디스(Moody's) 및 피치(Fitch)를 세계 3대 신용평가회사라 하는데, 이들 3대 신용평가기관은 시장점유율이 90%를 넘는데다 경제의 세계화가 진전되면서 그 영향력도 더욱 커지고 있음.

(4) 우리나라의 신용등급 추이

- 우리나라는 1997년 말 외환위기 이전에는 AA−(S&P 및 Fitch) 또는 A1(Moody's) 등급이었다가 외환위기 당시 10등급(S&P) 내지 6등급(Moody's) 아래로 급격히 떨어졌음.

- 2007년 8월 기준 현재 신용등급이 많이 높아졌지만 여전히 외환위기 이전보다 1~2단계 낮은 등급에 머물고 있음.
  - 특히 무디스의 신용등급이 다른 신용평가회사에 비해 낮은 A3에 머물다 최근 A2로 상향 조정된 것은 늦은 감은 있지만 다행

[표 시4-1] 국가신용등급 체계 및 우리나라의 신용등급

	S&P	Moody's	Fitch
투자적격	AAA (Highest Quality)	Aaa (Highest Quality)	AAA (Highest Quality)
	AA+ AA AA-[한국, 1997.12.23 이전] (High Quality)	Aa1 Aa2 Aa3 (High Quality)	AA+ AA AA-[한국, 1997.12.23 이전] (High Quality)
	A+ A (한국, 2005.7.27~) A- (Strong Payment Capacity)	A1 [한국, 1997.12.31 이전] A2 (한국, 2007.7.25~) A3 (Strong Payment Capacity)	A+(한국, 2005.10.24~) A A- (Strong Payment Capacity)
	BBB+ BBB BBB- (Adequate Payment Capacity)	Baa1 Baa2 Baa3 (한국, 1999.2.12) (Adequate Payment Capacity)	BBB+ BBB BBB- (Adequate Payment Capacity)
투자부적격	BB+ (한국, 1998.2.18) BB BB- (Uncertainty Obligations)	Ba1 (한국, 1997.12.31) Ba2 Ba3 (Uncertainty Obligations)	BB+(한국, 1998.2.2) BB BB- (Uncertainty Obligations)
	B+ (한국, 1997.12.23) B B- (High-Risk Obligations)	B1 B2 B3 (High-Risk Obligations)	B+ B B-(한국, 1997.12.23) (High-Risk Obligations)
	CCC+, CCC, CCC-	Caa1, Caa2, Caa3	CCC+, CCC, CCC-
	CC	Ca	CC
	D(SD)	C	C
			DDD, DD, D

(5) 미국발 금융위기 이후 우리나라의 국가신용등급 현황

- 제임스 맥코맥(James McCormack) 피치 아시아 국가신용등급 헤드는 2008년 11월 12일 매일경제와의 이메일 인터뷰에서 "한국의 국가신용등

급 전망을 하향 조정한 것은 한국 정부가 은행들의 대외채무에 대해 1000억 달러 규모의 지급보증을 해주기로 한 점에 대한 리스크가 반영된 것"이라며 "은행권의 디레버리지[104] 과정이 진행 중인 만큼 한국의 재무 건전성이 향후 6~12개월 동안 악화될 수 있다"고 경고했음.

- 아울러 "한국 정부가 은행들의 대외채무에 대한 지급보증을 성실히 실행하는지 여부가 향후 신용평가에 가장 큰 영향을 미치며 정부의 외환시장에 개입에 따른 외환보유고 감소 추이 또한 영향을 줄 것"이라고 밝혔음.

- 하지만 이 같은 피치의 한국 관련 신용등급 전망 하향 조정이 다른 국제적 신용평가사의 입장과 큰 차이를 보이고 있어 논란을 불러일으키고 있음.
  - 영국 신용평가사 피치만 한국 정부와 한국 금융기관에 대해 신용등급을 박하게 매기고 있어 모종의 의도가 숨겨져 있지 않나 하는 지적도 있음.

- 세계 1, 2위 신용평가사인 스탠다드 앤 푸어스(S&P)와 무디스(Moody's)는 한국의 국가신용등급 전망이 안정적이라는 기존 입장에서 변화가 없다고 밝혔음.

- 한국 신용담당인 다카히라 오가와(Takahira Ogawa) S&P 이사는 매일경제와의 이메일 인터뷰에서 "S&P는 한국의 신용등급 전망을 여전히 '안정적'으로 보고 있다"며 "한국 금융기관들의 유동성 비율 악화에 따른 부정적 전망들은 한국 정부가 내놓은 일련의 정책과 노력으로 신용평가 시 제한적인 영향만 미칠 것"이라고 강조했음.

---

104) 레버리지(leverage)는 '지렛대'라는 의미로 금융권에서는 차입을 뜻함. 반대로 디레버리지(deleverage)는 빚을 상환한다는 의미임. 빚을 지렛대로 투자수익률을 극대화한다는 레버리지는 경기가 호황일 때 효과적인 투자법임. 상대적으로 낮은 비용(금리)으로 자금을 끌어와 수익성 높은 곳에 투자하면 조달비용을 갚고도 수익을 남길 수 있기 때문임. 그러나 최근 금융위기로 자산가치가 폭락하자 빚을 상환하는 것, 즉 디레버리지가 더 급한 일이 됐음. 특히 외국투자자들이 최근 디레버리지에 나서면서 한국 증시와 채권시장에서 자산을 처분하는 바람에 국내 금융회사가 어려움을 겪고 있음. 이와 관련하여 매일경제(2008. 12) 참조.

- 한편 피치는 한국 금융사들의 신용등급 전망을 일제히 낮췄음.
  - 피치는 지난 10일 한국의 국가신용등급 전망을 '부정적'으로 밝힌 데 이어 11일 한국 주요 금융회사들의 신용등급 전망을 하향 조정105)
  - 이 같은 조치에 따라 수출입은행과 산업은행, 기업은행, 농협, 신한은행, 우리은행, 우리금융지주, 하나은행, 외환은행, 부산은행, 경남은행, 광주은행 등의 신용등급 전망이 '부정적'으로 조정
  - 국민은행의 등급 전망은 종전 '부정적'으로 유지되었는바, 다만 국민은행의 현재 신용등급은 시중은행 중 가장 높은 A+인 상태
  - 우리투자증권과 한국투자증권, 대우캐피탈, 현대카드 등의 등급 전망도 '부정적'으로 낮춰졌음.

(6) 국가신용등급 평가기준

- 국가신용등급은 신용평가회사에 따라 평가기준이 다르고 평가등급도 다소 차이가 있음.

- 그러나 경제지표는 물론 정치적 상황이나 금융위기 경험 등 다양한 요소를 종합적으로 고려하여 결정한다고 할 수 있음.
  - 경제상황과 관련된 사항으로는 주로 경제성장률, 1인당 국민소득, 재정 및 대외거래 건전성, 물가, 외환보유액, 기업의 건전성 등과 관련된 지표를 평가
  - 또한 향후 경제전망, 국가의 성장잠재력 확충방안, 부동산 시장 건전성 및 금융부문에 미치는 영향 등 주요 당면 과제에 대해서도 검토
  - 신용평가 시 주안점은 평가 대상국의 부채상환 능력과 의지라 할 수 있음. ⇒ 즉 개인이나 국가나 대출금을 갚지 못해 연체를 하거나 채무상환능력이 떨어진다면 좋은 신용등급을 받을 수 없는 것임.
  - 이외에도 정치적 안정성도 고려대상이 되는데 우리나라의 경우 북한의 핵문제가 국가신용등급에 큰 영향을 미치고 있음은 짐작할 수 있을 것임.

105) 2008년 11월 10일 피치는 선진국의 경기 둔화를 이유로 들며 한국의 신용등급 전망을 'A+(안정적)'에서 '부정적(Negative)'으로 낮췄음.

(7) 국제신용평가사들의 이중 잣대

- 미국 현지에서는 새삼스러운 일도 아닌데, 2008년 10월 22일 미 하원 금융위기 청문회에서 헨리 왁스먼 하원 정부개혁·감독위원장은 "평가사들의 심각한 잘못으로 우리의 전체 경제시스템이 위기에 처했다"며 "평가사가 신뢰를 무너뜨렸다"고 질타
  - 골드만삭스, 메릴린치, 모건스탠리 등 미국 투자은행(IB)의 평균 레버리지비율(총자산을 자기자본으로 나눈 차입비율)이 30배를 넘고, 유럽의 금융회사(UBS, 크레디트스위스, 도이체방크, 바클레이스 등) 역시 레버리지비율이 40~50배에 달함.
  - 국내 은행의 레버리지비율은 6월 말 현재 16.2배에 그치고 있음.
  - 하지만 이들 IB의 신용등급은 한국의 시중은행보다 몇 배나 좋음.

- 이중 잣대의 이유로 김민종 삼성증권 애널리스트는 "신용평가사들의 대부분 수익이 이들 투자은행에서 나오기 때문에 쉽게 신용등급을 건드리지 않는 반면, 한국 같은 이머징 국가의 경우 수익비중이 낮기 때문에 상대적으로 쉽게 신용등급을 떨어뜨린다"고 언급

- 상당수 금융전문가들은 세계 3대 신용평가사인 무디스, S&P, 피치가 최근 글로벌 금융위기 촉발에 중대한 책임이 있다고 지적
  - 이들은 주택시장의 거품이 붕괴되기 전 주택담보부증권(MBS)에 최고등급 'AAA'를 부여했음.
  - 위기가 터지고 나서야 서둘러 등급을 강등시켰음.
  - S&P가 모기지담보증권(RMBS) 관련 서브프라임 업체의 신용등급을 무더기 하향 조정한 것은 2007년 7월 11일이었는데, 평가의 '정확성'이 의심받는 대목임.

- 현재 국제신용평가사들은 미국의 국가신용등급에 대해서는 어떤 코멘트도 내놓지 않고 있음.
  - 무디스는 1961년 최고등급인 Aaa등급을 부여한 이래 47년 동안 최고의 등급을 부여하고 있음.

• S&P도 1992년 7월 AAA등급을 부여한 뒤 아무런 변경이 없음.
• 피치 또한 1994년 10월 AAA등급을 부여한 뒤 이를 고수하고 있음.
• 2007년 6월 서브프라임 모기지(비우량 주택담보대출) 사태가 발생한데 이어 2008년 3월 미 5대 투자은행 베어스턴스가 붕괴되었음에도 자산담보부증권(CDO)은 미 정부가 발행한 국채와 동일한 최상위 신용등급 AAA등급이었음.
• 사태가 심각해지자 신용평가사들은 1만개 가까운 CDO의 신용등급을 하향 조정하는 '뒷북평가'로 금융시장의 혼란을 오히려 심화시켰음.
• 이뿐만 아니라 신용평가사들은 2001년 엔론이 파산하기 4일 전까지 모두 투자적격 등급을 낸 바 있음.

(8) 국가신용등급이 경제에 미치는 영향

- 국가신용등급이 변동하면 개인이나 기업은 물론 국가경제 전체에도 매우 큰 영향을 미침.
  • 우선 국가신용등급이 낮아지면 그 나라 기업 또는 정부가 해외로부터 자금을 조달하기가 더 어렵게 되고 비용도 늘어나게 됨.
  • 뿐만 아니라 외국인투자가 줄고 주식시장이 침체를 면치 못하는 등 국가 전체적으로 나쁜 영향을 미치게 됨.
  • 나아가 국가경쟁력을 약화시켜 치열한 국제경쟁에서 밀려날 수밖에 없음을 생각한다면 국가신용등급을 높이는 일이 얼마나 중요한지 알 수 있을 것임.

(9) 국가신용등급 제고방안

- 그동안 우리나라의 국가신용등급이 많이 높아졌다고는 하지만, 아직 외환위기 이전 수준을 회복하지 못하고 있음.

- 또한 일본은 물론 싱가포르나 홍콩 대만 등 주변의 경쟁 국가에 비해서도 아직 낮은 상황

- 국가신용등급을 높이기 위한 방안
  - 우선 개인이나 기업은 물론 정부를 포함하여 우리 국민 모두가 불합리하거나 비효율적인 부분을 청산하고 창의적인 정신을 발휘하여 국가경쟁력을 높이는 데 온 힘을 쏟아야 할 것임.
  - 시장경제의 주역은 기업이라 할 수 있으므로 기업들이 사업하기 좋은 환경을 만드는 일은 시급
  - 건전한 노사관계를 확립하고 고용안정을 이루어 우리 경제가 활력을 회복하는 일도 중요한 과제
  - 또한 향후 국가의 기간산업으로 육성할 새로운 성장 동력을 발굴하고 해외자본을 유치하여 치열한 경쟁에서 뒤지지 않도록 해야 할 것임.
  - 한편 북한과의 경제교류 확대와 지속적인 대화로 통일기반을 착실히 마련하는 것도 중차대한 과제
  - 이외에도 국가 이미지 향상이나 다른 나라와의 관계개선을 위한 실질적이고 다양한 노력들이 더해질 때 우리나라의 국가신용등급은 한 단계 더 높아질 것임.

참 | 고 | 자 | 료

(1) 안형순(2007), "국가신용등급 – 누가 평가하고 경제에 어떤 영향을 미치나", 한국은행 경제교육(풀어 쓴 생활경제), 2007. 8. 10.

(2) 2008. 11. 12., 《매일경제》

(3) 2008. 12. 13., 《매일경제》

5

국가경쟁력

(1) 국가경쟁력이란

- 세계화가 몰고 온 효과 중 하나는 바로 국가 간 장벽이 낮아졌다는 점
  - 자본과 노동의 이동이 과거보다 자유로워졌고 그 결과 국가도 개인이나 기업과 마찬가지로 무한 경쟁 시대에 내몰리게 됐는바, 국가경쟁력이란 말도 이래서 나왔음.

- 국가경쟁력이란 말을 처음 쓴 사람은 마이클 포터(미 하버드대 교수)
  - 그는 기업의 대외경쟁력(국제경쟁력)이 기업 내부의 경영효율뿐 아니라 기업 외부 여건에 의해서도 좌우된다는 점에 착안해 국가경쟁력이란 개념을 쓰기 시작

- 국가경쟁력은 한 나라의 경제성장을 결정하는 핵심 요인으로 간주
  - 세계화의 빠른 진행으로 국제적인 경쟁이 격화됨에 따라 경쟁력이 약한 기업의 설 자리는 좁아지는 등 경쟁력의 중요성은 점점 더 커지고 있음.
  - 이러한 경쟁력을 강화하기 위해서는 기업의 노력이 요구될 뿐만 아니라 국가도 기업이 세계시장에서 높은 경쟁력을 유지할 수 있는 환경을 제공해야 함.
  - 이에 따라 세계 각국은 국가경쟁력을 높이기 위해 애쓰고 있음.

- 국가경쟁력은 경쟁의 주체인 기업의 경쟁력을 포함한 한 국가 경제구조의 특징을 하나의 포괄적인 지표로 나타낸 것임.[106]

---

106) 주요 평가기관의 국가경쟁력 정의를 살펴보면 다음과 같음. IMD(International Institute of Management Development) : 국가 내에서 활동하는 기업들이 국내 및 글로

- 김득갑 외(2008)는 '기업하기 좋은 환경을 조성해 경제성장 및 삶의 질을 제고하는 국가의 총체적 역량'으로 정의하고 있으며, 경제 및 비경제적 요소를 모두 포함하는 복합적 개념임.

- 국가경쟁력이 주목받는 이유는 이 개념이 한 나라의 중·장기적 발전 가능성을 나타내기 때문
  - 가령 미국의 다국적 기업이 아시아 국가 중 한 곳에 공장을 짓는 경우 어디에 지을 것인가
  - 물론 사업하기에 가장 좋은 조건을 갖춘 나라를 고를 것임.
  - 국가경쟁력이 높다는 것은 이런 조건을 충족한다는 얘기인데, 만약 이런 조건을 갖추지 못하면 한국은 다국적 기업의 투자를 유치하지 못하고 다른 나라에 빼앗기게 됨.
  - 다국적 기업뿐 아니라 세계화가 진전되면서 이제 국내 중소기업들도 얼마든지 해외로 공장을 옮길 수 있으며 전 세계 각국이 투자 유치를 위해 혈안이 돼 있는 상태로 우리나라 기업을 유치하려는 나라도 많음.
  - 해외 기업을 유치하지 못하고 국내 기업마저 외국으로 나간다면 국내에는 일자리가 줄어들게 되고 이는 결국 경제의 활력 저하로 이어짐.

(2) 국가경쟁력을 좌우하는 요인

- 기업의 경영활동에 영향을 주는 일체의 요소라고 보면 됨.
  - 생산요소인 원재료나 노동·자본·기술 등을 공급하는 모든 부문이 국가경쟁력과 직결
  - 한 나라의 자원 보유량, 면적, 자연조건 등도 포함
  - 노동시장의 발달 정도나 노사관계 교육제도 등은 물론 금융시장의 효율성, 기업이나 정부의 기술개발 노력 등도 국가경쟁력에 영향을 줌.

별 경쟁력을 유지할 수 있도록 환경을 제공하는 국가의 능력, WEF(World Economic Forum) : 1인당 GDP의 높은 성장률을 유지하는 국가의 능력으로 중기적으로 높은 경제성장률을 지지해 주는 제도와 경제정책의 set을 의미, IPS(Institute for Industrial Policy Studies) : 한 국가가 다른 국가들과 경제적 측면에서 경쟁하여 이길 수 있는 능력

- 실제 매년 세계 각국의 국가경쟁력 순위를 발표하는 스위스 국제경영개발원(IMD)의 경우 323개 항목을 평가 잣대로 사용하고 있음.
- 이처럼 다양한 요인에 의해 결정된다는 점에서 국가경쟁력은 19세기 전쟁 역사가 클라우비츠가 고안한 '전면전(total war)' 개념에 비유할 만함.
  - 전면전은 한 나라가 전쟁에서 동원 가능한 모든 자원을 활용해 적국의 동원 가능한 모든 자원을 파괴한다는 의미를 갖고 있음.
  - 국가경쟁력 확보가 국가의 경제적 운명을 좌우할 정도로 중요하다는 얘기임.

(3) 우리나라의 국가경쟁력

1) 발표기관마다 상이[107)]

- 2007년 기준 IMD의 경우 우리나라의 국가경쟁력은 세계 29위로 평가, 반면 세계경제포럼(WEF)은 11위, 국내 평가기관인 산업정책연구원(IPS)은 23위
- 2008년 기준 IMD의 경우 우리나라의 국가경쟁력은 세계 31위로 평가, 반면 세계경제포럼(WEF)은 13위

2) 상이한 이유

- 이런 차이가 나는 이유는 평가기관마다 평가항목이 다르고 평가기관의 주관적 판단도 들어가기 때문
- 따라서 절대적인 순위보다는 매년 순위가 어떻게 변하는지를 보는 게 더 중요
  - 예컨대 국가경쟁력 순위가 크게 하락한다면 우리나라에 좋지 않은 신호
  - 경우에 따라서는 우리나라의 국제 신용등급에도 부정적 영향이 있을 수 있음.

---

107) 종합적인 국가경쟁력지수는 WEF, IMD와 IPS 등에서 발표하고 있으며, 1990년대 들어 특정분야에 초점을 맞춘 국가경쟁력 관련 지수들도 여러 기관에서 발표되고 있음. 이와 관련하여 김득갑 외(2008) 참조.

〈표 시5-1〉 우리나라의 국가경쟁력 장·단점 비교

구 분	장 점		단 점	
경제성과 (49위)	· 실업률 · 상품수출 · 청년실업률 · 서비스수출	8위 11위 12위 16위	· 생활비지수 · 관광수입 · 외국인직접투자 · 교역조건	54위 49위 49위 48위
정 부 효율성 (31위)	· 정부보조금 · 외환보유액 · 소비세율 · 실효소득세율	3위 5위 8위 11위	· 사회적 차별 정도 · 환율안정 · 외국인 노동자 고용 · 정책방향의 일관성	51위 49위 49위 47위
기업경영 효율성 (38위)	· 근로시간 · 단위 노동비용 · 고객만족도 · 숙련근로자 채용 용이	1위 2위 5위 11위	· 노사관계 · 경영감독 효율성 · 회계감사의 적정 운용 · 중소기업 효율성	55위 55위 51위 46위
발 전 인프라 (19위)	· 특허 생산성 · 광대역 인터넷 가입 · 고등교육 수료 · GDP대비 R&D 지출	2위 2위 4위 5위	· 교사 1인당 학생수 · 총 의료비 지출 · 언어구사 능력 · 의사 1인당 인구수	52위 44위 44위 44위

자료 : IMD(2007)

3) 평가결과

- 우리 경제의 장·단점을 점검하는 데 활용

- IMD 평가의 경우
  - 장점으로 근로자들이 열심히 일하고, 인터넷 기반시설이 잘돼 있으며, 수출이 활기를 띠고 있다는 점
  - 반면 단점 내지 취약점으로 생활비가 많이 들고, 노사관계가 불안정하며, 교육 및 의료 여건이 좋지 않다는 점, 기업지배구조의 건전성과 회계의 투명성, 공공부문의 경쟁력 등이 지적되는바, 투자환경 개선, 규제 개혁 및 투명성 제고와 더불어 노동시장의 유연성 확대 등을 통해 정부와 기업의 체질을 개선하고 취약점을 보완함으로써 국가경쟁력 강화를 위한 사회적 토대를 마련해야 할 것임.

- 결국 국가경쟁력을 높이려면 장점은 살리고 단점은 고쳐야 하는바, 새 정부가 '기업하기 좋은 환경'을 만들겠다고 한 것도 같은 맥락

- 또 시대에 따라 각 평가요소의 중요성이 달라질 수 있다는 점도 유의
  - 특정 기업환경이 절대적으로 좋다는 기준은 없으며 오히려 경제상황이 변화하는 데 맞춰 신축적으로 대응하는 게 필요

(4) 국가경쟁력지수의 문제점

1) 측정방법

- 첫째 모든 지수가 약 50% 이상을 설문조사에 의존
  - 주된 응답자인 기업 경영자들의 자국의 사업환경에 대한 인식이 결과에 크게 작용해 경쟁력 순위를 왜곡

- 둘째 평가항목 구성이 기업에 편중되어 있고, 국가경쟁력의 핵심요소인 사회후생, 사회적 자본 등과 관련된 평가항목은 미흡

- 셋째 가중치의 합리성이 낮고, 가중치 변화에 따라 순위가 바뀔 수 있음.

2) 평가결과에 대한 인식 문제

- 첫째 한국의 경우 다른 나라에 비해서 국가경쟁력 순위 발표에 지나치게 민감하게 반응

- 둘째 수요자들은 국가경쟁력지수의 순위를 국가경쟁력 자체로 확대해석하려는 경향이 있음.

(5) 시사점

- 국가경쟁력지수가 지닌 강·약점과 한계를 정확히 인식하여 국가경쟁력지수에 과민반응하거나 맹목적으로 받아들이는 자세를 지양할 필요가 있음.

• 국가경쟁력 순위 상승이 반드시 지속성장과 높은 소득수준을 보장하지 않기 때문

• 이번 금융위기 상황에서 보듯이 국가경쟁력지수들은 거시경제의 안정성을 제대로 반영하지 못하고 있음에 유념해야 함.

• '임기응변식 처방'을 통해 단순히 평가지수를 끌어올리기보다는 오히려 본질적 국가경쟁력 강화에 주력해야 함.

- 한국의 취약분야로 판명된 정부효율성과 노사관계 부문을 개선하는 데 역량을 집중할 필요가 있음.

- 또한 현재 진행되고 있는 금융위기 이후 국가 간 글로벌 시장쟁탈전이 더욱 심화될 것이므로 이를 국가경쟁력 강화의 계기로 삼아야 함.

(6) 국가경쟁력 제고의 길

- 국가경쟁력을 국가나 정부만 높일 수 있는 것은 아님.

- 상당히 많은 요인들이 민간부문에서 결정
  • 전면전에서는 모든 국민이 '병사'가 되듯 모든 사람이 국가경쟁력을 높일 수 있음.
  • 외국 기업이나 외국 문화에 대해 개방적인 마인드를 갖추거나 우리의 전통과 미풍양속을 지키는 일, 해외여행에서 올바른 행동으로 국가 이미지를 높이는 일 등은 모두 국가경쟁력 향상에 도움이 됨.

관련사항

▣ 도시경쟁력 : 서울의 수준이 곧 한국의 경쟁력

- 요즘은 국가경쟁력뿐 아니라 도시경쟁력도 중요

- 우리나라가 추진하는 금융 허브 정책을 예로 들어 보면, 금융 허브는 국

가경쟁력 측면뿐만 아니라 후보도시인 서울의 도시경쟁력이 갖춰져야 함.

- 하지만 서울을 금융 허브로 보는 사람은 거의 없음.
  - 국내 금융산업이 아직까지 미숙한 것도 이유이지만 이것만으로 설명되지는 않음.
  - 국제적 금융회사들이 우리나라에서 경제활동을 하려면 금융산업 외에 제조업 등 다른 산업이나 정부의 규제완화 정책, 외국인에 대한 문화적 개방성이 확대돼야 하는 것은 물론, 외국인이 실제 거주하는 데 불편을 느끼지 않도록 각종 생활여건이나 교육여건이 뒷받침돼야 함.
  - 영어사용 환경도 중요한 요인[108]

▣ 국가경쟁력과 GDP의 관계

1) 국가경쟁력이 높은 나라는 대체로 국민소득도 높아

- 실제 국제경영개발원(IMD) 평가를 보면 국가경쟁력이 100점 만점에 90점 이상인 나라들은 1인당 국민소득이 3만~4만 달러에 달했음.

- 또 국가경쟁력이 60점대인 나라들은 대개 1인당 국민소득 2만~3만 달러대에 몰려 있음.
  - 우리나라는 국가경쟁력이 60점을 조금 넘는 수준이며 1인당 국민소득은 2만 달러 정도에 머물러 있음.

- 국가경쟁력이 30~40점인 나라들은 1인당 국민소득이 1만 달러 미만이었음.

- 국가경쟁력과 1인당 국민소득 간에 정(+)의 상관관계가 존재

- 물론 예외도 있는데, 중국이 대표적

108) 뉴욕 · 런던 · 홍콩 등 세계적 금융 허브 치고 영어구사 인력이 부족한 나라는 거의 없음. 금융 허브가 되려면 국제 비즈니스 언어인 영어를 자유자재로 구사하는 인력을 많이 보유하고 있어야 한다는 것임. 런던의 경우 시 당국이 2~3년에 한 번씩 금융인들을 상대로 설문조사를 실시해 부족한 점, 그들이 느끼는 애로사항 등을 점검하고 이를 개선하기 위해 노력한다고 함.

- 중국은 국가경쟁력이 80점 정도로 우리나라보다 높지만 1인당 국민소득은 1만 달러가 채 안 됨.
- 중국의 경우 인구와 자원이 많고 외국인들의 투자도 적극적이란 점에서 국가경쟁력은 높지만 아직 충분한 경제성장이 이뤄지지 않아 국민들의 소득은 낮다고 볼 수 있음.

2) 우리의 과제

- 국가경쟁력이 높다는 것은 지금은 낮은 국민소득이 앞으로 얼마든지 높아질 수 있다는 의미로 해석될 수 있음.
  - 실제 중국은 장기적으로 우리나라는 물론 일본이나 미국마저 위협할 것이란 게 전문가들의 지적
- 우리나라는 국가경쟁력에 비해 국민들이 상대적으로 높은 소득을 누리고 있다고 볼 수 있음.
- 만약 우리나라가 국민소득을 현재수준 이상으로 유지하려면 지금보다 국가경쟁력을 더 높여야 함.

참|고|자|료

(1) 김영진(2007), "우리나라 국가경쟁력의 현주소는", 한국은행 경제교육(시사경제), 한국은행 경남본부, 2007. 7. 9.

(2) 한국은행(2008), "국가경쟁력", 한국은행 경제교육(경제 – 이론과 실제), 2008. 12. 16.

(3) 김득갑 외(2008), "국가경쟁력지수의 허와 실", 《CEO Information》, 제682호, 삼성경제연구소, 2008. 11. 26.

6

수도권 규제완화

(1) 현 황

- 새 정부 들어 가장 많이 회자되는 단어 중의 하나가 '규제완화', 그중에서도 가장 많은 논란의 대상이 되고 있는 주제 중의 하나가 바로 수도권 규제완화
  • 전 정부가 야심차게 착수한 지방 균형개발계획의 향방과 맞물리면서 각 지자체의 이해관계에 따른 국론이 뚜렷이 양분되는 모습을 보이고 있기 때문
  • 당연히 비수도권 지자체들은 다시 한 번 지역경제 죽이기가 시작됐다며 이구동성으로 강력 반발하고 있는 형편

(2) 수도권의 대내외적 경쟁력

1) 국내에서의 위상

- 인구 및 산업의 수도권 집적이 계속되고 있음.
- 수도권은 국토면적의 11.8%를 차지하고 있지만, 취업자 수 및 지역총생산액, 제조업, 서비스, 자동차 등의 부분은 40~50%대의 집중도를 보이고 있고, 금융기관은 60%대, 공공기관은 80~90%의 높은 집중도를 나타내고 있음.

2) 해외에서의 평가

- 한국 및 수도권의 경쟁력은 전반적으로 매우 낮음.

- 서울은 싱가포르, 홍콩, 동경, 상해 등 동아시아의 경쟁도시에 비하여 대체적으로 경쟁력이 낮은 것으로 평가

- 서울의 비즈니스 환경과 삶의 질이 세계에서 중위권 수준을 벗어나지 못하고 있음.

- 이러한 상태에서 수도권이 동북아 경제중심지 경쟁에서 우위를 점하기는 쉽지 않은 상황이라고 할 수 있음.

(3) 수도권 규제를 통한 균형정책의 한계

1) 수도권 규제정책의 목표와 효과가 불확실

- 수도권 규제정책의 가장 핵심적인 논거는 수도권을 규제하여야 비수도권의 발전기회가 주어진다는 것임.

- 그러나 다수의 학자들은 주변여건의 변화로 인해 이러한 전제가 작동하지 않는다고 주장
  - 즉 수도권 규제가 자동적으로 지방발전으로 제대로 이어지지 않는다는 것임.

- 수도권과 비수도권의 성장이 상호보완관계로 연결되어 있기 때문에 현실적으로 수도권 성장이 비수도권 성장을 견인하고 있다는 것임.

- 실제 수도권에 입지하고자 하는 공장은 수도권 입지가 불가능할 경우 지방으로 이전하기보다는 공장건설을 중단하거나 연기하는 경우가 많은 것으로 보고되고 있음.

2) 지속적인 균형정책에도 불구하고 지역 간 불균형은 심화

- 강력한 수도권 규제정책에도 불구하고 수도권의 인구증가가 지속되고 있어 그 규제정책의 효과가 의문시되고 있음.

- 수도권 규제가 수도권에 인접한 충청권에는 일부 긍정적으로 작동하고 있으나 낙후지역인 호남권과 영남권은 오히려 부정적으로 나타나고 있음.

(4) 수도권-비수도권의 지역갈등 심화

1) 수도권의 반발

- 참여정부는 공공기관 이전 등 강력한 분산정책을 채택하면서 수도권지역의 불만을 해소하기 위해 2005년 이른바 '6 · 27 수도권발전 종합대책'을 발표
  - 여기에는 수도권 규제의 부분적 완화를 위해 정비발전지구를 2006년 내로 도입하고, 수도권 규제 대신 계획적 관리방안을 도입하고 수도권 경쟁력 강화를 위한 정책을 추진하겠다는 내용이 포함
- 그러나 이러한 수도권대책의 개선방안은 제대로 진행하지 않으면서 균형발전정책만 일방적으로 추진하는 결과가 되어 수도권의 거센 반발이 나타나게 되었음.

2) 비수도권의 우려

- 비수도권 역시 수도권 규제가 완화된다는 우려가 강하게 제기
- 선 지방분산, 후 수도권 규제완화라는 정부의 기본원칙이 제대로 지켜지지 않고 있다고 우려하고 있으며 혁신도시 등 지방분산 정책이 아직 제대로 정착하지 못한 상황에서 수도권 규제의 완화는 균형발전을 무산시키고 수도권 집중을 가속화시킨다는 피해의식이 높음.

3) 평 가

- 수도권-비수도권의 이러한 갈등은 전형적인 제로섬 게임에 불과하며, 불필요한 국가에너지의 낭비로 진정한 의미의 국가발전을 스스로 제약하고 있음.

(5) 수도권 규제를 완전히 철폐한다면

- 현 시점에서 수도권 규제가 완전히 철폐되었을 경우, 기업들이 '옳다구나' 하며 수도권에 마구잡이로 투자를 하고 이를 따라 지방 사람들이 서울로, 경기도로 짐 싸들고 이사 오는 1970~1980년대의 행태가 다시 재현될 가능성은 거의 없다고 봄.

- 사실 수도권과 지방이 과거처럼 투자환경에 큰 차이가 있다고 보기는 어려운 실정
  - 그리 넓지 않는 국토인데다가 그나마도 교통과 정보인프라가 확충된 덕에 수도권의 비교우위가 많이 상실된 까닭

- 그런데 문제는 이러한 기술의 발전이 지방의 경계는 물론, 국가 간의 경계마저 허물어 버렸다는 점
  - 결국 기업들에게는 중국, 베트남과 같은 투자천국이 또 하나의 선택 가능지로 추가

- 그리고 수도권에서는 다음과 같은 일이 비일비재하게 벌어지고 있음.
  - "지금 운영하고 있는 공장규모를 좀 늘리고 싶은데, 수도권 공장총량 규제 때문에 이것이 여의치 않고, 그렇다면 아예 공장을 중국으로 옮겨 버리는 것은 어떨까? 굉장히 번거로운 일이긴 하지만 어차피 중국에다 수출할 물건들이니 운송비도 줄이고 중국 지방정부에서 땅도 무상으로 제공한다니 우리나라 다른 지방으로 가는 것보다는 그게 차라리 낫겠다."
  - 사업가로서 기본적인 계산능력만 있는 사람이라면 당연한 선택

(6) 현행 수도권 규제정책의 재논의 필요성

- 다양한 인센티브를 제시하며 전 세계 기업들을 유혹하고 있는 외국 지역경제권에 대한 경쟁우위를 확보하는 것이 우리나라 국토정책의 기본 방향이라면 현 시점에서 유일한 대항마로 활용할 수 있는 수도권의 '전

략적 활용'이 반드시 필요

- 중국의 경우만 보아도 상해권, 북경권 등 다수의 지역경제권을 경제발전의 핵으로 삼아 우리를 발 빠르게 추격하고 있으며, 일본의 동경권 역시 일치감치 대부분의 수도권 규제를 철폐하고 국제경쟁력 강화에 힘쓰고 있는 상황

- 이런 마당에 아직도 수도권 성장을 억제해 지방경제를 살리겠다는 생각을 고집한다면 이는 장기판에서 고수를 대상으로 차·포를 전혀 쓰지 않겠다고 선언하는 것과 마찬가지

(7) 규제만이 능사는 아님

- 물론 규제의 종류에 따라서는 완화해서는 안 될 성질의 것들도 많음.
  - 상수원 수질보호를 위해 한강 수계 인근의 산업입지를 제한하거나 군사적인 이유로 불가피하게 규제할 수밖에 없는 경우 등이 대표적인 예

- 그러나 이 역시 이왕 규제하는 김에 될수록 넓은 범위를 규제하는 것이 가장 안전하게 목적을 달성하는 길이라는 도식적이고 행정 편의주의적인 접근방식은 지양

- 정책입안자들이 지도에 어떤 색을 색칠하느냐에 따라 그 지도 속에서 실제로 경제생활을 영위하는 수많은 지역주민들의 현실은 순식간에 바뀔 수 있음을 항상 명심해야 할 것임.

(8) 수도권-비수도권의 상생방안

1) 수도권-비수도권 간 새로운 사회협약의 체결

- 지역격차는 절대적 격차보다는 심리적 격차가 더욱 중요
  - 즉 모든 지역들이 차별받지 않고 있다는 인식이 오히려 더 중요

- 이러한 관점에서 수도권과 비수도권이 모두 공감할 수 있는 수도권정책의 도출을 위해서는 중앙정부의 역할에 의존하기보다는 이해 당사자 간의 협약을 통해 실마리를 푸는 게 더욱 바람직

- 사회적 협약은 수도권과 비수도권이 주도하되 중앙정부 및 경제계도 협약의 당사자로 참가하는 것이 바람직

2) 수도권이 기금을 조성하여 낙후지역을 직접 지원

- 수도권 규제가 완화될 경우, 수도권에서 발생하는 부동산 개발이익을 적극 활용하여 비수도권의 낙후지역 개발재원으로 활용하는 것이 바람직

- 다시 말해 수도권 규제가 완화될 경우, 수도권 발전의 경제적 편익을 담보로 하는 수도권 재정기여에 의한 균형발전 특별기금을 설치하여 비수도권 지역과의 상생발전을 위한 실질적 재원을 제공할 필요가 있음.

- 이 경우 기금조성 및 운영에서 중앙정부를 거치지 않는 수도권 자치단체와 비수도권 지방자치단체 간의 수평적 협력체계를 구축하여 운영의 효과성을 제고하여야 함.

- 수도권 자치단체가 공동으로 운영하는 균형발전기금은 비수도권 지역의 낙후도에 따라 차등 지원하고 지원대상 지역과의 지역개발협약제에 의해 성과 중심적으로 지원하는 체계를 구축하는 것이 효과적

3) 수도권-비수도권의 공동프로젝트 및 공동이벤트 추진

- 수도권과 비수도권의 경계지역에 글로벌 경쟁력을 가질 수 있는 전략적인 프로젝트를 발굴하여 추진
  • 최근에 경기도와 충청남도가 공동경제자유구역을 조성하기로 한 것이 대표적인 사례

- 또한 수도권지역과 비수도권지역이 지역개발효과가 높은 국제이벤트를 공동유치하는 것도 바람직

4) '균형발전' 을 넘어 '동반발전' 으로 국토의 글로벌 경쟁력 제고

- 글로벌 경쟁시대에 필요한 전략은 동반발전을 통한 국력의 강화
  - 여수가 상해를 이기기 위해서, 평창이 벤쿠버와 소치를 이기기 위해서 필요한 것은 균형이 아니라 국력

- 국토의 성장잠재력을 극대화하기 위해서는 모든 지역이 동반발전하는 방안을 모색
  - 수도권과 지방, 동남권과 서남권 등 지역을 구분하는 것에서 탈피, 각 지역의 핵심 역량에 기초해서 특성화된 지역발전을 지향
  - 특히 국토공간 활용의 기본시각을 국내 중심에서 글로벌 관점으로 전환

- 경제권별 글로벌 비교우위 확보를 우선하는 '개방적 관점'으로의 전환이 필요

- 집중과 분산 또는 불균형과 균형의 '제로섬 게임'에서 '지역 동반발전'이라는 상생의 관점으로 전환

5) 수도권 대항극의 육성을 통한 국토공간 구조의 다극화

- 현재 우리 국토는 수도권 일극체제로 되어 있으나 이러한 공간적 독과점화 현상은 바람직하지 않음.
- 따라서 수도권 대항극으로서 수도권 이외 지역의 설정이 요구되고 있음.
  - 예로서 목포와 부산을 잇는 이른바 남부 벨트권을 들 수 있음.

6) 시장지향적 국토정책수단

- 수도권경쟁력, 국토경쟁력을 제고하기 위해서는 시장원리에 입각한 정책수단의 구사가 필요
  - 이러한 관점에서 수도권에 가해지는 토지이용 및 입지규제를 합리적으로 개편

- 수도권 발전은 시장에 맡겨서 글로벌 비즈니스 허브로 육성하는 것이 바람직
- 투자와 생산활동이 시장원리와 기업의 자율적 의사결정에 의해 촉진될 수 있도록 수도권 입지규제를 완화할 필요가 있음.
- 또한 지역개발의 민간참여와 기업의 지방투자 확대를 유도

7) 분권과 지방행정의 광역화

- 분권형 지역발전 및 광역행정기능 강화가 세계적 흐름
  - 특히 대도시 중심의 분권을 통한 자립형 지방화가 글로벌 트렌드
- 우리의 경우 지방분권의 제도적 기반은 마련했으나 성과는 미흡
- 따라서 좀 더 적극적인 분권을 통해 지역 간 경쟁과 인센티브 체제를 구축하는 것이 필요
  - 이를 위해서는 광역 경제권역별로 발전 비전을 설정하고 특화된 전략 산업을 집중 육성할 수 있도록 실질적 행·재정 분권화를 추진

참 | 고 | 자 | 료

(1) 이정연(2008), "수도권 규제완화의 득과 실", 한국은행 경제교육(풀어 쓴 생활경제), 2008. 7. 17.

(2) 허재완(2008), "수도권 경쟁력 강화와 지방발전을 위한 수도권－비수도권 상생전략", 《경기논단》, 제10권 제1호, 경기개발연구원, 2008년 봄호.

7 경제통계의 기초

(1) 퍼센트와 퍼센트포인트, 포인트와 베이시스포인트

1) 퍼센트(%)란

- 비교기준이 되는 양을 100으로 보았을 때 비교하는 양이 얼마인지를 나타낼 때 사용되는 말이 백분율 또는 퍼센트임.
  - 기호로는 %로 나타냄.

- 은행의 예금이나 대출의 금리, 성장률이나 증가율 또는 실업률 등 다양한 경우의 경제현상을 퍼센트로 나타내면 매우 쉽게 이해할 수 있음.

2) 퍼센트포인트(%p)란

- 퍼센트의 변화를 단순히 더하거나 빼서 나타낼 경우는 퍼센트포인트를 사용
  - 예를 들어 자신의 금융자산 중에서 예금의 비중이 50%에서 48%로 변했다면 2%p(=48%−50%) 떨어졌다고 할 수 있음.
  - 퍼센트로 나타내면 4%(=[48%−50%]/50%) 줄었다고 할 수 있지만 2%p 줄었다고 하면 훨씬 알기 쉬움.
  - 한국은행이 금융통화위원회에서 콜금리 목표 수준을 4.50%에서 4.75%로 올리기로 결정하였다면 콜금리 목표 수준을 0.25%P(=4.75%−4.50%)로 상향 조정한 셈

3) 포인트(p)란

- 퍼센트와 포인트를 구분해서 사용해야 하는 경우도 있음.

- 종합주가지수가 1800에서 1818로 상승할 경우, 우선 종합주가지수가 1% 상승했다고 할 수 있음.

- 그러나 종합주가지수의 상승 폭에다 포인트라는 말을 붙여 18포인트 상승했다고 표현하기도 함.
  - 종합주가지수의 단위가 %가 아니고 단위가 없기 때문에 그냥 변동 폭에다 포인트를 붙여 표현하는 것임.

4) 베이시스포인트(bp)란

- 거액의 자금이 움직이는 국제금융시장에서는 금리변동을 %p보다 더 세밀하게 표현하기 위해 베이시스포인트(bp)라는 표현을 쓰기도 함.

- 여기서 100bp는 1%p를 의미
  - 예를 들어 국제적으로 많이 이용되는 리보(LIBOR) 금리가 5.25%에서 5.30%로 올랐다면 5bp 올랐다고 할 수 있음.

(2) 변동률 : 전월(전년 동월, 전년) 대비 증감률, 연율

1) 변동률이란

- 우리가 평상시 접하게 되는 경제지표는 보통 지표 자체의 수준보다는 지난해에 비해 몇 퍼센트 증가했느냐 또는 증가율이 전보다 더 커졌느냐 작아졌느냐 등의 변동 정도에 더 관심을 쏟는 경우가 많음.

- 이러한 변화의 정도를 통계적으로 나타낸 것을 변동률이라 하며, 어느 통계의 기준시점에 대한 비교시점에서의 증감률을 말함.

2) 변동률의 구분 및 실례

- 변동률은 기준시점이 언제냐에 따라 전월대비, 전년 동월대비, 전년대비 증감률 등으로 나눌 수 있음.

• 물론 전 분기 대비나 전반기 대비도 쓸 수 있는데, 연간 통계의 경우는 전년대비 증감률이 이용됨.

- 그런데 동일한 증가율이라도 기준시점이 지난달(전월)인지 또는 1년 전 같은 달(전년 동월)인지에 따라 그 의미가 크게 달라지므로 통계 이용 시 유의할 필요가 있음.

- 또한 전월 또는 전기 대비 통계자료는 기후나 설, 추석과 같은 사회·제도적인 요인으로 인해 영업일수 등이 차이가 날 수 있는데 이를 계절변동요인이라고 함.
  • 그런데 이러한 계절변동요인을 통계적 기법으로 적절히 제거해야만 더 정확한 지표 동향을 파악할 수 있는데 이런 통계를 계절변동조정통계라 함.
  • 대표적으로 월별 실업률이나 분기별 국민소득 통계는 계절변동조정 통계를 주로 이용

- 한국은행은 분기 및 연간 경제성장률을 발표하고 있는데 2005년까지는 분기별 경제성장률 발표 시 비교시점을 전년 동기로 해 왔으나, 2006년 1/4분기부터는 전분기로 변경하였음.
  • 이유는 최근 들어 경제의 불확실성이 커지고 경기순환 주기가 빨라지면서 경기변동의 방향과 속도를 파악하는 데 전 분기 대비 증가율 지표가 더 유용한 것으로 판단하였기 때문
  • 물론 전년 동기 대비 증가율도 보조지표로 발표하므로 양 지표를 함께 활용하면 경기상황을 보다 종합적으로 판단할 수 있을 것임.

- 한편 통화나 국민소득 등과 같은 경제지표는 전월(또는 전 분기) 대비 증감률을 연간 기준으로 환산하여 사용하기도 하는데 이를 연율이라고 함.[109]

---

109) 시계열 데이터의 증가율을 나타낼 때 흔히 연율 개념을 사용함. 연율이란 연간 데이터가 아닌 변수를 연간 데이터로 환산해서 표시할 때의 값을 말함. 구체적으로 데이터가 월, 분기 등 1년 미만 기간에 대해서 변화율로 표시되어 있을 경우 당해 변수가 1년간 지속됐을 때의 연간 변화율을 연율이라고 함. 일반적으로 어느 변수의 증가율이 전기비로 $100r$(%)로 표시되었을 때(가령 본문의 경우처럼 전 분기 대비 증가율이 0.9%

• 물론 현재의 추세가 1년 동안 지속된다고 가정하는 것인데, 예를 들어 2007년 1/4분기의 전 분기 대비 경제성장률이 0.9%라면 연율(= [1.009 − 1] × 4)은 0.036, 즉 3.6%라 할 수 있음.

(3) 기여율과 기여도

1) 의 미

- 여러 가지 경제 뉴스를 접하다 보면 수출이 우리나라 경제성장에 기여하는 정도가 크다거나 제조업의 기여율이 낮아졌다는 등의 기여율과 기여도에 관한 이야기를 많이 들을 수 있음.

- 기여도와 기여율은 국내총생산(GDP)과 같이 구성항목이 여러 개인 경우에 특정항목이 전체의 변동에 어느 정도나 영향을 미쳤는지를 파악할 때 사용하는 개념

2) 구체적 사례

- 예를 들면 고등학생인 은효의 학기말 시험점수가 아래 표와 같다면 은효의 성적은 지난학기보다 10% 증가

- 그런데 시험과목별로 기여율을 보면 수학이 56%로 가장 높고 다음으로 국어(32%), 사회(12%) 순임을 알 수 있음.

- 은효의 성적향상에 대한 기여율은 과목별 증가점수(수학 14점, 국어 8점, 사회 3점)를 총 증가점수인 25점(=275−250)으로 나누어 구할 수 있음.

라면 $r=0.009$이고 증가율이 −0.9%라면 $r=-0.009$임) 이를 연율로 환산하는 방법은 다음과 같음. 여기서 n은 당해변수의 기간(개월)을 나타냄(가령 본문의 경우처럼 분기 대비라면 $n=3$임).

→ $100\{(1+r)^{12/n}-1\}(\%)$

흔히 근사치로서 $100r\times(12/n)$을 연율로 사용하기도 함. 이와 관련하여 매일경제(2009. 2. 28) 참조.

- 또한 기여도는 총점수 증가율 10%에 과목별 기여율을 곱하여 산출한 것인데, 각 과목의 기여율을 합하면 1(100%)이므로 기여도의 합은 시험 점수 증가율과 일치함을 알 수 있음.

- 이를 식으로 나타내면 다음과 같음.

X_i의 기여율 = X_i의 증감액 / Y의 증감액 × 100

X_i의 기여도 = Y의 증감률 × X_i의 기여율

〈표 시7-1〉 은효의 과목별 시험점수와 기여율 및 기여도

	지난 학기 점수	이번 학기 점수	증가율(%)	기여율(%)	기여도(%)
국어 (X_1)	80	88	10.0	32.0	3.2
수학 (X_2)	78	92	17.9	56.0	5.6
사회 (X_3)	92	95	3.3	12.0	1.2
합계 (Y)	250	275	10.0	100.0	10.0

3) 유용성

- 기여율과 기여도의 개념을 잘 알고 있다면 여러 구성항목으로 이루어진 통계의 증감을 분석하는 데 유용하게 이용할 수 있음.
  - 예를 들어 국민소득 통계자료를 이용하더라도 제조업, 건설업, 서비스업 등 산업별로 어떤 산업이 성장에 가장 큰 기여를 하였는지 확인할 수 있음.

- 또한 민간소비나 설비투자 또는 수출 등 어떤 항목이 성장에 가장 큰 영향을 미쳤는지도 파악할 수 있음.

참 | 고 | 자 | 료

(1) 안형순(2007), "통계의 기초지식 – %와 %포인트, 변동률, 기여율과 기여도", 한국은행 경제교육(풀어 쓴 생활경제), 2007. 8. 2.

(2) 2009. 2. 28., 《매일경제》

8

고용 없는 성장

(1) 의 미

- 고용 없는 성장(jobless growth)이란 국가경제 전체적으로는 성장해 생산이 늘어나는데도 고용은 늘어나지 않는 현상을 말함.
  - 즉 경제는 성장하고 있음에도 불구하고 일자리가 늘어나지 않거나 오히려 줄어드는 현상을 고용 없는 성장이라고 부름.

(2) 원 인

- 고용 없는 성장은 산업구조 고도화에 따른 공장자동화, 정보기술(IT)산업에 대한 의존도 확대, 전통 업종인 노동집약형 산업체들의 해외투자 확대 등으로 경제의 외형증가가 고용증가로 연결되지 않기 때문
  - 글로벌 경제하에서 경쟁이 격화됨에 따라 기업들은 임금이 상승할 경우 가능한 한 고용을 늘리지 않고 이를 신규설비 또는 자동화설비 등 자본으로 대체
  - 섬유나 식품 등 많은 노동 집약형 제조업체들은 어느 정도까지는 고용을 자본으로 대체하고 꼭 필요한 노동력은 국내보다 임금이 싼 해외에서 충당하는 경우까지 생기게 되는데, 이런 경향이 심해지면 기업들의 고용창출은 당연히 줄어들 수밖에 없음.

(3) 고용창출 능력 파악지표

- 경제성장에 따른 고용창출 능력을 파악할 수 있는 가장 대표적인 수치로는 취업계수와 고용탄성치가 있음.

1) 취업계수

- 취업계수(Employment to GDP Ratio)란 일정기간 동안 생산활동에 투입된 취업자 수를 실질 GDP로 나눈 수치로 산출액 10억원의 생산에 직접 필요한 취업자 수로 나타내며 산업의 고용흡수력을 나타내는 지표

$$취업\ 계수 = \frac{취업자수}{실질\ GDP}$$

2) 고용 탄성치

- 고용 탄성치(GDP Elasticity of Employment)란 취업자 증가율을 실질 GDP 증가율로 나누어 산출한 수치로 경제성장에 따른 고용흡수 능력을 나타내며 이를 통해 경제성장에 따른 고용변화의 정도를 파악할 수 있음.

$$고용\ 탄성치 = \frac{취업자증가율}{실질\ GDP증가율}$$

(4) 지표로 본 우리경제의 고용창출 능력 추이

- 우리나라 취업계수는 1990년 56.4, 2000년 36.6에 이어 2006년에는 30.5로 지속적으로 낮아지고 있고, 고용탄성치의 경우 1990년 0.33에서 2000년 0.50으로 다소 높아졌으나 이후 계속 낮아져 2006년에는 0.26을 나타내 경제는 성장하지만 고용흡수력은 지속적으로 낮아지는 이른바 고용 없는 성장이 진행되고 있음.

〈표 시8-1〉 우리나라의 취업계수와 고용 탄성치 추이

(단위 : 천명, %, 10억원, 명/10억)

구분	취업자 (a)	취업자 증가율 (b)	실질 GDP (c)	GDP 증가율 (d)	취업계수 (a/c)	고 용 탄성치 (b/d)
1990	18,085	3.0%	320,696	9.2%	56.4	0.33
1995	20,414	2.9%	467,099	9.2%	43.7	0.31
2000	21,156	4.3%	578,665	8.5%	36.6	0.50
2001	21,572	2.0%	600,866	3.8%	35.9	0.51
2002	22,169	2.8%	642,748	7.0%	34.5	0.40
2003	22,139	-0.1%	662,655	3.1%	33.4	-0.04
2004	22,557	1.9%	693,996	4.7%	32.5	0.40
2005	22,856	1.3%	723,127	4.2%	31.6	0.32
2006	23,151	1.3%	759,234	5.0%	30.5	0.26

자료 : 통계청, 경제활동인구연보, 각 연도
　　　한국은행, 경제통계시스템(http://ecos.bok.or.kr/)

참 | 고 | 자 | 료

(1) 한국은행(2007), "고용 없는 성장", 한국은행 경제교육(경제심화자료), 2007. 7. 9.

9

구 조 조 정

(1) 구조조정의 재등장

- 11년 전 IMF 외환위기 때 널리 쓰였던 '구조조정(structural regulation)'이란 용어가 다시 한국경제의 전면에 등장
  - 세계경제의 위기 속에 한국경제가 급속히 경기침체에 빠져들면서 경제난국 극복을 위한 키워드로 구조조정이 다시 부상한 것임.

- 구조조정이란 단어는 산업구조적인 면에서 갖는 의미와 개별기업에 적용되는 의미가 달라 혼동되는 경우가 적지 않으며, 또한 정부・채권단이 주도하는 부실기업 구조조정 집행주체도 여러 명칭의 기구들이 생겨나고 있음.

- 정부・채권단은 우선 기업을 대기업과 중소기업으로 나눠 구조조정을 담당할 전담조직을 확정했음.
  - 금융권 대출이 500억원 이상인 대기업의 회생・퇴출은 채권금융기관조정위원회가, 대출 500억원 미만인 중소기업의 생사는 채권은행 조정위원회가 결정하기로 했음.
  - 정부 측에선 금융감독원장을 단장으로 하는 기업재무개선지원단을 설립, 채권단이 주도하는 부실기업 구조조정을 측면 지원해 주기로 했음.

- 앞으로 한국경제가 무사히 난국을 돌파해 나갈지, 아니면 중도에 주저앉을지는 구조조정의 성패에 달려 있다고 전문가들은 입을 모으고 있음.

(2) 경제적 의미와 실현된 체감경제

- 한 나라의 산업은 경제발전단계, 임금수준 등 여건변화에 따라 경쟁력이 떨어지는 업종이 나타나게 마련인데, 이 같은 비교열위 업종이 점차 도태되면서 고부가가치 산업을 중심으로 산업구조가 고도화되는 과정을 말함.

- 그러나 정책적인 의미에서 말하는 구조조정은 이 같은 산업구조의 조정 과정에서 나타나는 기업의 무더기 도산, 대량실업 등 부작용을 줄이면서 경제 여건에 걸맞은 고부가가치 산업으로 이행하도록 세제·금융지원을 해주는 적극적인 의미의 구조조정 정책을 의미함.

- 기업차원으로 범위를 좁혀 말한다면 구조조정이란 기업이 경쟁력과 효율성을 높여 수익성 등 경영성과를 개선하는 작업임.
  - 기업은 구조조정을 통해 사업영역, 조직, 인력, 채무나 재무 상태 등을 재조정해서 부실한 부문이나 비능률적인 부분을 제거하고 핵심 역량을 집중해서 새로운 경쟁력을 갖춰 수익성을 높이고자 함.
  - 살아남는 기업의 수익성을 개선하는 것과 동시에 경쟁력이 없는 기업을 시장에서 퇴출시키면서 국가적 차원의 자원을 효율적으로 배분하기 때문에 경제가 한 단계 업그레이드되기도 함.

- 하지만 기업이나 금융권이 평상시엔 구조조정의 필요성을 크게 절감하기가 어려움.
  - 호경기의 거품이 가져다주는 달콤한 수혜를 걷어차기 힘들기 때문

- 결국 부실이나 비효율의 문제가 누적돼 구조조정을 피할 수 없게 되면 단절적이고 파괴적인 형태로 기업 구조조정이 이뤄지게 되면서 기업의 연쇄 파산이나 대량실업 등이 발생하게 됨.

(3) 갈팡질팡 2008년 구조조정

- 내수부진으로 허덕이고 있는 우리 경제에 글로벌 금융위기가 엄습해 실

물경제 침체로 번져가면서 우리 기업과 금융회사의 부실로 연결될까 불안해하고 있음.

- 2008년 10월 부도기업 수는 321개로 3년7개월 만에 가장 많았음. ⇒ 미분양주택 증가와 부동산 가격 하락 등으로 중소 건설사의 연쇄부도가 우려되고 있는 가운데 프로젝트 파이낸싱(PF)이 많은 저축은행의 부실 가능성도 걱정

- 이에 따라 기업부실이 현실화되기 전에 금융권이 자율적으로 경쟁력이 없는 기업은 퇴출시키고 회생이 가능한 기업은 살려 향후 발생할 부실 처리비용을 줄이고자 대주단 협약이나 패스트 트랙 등과 같은 사전적인 기업구조조정(프리 워크아웃)이 진행되고 있음.

- 하지만 정부가 전면에 나서지 않는 상황에서 금융권의 자율적인 구조조정이란 한계 탓에 지지부진한 성과를 보이고 있음.
  - 우선 금융권이 부실 가능성이 있는 건설사를 적극적으로 퇴출시키게 되면 PF 대출로 연계되어 있는 저축은행이 동반퇴출될 가능성이 있고, 연말결산을 앞두고 은행의 건전성도 악화될 우려가 있기 때문에 금융권은 소극적임.
  - 건설사도 대주단에 가입하게 되면 대내외 신인도 추락이나 경영간섭뿐만 아니라 경영비밀 노출 등을 우려하고 있고 버티다보면 정부가 보다 수혜적인 대책을 내놓을 것으로 기대하고 있기 때문에 대주단 가입을 주저하고 있음.
  - 대주단도 자율적인 협약을 처음 시도해보는 것이라 가입시기나 대상 등에 대한 명확한 기준을 세우지 못한 채 갈팡질팡하고 있음.

- 이 때문에 일부에선 금융권 주도의 구조조정보다는 정부가 과감하게 나서 기업 구조조정을 신속하게 처리해야 한다고 주장하고 있음.

(4) 외환위기에서 배우는 교훈

- 외환위기 당시의 구조조정은 정부주도로 이미 부실로 판정된 기업을 처리하는 데 초점을 맞춰 추진되었음.

• 외환위기 직후 52개 기업을 청산, 매각, 합병했고 1998년 7월부터 2000년 6월 사이에 249개나 정리한 데 이어 2000년 11월에도 52개 기업을 또 정리하였음.

- 그 결과 우리 기업의 건전성과 경쟁력은 개선돼 1997년 424.6%나 달했던 기업 부채비율이 2008년 2분기에는 불과 96.4%로 크게 낮아졌음.

- 또 재벌들이 중복적으로 추진했던 사업을 한 곳으로 일원화해 과잉설비를 해소하고 규모의 경제와 시너지 효과를 극대화해 경쟁력을 높인다는 '빅딜 정책'이 주창되었음.

- 금융 구조조정도 추진되어 2000년 8월까지 11개 은행, 6개 증권사, 13개 보험사, 458개 기타 금융회사를 합병, 자산부채 이전, 청산 등의 방식으로 처리했음.
  • 이와 관련해 부실 금융회사의 선정이나 해외매각에 따른 국부유출 논란 등이 제기됐지만 살아남은 금융회사는 건전성이 회복됐고 금융시장 안정도 도모할 수 있었음.

1) 긍정적 측면

- 외환위기 당시의 구조조정은 정부주도로 기업과 금융회사의 부실을 털어내고 수익성과 건전성을 개선하면서 우리 경제의 경쟁력을 회복시키는 데 긍정적인 역할을 하였음.

2) 부정적 측면

- 하지만 중장기적인 과감한 투자보다는 단기적인 수익에 치중하는 소극적인 투자행태를 유도하는 우를 범했음.

- 또한 정경유착 여부에 따라 기업의 생사가 갈렸다는 불만도 제기됐으며 구조조정을 추진했던 공무원에 대한 책임공방은 소신 있는 정책추진을 어렵게 만들었음.

- 외환위기에서 하루빨리 벗어나고자 하는 조급함 때문에 철저한 구조조정을 뒤로 미룬 점도 아쉬운 측면임.

- 여기에 우리 경제의 약한 고리를 미리 보완하고 평상시에 거품을 걷어내지 못한 결과도 지금의 위기와 파괴적인 구조조정을 초래하는 데 일조하였음.

3) 구조조정의 추진 주체에 관한 논란

- 정부가 소신 있게 구조조정을 단행할 수 있는 사회적인 합의도 필요하다는 주장과 함께 경제가 어려워지니 민간구조조정기구를 만들어야 한다는 이야기가 정부에서 나오고 있음.
  - 사후에 법적인 책임을 상하게 묻는 환경에서는 공무원들이 제대로 나설 수 없기 때문인데, 다시 말해 공무원들이 몸을 사려 구조조정 업무가 제대로 안 되기 때문에 구조조정 업무에 관여한 이들의 책임을 면제할 필요가 있다는 것임.
  - 반면에 정부가 직접 구조조정 대상을 가려내고 치방을 제시하기엔 한계가 있기 때문에 민간구조조정기구의 설립을 주장하기도 함.

- 오수근(이대 법대) 교수는 구조조정은 정부도 민간구조조정기구도 아닌 직접적인 경제적 이해관계를 갖고 있는 관계자들(채권자, 채무자, 경영자, 주주 등)의 주도하에 이루어져야 한다고 주장
  - 정부주도 내지 정부개입 시 폐해가 발생[110]

---

110) 시장경제체제에서 경쟁을 하다 보면 부실기업이 생기고 경쟁력을 회복하지 못하면 시장에서 퇴출되는 것은 당연함. 그러나 정부는 대기업이 망하는 것을 그대로 두지 못하고 부실기업 정리나 산업합리화 정책 등의 이름으로 개입해 왔음. 기업퇴출이 시장과 법의 원칙이 아닌 정치가와 경제 관료의 결정에 따라 이루어졌음. 그런 일이 가능한 것은 이른바 관치금융으로 정부가 금융회사를 마음대로 주무를 수 있었기 때문. 정부개입의 폐해를 다 열거할 수는 없으나 1997년의 IMF 사태가 그 집약된 결과임은 누구나 아는 사실. 정부가 30년 동안 부실기업 구하기에 나선 결과 엄청난 부실이 기업과 금융회사에 쌓였고 외부여건 변화로 누적된 부실이 한꺼번에 드러난 것이 IMF 사태였음. 그런 역사적 교훈도 잊고 1998년 정부는 채권금융회사를 사실상 강제하여 구조조정위원회를 만들고 이른바 기업 워크아웃을 했음. 대기업이 줄줄이 도산하면 경제 전체가 어려워지고 이로 인해 금융회사 도산이 염려된다는 것이 개입 이유였음. 그런

• 구조조정은 본질적으로 기업의 미래가치에 대한 예측을 전제로 하는데 직접적인 경제적 이해관계를 가지지 않은 자는 그러한 판단을 제대로 할 수 없기 때문임.
• 정부가 나서서 민간구조조정기구를 만든다는 말을 하면 기업이나 금융회사는 스스로 구조조정을 하는 대신 정부만 쳐다보게 되기 때문에 지금 정부가 할 일은 상황이 더 나빠져도 개별기업의 부실 문제에 정부가 개입하는 일은 없다는 점을 분명히 하는 것임.
• 만약 국가적으로 반드시 살려야 하는 기업이나 산업이 있을 수 있다면 구조조정기구를 통해서 채권자의 팔을 비틀려고 하지 말고 정부가 지급보증을 하든지 신주나 회사채를 인수하면 됨.
• 워크아웃은 기업에 대한 통제권을 유지하려는 경제 관료의 욕심이 만든 제도였으며 민간구조조정기구 역시 그 궤를 벗어나지 못할 것임.
• 시장친화적 정부가 할 일은 시장에서의 법치주의를 확립하는 것임.

4) 시사점과 과제

- 원칙의 부재와 책임 소재가 불분명한 구조조정은 시장에 혼란만 가져다 줌.
  • 구조조정에 대한 구체적이고 명확한 밑그림을 그려야 함.

- 구조조정은 일과성 행사가 아니고 지속적으로 추진되어야 할 과제임.
  • 고통스러운 구조조정을 평상시에 해야 경제에 주는 부담이 작기 때문임.

- 구조조정에 있어 정치논리를 지양하고 시장원리에 입각해서 자율적으로 추진할 필요가 있음.

정책의 바탕에는 대기업의 퇴출은 산업정책 차원에서 정부가 결정해야지 기업을 모르는 법원에 맡길 수 없다는 생각이 깔려 있었음. 그러면 법관보다 기업을 잘 안다는 사람들이 수행한 워크아웃이 회사정리보다 구조조정을 더 잘하고 더 나은 기업을 만들었을까? 한 실증연구에 따르면 그렇지 못함. 그 이유는 채권금융회사가 전권을 쥐고 수행하는 워크아웃에서는 채권자들이 가급적 자신들 권리를 감축하지 않는 선에서 구조조정을 하려고 하기 때문임. 더욱이 정부가 부실기업 문제에 관여하게 되면 그 자체로 부정과 부실의 소지를 안게 됨. 지금까지 정부가 개입한 기업 구조조정은 결국은 채무를 유예해 주고 구제 금융을 주는 것이었음. 그러다 보니 채무자로서는 그런 혜택을 받고 싶어 청탁을 하게 되고 결정권자는 나라가 아니고 자신에게 유리하게 권한을 휘두르고 싶어지게 되는 것임.

- 최근 대주단 협약이나 유동성 공급을 확대하면서 옥석을 가리는 노력을 하지 않고 정치적 이해관계나 인기에 영합한 발상으로 경쟁력이 없는 기업도 무조건 살려낸다면 향후 우리 경제에 더 큰 부담으로 작용할 것임.
- 이재욱 AT커니 코리아 대표도 "기업과 산업 전반에 대한 구체적이고 과감한 구조조정에 나서야 할 때"라며 "한계기업과 한계산업은 퇴출과 합병도 불사해야 한다"고 강조하면서 "(구조조정만큼은)실수(失手)보다 실기(失期)가 더욱 큰 재앙"이라고 언급

관련사항

■ 구조조정(restructuring)

- 지난 1981년 미국 레이건 대통령이 취임한 후 공급 중심의 경제정책을 채택하면서 널리 사용되기 시작
- 정부와 채권단, 각 기업들이 경제위기에 대비해 추진 중인 각종 대응책들이 '구조조정'으로 불리고 있는데, 크게 기업구조조정과 산업구조조정 등 두 가지 의미로 사용됨.

1) 개별기업의 구조조정

- 각 기업이 하는 구조조정은 감원(減員)이나 임금 삭감, 비주력사업 매각 등 기업들이 경영의 효율성을 높이기 위해 내놓는 온갖 자구책을 뜻함.
  - 최근 두산그룹이 건설 중장비업체인 밥캣 인수자금 확보를 위해 모(母)기업에 해당하는 소주사업을 매각하기로 한 것은 핵심 사업에 집중하기 위해 비주력사업을 매각하는 전형적인 구조조정 방법에 속함.
  - 미국 시티 그룹이 전 세계 2만3000명가량을 감원하고, 골드만삭스가 전체 인력의 10%를 정리한 것도 개별기업의 구조조정임.

2) 산업·업종 구조조정

- 주요 산업이나 업종에서 산업구조 합리화를 위해 이뤄지는 부실기업 퇴출과 M&A(인수·합병) 등이 이에 해당
  - IMF 외환위기 당시 반도체와 자동차업종을 중심으로 한 '빅딜(big deal)'이 대표적인 산업구조조정에 속함.
  - 금융당국이 최근 부실이 발생한 5곳을 우량한 다른 저축은행이 인수하도록 승인한 것은 M&A를 통한 산업구조조정의 한 유형임.

3) 공기업 구조조정

- 최근 정부는 경제위기 극복방안 중 하나로 공기업 구조조정을 추진하고 있음.
  - 인력 감축과 조직 통폐합, 자산 매각 등을 주요 내용으로 하고 있는데, 이명박 대통령은 최근 전체 인원의 15%를 줄이기로 한 한국농촌공사의 사례를 들어 "공기업 구조조정의 좋은 모델이 될 수 있고, 경제위기를 극복하는 고통분담의 전형"이라고 평가했음.
- 한국에선 1997년 외환위기 때 구조조정으로 기업들이 통폐합되거나 도산하고 실직자들이 거리로 내몰리면서 정리해고나 감원 등 부정적인 의미로 각인되기도 하였음.

▣ 채권금융기관 조정위원회

- 앞으로 금융권 대출액이 500억원 이상인 대기업을 대상으로 부실기업 퇴출 등 구조조정을 맡을 민간조직
  - 은행연합회장·공인회계사회장·변협회장 등이 추천하는 7명의 민간위원으로 구성되고, 위원 중 1명이 위원장을 맡게 됨.
  - 평소 부실기업 처리를 둘러싸고 이해관계가 다른 채권단이 합의를 도출하는 데 어려움을 겪어왔기 때문에 이번 위기상황에선 신속한 결정을 위해 채권금융기관 조정위원회가 부실기업 구조조정을 주도하게 된 것임.

- 위원장은 중소기업 구조조정을 담당하는 채권은행 조정위원장도 겸임하므로, 사실상 구조조정을 총괄하게 됨.
- 외환위기 때 기업구조조정을 총괄한 '기업구조 조정위원회'와 비슷한 역할을 할 전망임.

▣ 채권은행 조정위원회

- 금융권 대출액이 500억원 미만인 중소기업의 회생·퇴출 여부를 결정하는 조직으로 은행들이 자율 협약으로 만들었음.
  - 신속한 의사결정을 위해 보험·저축은행 등 대출금액이 작은 비(非)은행 금융회사의 채권단 참여를 배제시켰음.

▣ 기업재무개선지원단

- 채권단 중심의 기업구조조정 업무를 정부 차원에서 지원하기 위해 금융위원회와 금융감독원이 공동으로 2008년 11월 28일 설립한 기구로 금융감독원장이 단장을 맡게 됨.
  - 정부와 채권단 간의 가교(架橋)로서 정부의 의중을 채권단에 전달하는 창구역할을 맡을 것이란 관측이 우세
  - 사실상 전체 기업 구조조정의 강도와 방향을 정하는 컨트롤타워로서 채권금융기관 조정위원회의 주요 결정에 간여할 것으로 보임.

▣ 구제금융(bail-out)

1) 의 미

- 민간자금을 동원하든 공공자금을 동원하든 파산위기에 처한 금융회사와 기업에 자금을 지원하는 것을 의미

2) 사 례

- 과거 미국의 대표적 구제금융 사례로는 지난 1980년 말 1230억 달러 공적자금이 투입된 주택대부조합(S&L) 사태를 들 수 있음.

- 한국도 지난 1997년 외환위기 당시 대규모 공적자금이 투입돼 은행, 기업 구조조정을 이끌어낸 바 있음.

▣ 대주단

- 보통 PF(프로젝트 파이낸싱이며 일반적인 개발방식 중 하나)을 할 때 시공사가 지급보증을 서면 그 보증에 따라 공사에 필요한 대금을 여러 금융사가 제공(대출)하게 되는데, 이 때 대금을 대출하는 금융사를 대주라 하고, 이들이 조직을 만들어 차관단을 구성한 것을 대주단(채권단)이라고 함.
  - 융자규모가 크고 기간이 긴 경우 활용함.

▣ 대주단 협약

- '건설사 대주단협의회 운영협약'의 약자로 일시적 자금난에 몰린 건설업체를 구제하기 위해 2008년 4월부터 가동된 건설업 지원 프로그램임.
  - 건설업체들에 돈을 빌려준 은행 · 저축은행 등 대주(貸主)들이 협약에 참여하고 있음.
  - 자금난에 처한 건설사가 가입을 신청할 경우 주채권은행이 심사를 거쳐 가입여부를 결정하며, 가입이 승인되면 1년간 채무상환이 유예됨.

▣ 프로젝트 파이낸싱(Project Financing)

- 은행 등 금융기관이 별다른 보증 없이 프로젝트의 사업성을 담보로 자금을 지원하는 금융기법.

• 자본주로부터 대규모 자금을 모집하고, 사업 종료 후에는 일정기간에 발생한 수익을 지분율에 따라 투자자들에게 나누어 주는 방식
• 금융기관은 프로젝트 자체에서 나오는 수익으로 대출금을 상환받게 됨.

- 프로젝트 파이낸싱 기법은 처음에는 석유 개발이나 탄광 채굴, 조선소 등과 같이 수익이 높지만 위험 또한 큰 사업에 동원되었지만, 점차 사회간접자본 등 건설시장에까지 확대되었음.

- 국가 간의 관계에서 보면 수요 국가로서는 외환 부족 문제를 해결할 수 있고 금융을 제공하는 측에서는 무역 마찰을 완화하면서 대규모 자본재(통신·발전부문 등) 수출을 촉진하는 효과를 노릴 수 있음.
  • 미국이나 유럽에서는 1960년대부터 유행했고, 한국에서는 대북 투자와 경협사업 과정에서 자금을 마련하는 방식으로 등장하였음.
  • 요즘은 영화 제작 등에도 이 기법이 동원되고 있음.

▣ 패스트 트랙(Fast Track)

- 유동성 위기를 겪는 중소기업을 신속하게 지원하기 위한 프로그램

- 금융회사들이 지원을 신청한 기업을 A, B, C, D등급으로 구분한 뒤 등급별로 차별 지원
  • A등급은 정상적 영업이 가능한 기업, B등급은 통화옵션 상품인 키코(KIKO) 등으로 피해를 입어 유동성 지원이 필요한 기업, C등급은 부실징후 기업, D등급은 정상화 가능성이 없는 기업임.
  • 이 중 부실 징후가 없는 A, B등급 기업은 지원 요청 1개월 이내에 만기연장과 이자 감면, 신규 자금 지원 등의 지원을 받을 수 있음. ⇒ 키코 피해 기업은 최대 20억원, 그 외 기업은 최대 10억원까지 지원받을 수 있음.
  • 부실 징후는 있지만 회생이 가능한 C등급 기업에 대해서는 워크아웃을 추진하고 회생 불가능한 D기업은 퇴출함.

▣ 프리워크아웃(사전 채무재조정)

- 프리워크아웃(pre-workout)기업이나 개인의 부실 여부를 미리 판단해 대출 만기를 연장하거나, 신규 자금을 공급해 재무구조를 건실하게 만드는 것을 말함.

▣ 워크아웃(기업개선작업)

- 워크아웃(workout)은 기업과 금융기관이 서로 협의해서 진행하는 일련의 구조조정 과정과 결과를 총칭
  - 기업의 가치향상을 목적으로 실행하는 사업, 재무, 소유, 지배 등 모든 분야의 구조조정 활동을 포함하는 광의의 개념
  - 기업이 주도하여 부실기업을 회생시키는 것을 턴어라운드(turn around)
  - 부도유예협약은 기업회생 가능성을 전제로 한 것이 아니라 당장의 부도를 막아 시간을 벌 어 보자는 것이었기 때문에 결국에는 더 큰 부실피해를 보는 사례

- 보다 구체적으로 채권자인 금융기관들이 모여 만든 자율협약(기업구조조정협약)에 따라 출자전환, 원리금 상환 유예, 신규 자금 지원 등을 통해 기업을 건전하게 만드는 것을 말함.
  - 금융기관의 채권만 동결됨(일반 상거래 채권은 묶이지 않는데, 이것이 법정관리와의 차이점임).

▣ 청 산

- 기업이 빚을 갚고 스스로 회사를 정리하는 것을 말함.
  - 영업을 계속하는 것이 기업을 아예 없애버리는 것보다 손실이 더 크다고 판단되는 경우임.

- 청산은 상법에 따라, 파산은 파산법에 따름.

• 청산은 상법에 따라 자발적으로 진행되는 반면, 파산은 파산법에 따라 법원의 결정에 의해 이뤄짐.

▣ 법정관리

- 파탄에 직면한 회사를 법원의 감독아래 채권자나 주주 등의 이해관계 등을 조정하면서 회생시키는 제도
  • 금융기관의 채권뿐만 아니라 일반 상거래 채권까지 묶임.
  • 따라서 기업 입장에서는 채무상환에 대한 아무런 부담이 없게 됨.
  • 회생기간(통상 10년)이 길어지는 단점이 있음(법원의 업무절차가 복잡하기 때문).
  • 법원의 인가를 받아야 함(화의도 마찬가지).

▣ 화 의

- 파산위기에 몰렸으나 위기만 넘기면 정상화가 가능한 회사와 채권자들이 법원의 감독과 중재 아래 화의조건(채무상환방법) 등을 정한 다음, 법원의 감독 없이(법원의 인가는 받아야 함) 독자적인 기업 경영권을 행사하여 기업도 살리고 채무도 변제할 수 있게 하는 제도, 즉 파산을 면하게 하는 제도임.
  • 담보 없는 채권은 묶이고 담보채권은 언제든지 행사가 가능함.

참 | 고 | 자 | 료

(1) 2008. 11. 28., 《매일경제》
(2) 오수근(2008), "구조조정 제대로 하려면", 《매일경제》, 2008. 12. 8.
(3) 배상근(2008), "10년 만에 다시 구조조정 '칼바람' 분다", 《매일경제》, 2008. 11. 29.
(4) 2008. 12. 12., 《조선경제》

10

한국의 지하경제

(1) 의 미

- 지하경제(underground economy)는 재화와 서비스를 생산하는 통상의 합법, 불법적인 경제활동 가운데 국내총생산(GDP)을 산출하는 국민계정상에 나타나지 않는 부분을 통틀어 지칭
  - 경제개발시대 제도금융시장과 나란히 기업과 소상공인의 자금줄 역할을 수행한 사채금융을 우리나라의 대표적인 지하경제로 꼽을 수 있으며, 기업이나 자영업자의 탈세, 관료와 정치인들이 연루된 비자금과 뇌물 등도 우리사회에서 지하경제를 구성하는 중요한 부분들이었음.

- 한 나라의 경제에서 지하경제가 차지하는 비중이 높다는 것은 대개 그 나라 경제가 건강하지 못하다는 의미로 해석
  - 따라서 그 규모와 폐해를 줄이는 것은 장기적으로 경제의 체질을 개선한다는 맥락에서 중요한 정책 과제로 요청됨.

- 우리나라의 GDP 대비 지하경제 규모는 1980년대 이래로 줄곧 줄어드는 추세이지만, 아직도 선진국들에 비해 높은 수준이며, 최근 우리나라도 지하경제에 대한 관심이 다시금 높아지는 듯함.
  - 다만 과거처럼 어떤 대형비리사건이 계기가 되어 일순간 국민적 관심사로 부각되는 것이 아니라, 경제성장률 둔화와 세수부족에 대한 우려라는 지극히 현실적인 차원에서 보다 차분하게 검토되는 양상
  - 지하경제를 공식경제의 장으로 이끌어냄으로써 성장률을 제고하고 동시에 세수의 기반도 넓힐 수 있다는 점에서, 생각하기에 따라서는 지하경제를 하나의 '숨겨진 성장잠재력'으로도 볼 수 있을 것임.

(2) 지하경제의 규모 비교

1) 다양한 추정방법

- 지하경제는 기본적으로 은닉된 경제활동이기 때문에 그 실체나 규모를 정확하게 파악하기가 어렵기 때문에 다양한 추정방법들이 시도돼 왔으며, 연구에 따라 추정치의 편차도 상당히 큰 편임.

2) 슈나이더의 연구

- 이 분야의 주요한 연구자 가운데 한 사람인 슈나이더(F. Schneider)의 최근 연구결과에 따르면 현금수요함수 접근법으로 구한 우리나라의 지하경제 규모는 2002~2003년 기준으로 GDP의 28.8% 정도로 다소 높은 수준으로 추정되고 있음.

- Schneider의 연구결과에 의하면 우리나라의 지하경제 규모는 선진국에 비해서는 크고 저개발국에 비해서는 작음.
  - 우리나라의 지하경제 규모는 OECD 국가들 가운데서는 이탈리아, 스페인, 그리스와 더불어 가장 높음.
  - GDP 대비 지하경제의 규모가 가장 작은 것으로 알려진 미국, 스위스 등에 비하면 거의 3배에 달하는 수준임.
  - 물론 다른 개발도상국들과 비교하면 상대적으로 작은 편인데, 특히 1인당 국민소득 3천 달러 미만의 저개발국들은 대부분 지하경제의 규모가 GDP의 30~40%를 훨씬 상회함.
  - 볼리비아나 나이지리아, 아이티, 콩고 같은 나라들의 사례는 이들의 경제적 빈곤이 단지 경제문제에 국한되는 것이 아니라 정치적 불안이나 부정부패에도 상당 부분 기인하고 있음을 잘 보여줌.

- 지하경제 규모와 소득수준이 밀접한 음의 상관관계에 있다는 사실은 어렵지 않게 확인할 수 있는데(상관계수 −0.718), 구매력 기준 1인당 국민소득이 낮은 나라들 대부분이 지하경제의 비중이 높은 반면, 흔히 선

진국이라 불리는 OECD 국가들은 지하경제의 비중이 상당히 낮음.

- 다시 말해 소득수준을 향상시키고 경제발전을 이룩하기 위해서는 지하경제의 비중을 낮추려는 노력이 동반되어야 한다는 것임.
- 그동안 경제의 고도성장을 달성해 온 우리나라가 지나온 궤적 역시 이러한 원칙에서 크게 벗어나지는 않는 듯함.
- 다만 1인당 국민소득 2만 달러 부근의 몇몇 나라들(이스라엘, 그리스, 체코, 슬로베니아) 가운데서 지하경제의 비중이 가장 높다는 점은 여전히 우리에게 경각심을 불러일으킴.

(3) 지하경제 규모의 감소 추세

- 지금까지 나온 다양한 연구결과들을 종합해 볼 때, 현재 우리나라의 지하경제 규모는 대략 GDP의 10~30% 사이인 것으로 나타났음.
  - 현금수요함수 접근법으로 추정한 우리나라의 지하경제 규모는 2005년 현재를 기준으로 GDP의 20%에 조금 못 미치는 수준(160조원 내외)임. ⇒ 우리나라의 GDP 대비 지하경제 규모는 1980년대 평균 37%, 1990년대에는 24%, 2000년 이후는 20% 등으로 지속적으로 하락하는 모습을 보였음.

- 장기적으로 우리나라의 지하경제 규모는 1970년대 말을 정점으로 이후 계속 줄어드는 추세를 보여 왔는데, 특히 외환위기가 계기가 되어 촉발된 구조조정과 그에 뒤따른 투명성을 증대시키고자 행해졌던 일련의 노력들과 규제완화는 GDP 대비 지하경제의 규모를 줄이는 데 크게 기여한 것으로 평가됨.
  - 외환위기를 극복하는 과정에서 대외신인도 회복을 위해서는 기업과 금융기관을 중심으로 한 우리 사회 전반의 투명성을 제고하는 것이 중요한 과제로 부각되었음.[111)]

---

111) 30대 기업집단에 대해 결합재무제표 작성을 의무화했고 전자공시시스템을 구축하는 등 공시제도도 강화하였음. 따라서 내부거래를 통한 손익조절이나 기업자금을 변칙적으로 유출하는 것을 막는 제도적인 장치가 마련되었으며, 소액주주의 권한 찾기가 활성화되었음. 사외이사제도가 도입되었으며 외부감사제도도 강화되었음.

- 한편 1993년 실시된 금융실명제 역시 지하경제의 폐해를 줄이는 데 크게 기여했으나 일시적으로는 각종 가·차명계좌를 통해 공식경제 부문에 참여하고 있던 지하자금을 지하경제의 영역으로 은닉하게 만드는 부작용도 겪은 바 있음.

- 지하경제의 규모가 줄어드는 것은 일반적으로 한 나라의 경제가 발전하면서 나타나는 자연스러운 현상으로 풀이됨.
  • 경제가 성장하면서 금융시장이 발달하고 또 정부는 세수의 기반을 넓히기 위해 노력하기 마련
  • 이 과정에서 종전에는 지하경제의 영역에 속해 있던 부분이 공식경제의 테두리 안으로 편입됨.

- 최근에는 신용카드의 사용이나 전자상거래 등이 빠르게 확산되면서, 자영업자의 소득이 상당 부분 세원으로 포착되고 있으며, 지하경제를 척결하고자 하는 정부의 의지와 대응도 주목할 만함.
  • 외환위기를 거치면서 재정 건전성이 급속도로 악화되자 국세청을 중심으로 세원확보 노력과 탈세에 대한 감찰활동이 대폭 강화되었음.
  • 최근에는 부동산 가격 상승과정에서 발생한 탈루세액의 적발 및 추징을 강력하게 시행하고 있으며, 얼마 전 있은 외국계 사모펀드들에 대한 세무조사 및 2,000억원대의 세금추징 역시 비슷한 맥락으로 이해될 수 있음.

(4) 도전요인

- 한편 앞으로 지하경제가 더욱 늘어날 가능성과 그로 인해 우리경제가 받을 도전도 만만치 않을 것으로 예상되기도 함.

1) 조세부담의 증가

- 정부의 과세로부터 회피하려는 노력은 지하경제의 가장 본질적인 측면 가운데 하나임.

- 따라서 국민들이 조세부담이 불공평하거나 그것이 과도하게 늘어난다고 생각하면 자연히 납세의식이 떨어지게 되고, 스스로를 지하경제 부문에 편입시키려고 할 가능성이 높아짐.
- 특히 연 10%가 넘는 1인당 조세부담액의 증가율은 상당히 부담스러울 수밖에 없음.

- 사실 지하경제와의 관계에 있어 이러한 세수 측면은 동전의 양면과도 같음.
  - 지하경제를 공식경제의 테두리 안으로 편입시키는 것이 세수를 증대시키려는 노력의 일환으로 행해지는 것이지만, 동시에 납세자인 국민의 입장에서는 그러한 납세부담의 증가로 인해 지하경제에 편입하는 유인이 커지게 되기 때문임.

2) 행정규제 건수의 증가

- 외환위기 이후 큰 폭으로 줄어들었던 행정규제 건수가 최근 다시 증가하고 있는 사실에도 유의해야 할 것임.
- 규제개혁위원회의 자료에 따르면 외환위기 후 큰 폭으로 줄어들었던 중앙부처의 규제가 지난 2000년을 지나면서 소폭이긴 하지만 매년 꾸준히 증가하고 있음.
- 정부규제의 이러한 증가 또한 지하경제를 유발하는 중요한 요인으로 꼽힘.
  - 물론 규제 자체는 시장질서의 미비 또는 훼손을 바로잡고, 더 나아가 지하경제를 공식경제의 범위 안으로 포함시키고자 하는 목적에서 비롯되는 경우가 많지만 규제는 그 속성상 규제대상의 반작용을 야기하면서 처음에 목적했던 규제목적을 충분히 달성하지 못한 채 또 다른 규제를 낳게 되는 경우가 많음.

3) 자영업자의 비율이 높은 것도 도전요인

- OECD 자료에 따르면 우리나라의 전체 고용에서 자영업자가 차지하는

비율은 34.95%로 터키와 멕시코 다음으로 높음.

• OECD 평균인 13.76%의 두 배가 넘는 수치

- 농업부문을 포함한 자영업자의 비중 자체는 감소 추세를 보이고 있지만, 자연적으로 감소하고 있는 자영농을 제외하면 우리나라의 자영업자 비율은 꾸준히 30% 내외 수준을 유지하고 있음.

- 하지만 서비스업이 충분히 경쟁력을 지니지 못한 상태에서 고용에서 자영업자가 차지하는 비중이 높다는 것은 전혀 반가워할 만한 소식이 아님.
  • 2005년 9월까지의 도시가구 가계수지 동향을 보면 비슷한 소비수준을 누리고 있는 임금근로자와 자영업자 사이에 소비 대비 납세액의 비율은 두 배가 넘는 차이가 남.
  • 내수경기 부진으로 자영업 전반이 어려움을 겪고 있는 상황을 감안하더라도 세금은 임금 근로자의 절반수준으로 내고 있는 것임.
  • 임금근로자와 대비한 조세의 형평성까지 중요한 사회갈등으로 부각될 조짐임.

(5) 실천 과제

- 지하경제 문제는 단기적으로 해결하기가 쉽지 않음.
  • 성장률 하락, 세수기반 약화로 인한 재정 건전성 악화, 자영업자-서비스업의 경쟁력, 조세의 형평성 문제 등의 문제를 제치고 경제정책의 가장 다급한 1순위가 될 필요도 없어 보임.

- 지하경제 문제는 열거된 경제 과제들을 해결해 나가는 과정에서 보다 세심한 해결방안을 필요로 하는 것으로 보임.
  • 엄정한 세정집행만큼이나 납세자들의 순응, 조세형평성에 대한 공감도 중요

- 다른 나라들과 비교했을 때 우리 경제가 보다 높은 단계로 도약하기 위해 그만큼의 투명성도 함께 제고되어야 한다는 점만큼은 의문의 여지가 없어 보임.

- 또 중장기적인 안목과 지금까지 해 왔던 것보다 한층 세심하게 기획된 정책이 요구됨.
  - 정부가 신용카드의 사용을 장려하면서 거래과정을 투명하게 만들고 세수기반을 확대함으로써 지하경제의 규모를 줄인 공로가 있지만, 나중에는 그것이 도가 지나쳐 카드사 부실로 인한 신용경색을 초래했고, 그 결과 사채금융이 다시금 기승을 부린 경험을 되새겨 볼 필요가 있음.

참 | 고 | 자 | 료

(1) 배민근(2005), "우리나라 지하경제 비중 줄고 있다", 《주간경제》, LG경제연구원, 2005. 12. 28.

11

물가상승이 예상되면 이자율이 상승하는 이유

(1) 돈의 가치 하락으로 인한 손실을 보존하기 위해 이자율을 올려 받아

1) 사 례

- 학생이 친구에게 돈을 빌려주었다면 물가가 상승할 경우, 자신이 나중(예를 들어 1년 후)에 돌려받게 되는 돈이 현재 빌려 준 돈하고 똑같은 가치를 갖지 않을 것임.
- 그렇기 때문에 사람들이 돈을 빌려 줄 때 물가상승이 예상되면 빌려 줄 사람은 손실을 보존하기 위해 빌려 줄 때 이자율을 더 받으려고 할 것임.
  - 물가가 상승한다는 것은 돈의 가치가 그만큼 떨어지기 때문

2) 물가상승률과 이자율의 관계

- 경제학에서는 명목이자율은 실질이자율에 물가상승률을 더한 것으로 정의, 다시 말하면 실질이자율은 명목이자율에서 물가상승률을 뺀 것임.
- 명목이자율 10%로 돈을 빌려주고 내년에 돌려받을 때 물가가 변동하지 않았다면 10%의 이자율은 온전한 이자 수익이 될 것이나 물가가 올랐다면 자신의 이자 수익이 10%일 리가 없음.
  - 최소한 10%(실질)의 이자를 확보하기 위해서는 물가상승률만큼 이자율을 올려 받아야 함.

(2) 경기 활성화되면 돈 빌리려는 사람들이 많아져 이자율은 올라

1) 경기가 활성화되면 이자율이 상승하는 이유는 결론적으로 말해 돈을 빌리기가 점점 어려워지기 때문

- 어떤 기업이 경기가 좋아져 자사 제품에 대한 수요가 늘면 다음의 순서로 대응할 것임.
  - 우선 공장 근로자들을 최대한 활용하려 할 것이므로 잔업을 늘려 근로자들로 하여금 초과근무를 하게 할 것임.
  - 이것으로도 시장수요를 충족시키지 못한다면 사람을 추가로 고용할 것임.
  - 이것으로도 부족하다면 투자를 통해 시설을 확충하려 할 것임.
- 사람을 더 고용하고 시설을 늘린다는 것은 경기사정이 좋을 때임.
- 사람들도 경기 활성화에 맞춰 소비를 늘릴 여력이 생김.
  - 잔업으로 초과수당도 받고, 기업의 실적향상으로 보너스도 두둑할 것임.
- 저축보다는 소비가 많아지고, 여러 기업들의 투자 활성화로 기업이 필요로 하는 자금은 부족해질 것임.

2) 돈을 빌리는 것이 어렵게 되고, 돈 빌리는 비용을 더 내고라도 빌리고자 하는 경우도 생길 것임.

- 이것은 결국 시간의 문제
- 모든 경제주체들이 경제상황을 좋다고 판단할 경우 더 많이 소비하고 투자하는 것이 계속되기란 어려울 것임. ⇒ 이른바 자원의 희소성이 작동하게 되기 때문

참 | 고 | 자 | 료

(1) 김진영(2007), "물가상승이 예상되면 이자율이 상승하는 이유?", 《"click" 경제교육》, 한국개발연구원, 2007. 1.

12

애그플레이션

(1) 의 미

- 농업을 뜻하는 애그리컬처(agriculture)와 물가상승인 인플레이션(inflation)의 합성어로 농산물 가격 급등으로 일반물가가 상승하는 현상을 뜻하는 신조어
  - 주요 식품의 원료인 밀과 콩, 옥수수 등 국제 곡물가격이 잇달아 최고가를 기록하면서 세계적으로 애그플레이션 우려가 높음.

- 국제 곡물가격 상승은 식품가격 전반의 상승을 유발해 서민경제에 직접 영향을 미친다는 측면에서 심각한 문제
  - 멕시코에서는 2007년 초 옥수수로 만든 전병인 또띠야 가격이 급등하자 국민들이 시위를 벌였으며, 멕시코 정부는 가격 상한선까지 설정
  - 인도네시아에선 2008년 1월에 국제 콩가격이 최고치를 기록하자 식품회사들이 공장가동을 중지해 노동자들이 항의시위를 벌였음.
  - 방글라데시에서는 주식인 밀가루 가격 급등으로 공급이 부족해지자 서민경제 불안이 지속된 바 있음.
  - 중국에서는 식료품 인플레 때문에 3명이 죽는 참사까지 발생 ⇒ 충칭의 대형 상점에서 열린 식용유 할인행사에 수많은 사람이 몰리면서 3명이 압사하고 31명이 부상
  - 우리나라도 2007년 12월 제분업계가 밀가루 가격을 24~34% 인상하자, 연초부터 밀가루를 이용한 가공식품인 라면, 빵, 국수 가격이 오르면서 서민의 부담이 가중

(2) 곡물가격 폭등의 배경

- 수요, 공급, 거시경제 등의 복합적인 요인이 있는데, 특히 수요 측면의 요인이 장기적으로 가장 심각한 문제가 되고 있음.

1) 수요 측면

- 브릭스 · 중동 · 아프리카 국가들의 경제발전으로 인구가 증가함에 따라 곡물 수요가 폭발적으로 증가
- 또한 소득이 증가하면 육류소비도 증가하는데, 이는 가축의 사료로 쓰이는 곡물의 수요를 증가시키는바, 소고기 1kg을 생산하기 위해서는 보통 8kg의 곡물이 투입됨.
- 국제유가 폭등에 따른 대체연료 활성화도 곡물가격을 상승시키고 있는데, 대표적인 곡물인 옥수수의 경우 미국은 2007년 옥수수 생산량의 26%를 자동차용 대체연료인 에탄올을 만드는 데 썼는데, 2008년에는 그 비율을 31%로 늘릴 전망

2) 공급 측면

- 호주 · 러시아 · 동유럽의 가뭄, 프랑스 · 독일의 수확기 폭우 등 지구 온난화와 기상여건 악화로 작황부진이 지속
- 최악의 가뭄으로 인해 호주의 밀 생산량은 2006년 2,540만t에서 2007년 990만t으로 급감한 것으로 추정
- 기상이변뿐 아니라 해수면 상승에 따른 저지대 경작지 감소, 토양의 유기물 함량 감소에 따른 생산력 저하도 곡물가격 상승압력으로 작용
- 지난 20년간 주요 곡물의 생산성 증가율은 연평균 1% 수준으로 생산성이 한계에 이른 상황인데, 도시화 · 산업화 · 사막화 등으로 곡물 재배면적까지 줄고 있음.

- 유엔식량농업기구(FAO)에 따르면 세계 곡물 재배면적은 2007년 6,847만 ha로 1981년의 93% 수준으로 줄었으며, 또한 바이오 연료의 원료가 되는 옥수수 재배면적 확대로 밀 · 대두 재배면적이 감소하였음.

3) 거시경제 측면

- 미국의 금리인하로 인한 달러화 약세로 달러화 표시 자산에 투자되었던 자금이 곡물 및 원자재 시장에 몰려들면서 단기간에 가격이 급등하였음.
- 또한 유가상승으로 인한 생산비 · 물류비 상승도 곡물가격 상승압력으로 작용

(3) 곡물 수출 규제 움직임

- 국제 곡물가격이 폭등하면서 곡물 수출 국가들은 자국의 물가안정을 위해 곡물 수출을 금지 또는 보류하고 있는데, 이는 이들 국가들의 수출업자들이 해외 수출을 선호하면서 자국 내 물가가 상승하고 있기 때문
  - 세계 최대 곡물 수출국 중 하나인 카자흐스탄은 국내 인플레이션을 잡기 위해 2008년 3월부터 밀에 수출관세를 부과하겠다고 밝혀 2008년 2월 26일 밀가격 폭등을 유발했음.
  - 러시아는 2007년 11월 보리와 밀에 각각 30%, 10% 수출관세를 부과해 수출을 규제하고 있음.
  - 중국은 2008년 1월부터 쌀, 옥수수, 밀가루에도 5~25% 수출관세를 붙이고 있으며, 아르헨티나도 국제가격 급등에 따른 과잉 수출을 막기 위해 옥수수, 밀 · 밀가루에 대해 수출 승인 등록을 정지하였음.

(4) 시사점

- 우리나라의 식량자급률은 1960년대 90%에 달했지만 2006년에는 28%로 떨어진 상태

• 사료용을 제외하면 2006년 곡물자급률은 53.6%이나, 쌀을 제외하면 5% 수준에 불과

• 우리나라의 곡물자급률은 OECD 국가 중 세 번째로 낮은 수준 ⇒ 주요 곡물 수출국인 호주(280%), 프랑스(191%), 캐나다(164%)는 물론이고, 공업국으로 알려진 독일과 스웨덴도 곡물자급률이 각각 126%, 120%로 100% 이상을 유지하고 있음.

- 곡물 대부분을 수입에 의존하고 있는 우리나라의 경우 국제 곡물가격 상승은 국가 전체에 영향을 미치는 중대한 문제

  • 주요 곡물 수출국의 수출 규제로 높은 값을 주고도 제대 식량을 확보하지 못할 수 있기 때문임.

  • 특히 우리나라는 중국 곡물의 최대 수입국으로서 중국의 곡물 수출 제한의 가장 큰 피해자가 될 수 있음.

- 따라서 해외 농업생산기지 개발, 쌀 자급기반 유지, 쌀 이외 곡물의 자급률 제고 등 국가 식량안보 차원에서 필요한 곡물을 안정적으로 확보하기 위한 대책을 마련해야 함.

참 | 고 | 자 | 료

(1) 유성임(2008), "애그플레이션", 《"click" 경제교육》, 한국개발연구원, 2008. 4.

13

체감과 지표 사이

(1) 물가와 생산 측면에서의 괴리

- '지표경제'라는 것이 소비자물가지수(CPI)에서 보듯이 '체감경제'와 괴리가 존재할 수 있음.

- CPI의 경우 그 차이를 줄이기 위해 CPI 이외에도 체감물가를 나타내는 '생활물가지수'를 작성하기도 하는데, 이와 유사한 현상을 국내총생산에서도 찾을 수 있음.

(2) 체감물가와 지표물가

1) 물가와 물가지수

- 물가란 여러 가지 상품과 서비스의 가격을 평균한 종합적인 가격수준이며, 물가의 움직임을 구체적으로 측정하기 위해 작성되는 통계를 물가지수(PI)라 함.
  - 물가지수는 수많은 개별상품 가격을 중요도에 따라 가중 평균하여 작성한 경제지표
  - 여기서 알 수 있는 중요한 사실은 물가가 평균적인 가격수준이며, 물가지수도 상품의 중요도를 고려하여 가중 평균한 것이라는 점

- 너무 단순한 이야기지만 물가나 물가지수는 평균값이기 때문에 평균에서 벗어난 수많은 사람들은 물가지수와 실제 체감물가 간에 괴리를 느낄 수밖에 없음.

2) 체감보다 낮기만 한 물가지수

- 물가지수 상승이 체감보다 낮게 느껴지는 가장 큰 이유는 물가지수의 대상품목 선정이 체감과 괴리되기 때문인데, 만약 489개 품목에 들어가지 않은 품목의 가격이 올랐다면 물가지수는 변동이 없어도 체감물가는 오른 것임.
  - 물가지수는 2005년 도시가계 월평균 소비 지출액 185만원 중에서 1/10,000 이상 지출되는 489개 품목을 선정한 후 각 상품의 지출비중에 따라 가중치를 두어 평균하게 됨.
  - 물가지수란 489개 품목의 가중평균이지 우리가 사용하는 모든 품목의 가중평균이 아님.

- 또 다른 문제는 489개 품목 모두의 가격이 동시에 오르지 않는다는 점인데, 489개 품목 중에서 생활과 밀접한 생필품의 가격상승이 있는 경우 사람들은 물가상승을 더 피부 깊숙이 느낄 것임.

- 통계청에서는 이 점을 보완하기 위해 흔히 장바구니물가라고 불리는 생활물가지수를 보조지표로 발표하고 있음.
  - 생활물가지수란 489개 품목 중에서 생필품 위주의 152개 품목을 다시 정하여 이들의 가격을 평균한 물가지수
  - 따라서 생활물가지수가 소비자물가지수보다 더 체감물가에 가깝게 느껴지는 것은 당연

3) 체감보다 물가지수가 높을 수도

- 물가지수는 체감하는 것보다 높게 발표되는 경향도 있는데, 이는 물가지수를 해석하고 받아들이는 데는 개인차가 있어 주관적 판단이 개입될 수 있기 때문임.

- 그러나 물가상승이 체감물가보다 오히려 높게 나타날 수 있는 더 중요한 이유는 바로 시장과 사람이 통계보다 신속하고 현명하기 때문

• 앞에서 소비자물가지수는 2005년 가계지출 비중을 고려하여 489개 품목을 선정한다고 했는바, 2008년에도 2005년에 선정된 기준이 사용되고 있으며, 이것은 2010년이 돼야 새로 바뀌게 됨. 즉 5년 동안은 과거 선정기준에 의해 물가지수가 측정됨.
• 그러나 시장과 인간은 이보다 더 빨리 움직이는데, 예를 들어 밀가격이 상승하면 쌀라면을 먹고, 소주가격이 상승하면 맥주를 마심으로 소비자는 가격충격을 흡수함.
• 생산자 또한 소비자의 가격상승 부담이 판매량 저하로 이어지는 것을 방지하고자 산지직송 등 유통과정의 단순화를 통해 비용을 절약하고 저가에 많이 파는 박리다매 형태의 할인판매서비스를 개시할 수 있음.
• 그러나 이런 형태의 판매점은 2005년 물가조사 기준이 되었던 점포가 아니어서 물가지수에 영향을 주지 못함.
• 시장의 빠른 진화의 예는 품질향상에서도 두드러지는데, 2005년 15인치 평면 모니터의 가격이 더 선명한 화질의 2008년 22인치 평면 모니터보다 비쌌다는 것이 그렇고, 저가항공사가 등장하면서 새로운 서비스나 상품을 더 낮은 비용으로 소비할 수 있게 된 것도 그러함.
• 결국 이러한 점들은 통계가 즉시 반영할 수 없는 부분으로 시장과 사람의 발 빠른 대처와 현명함을 통계가 따라오지 못한 것임.

- 이렇게 보면 물가지수의 상승은 체감물가보다 과대평가되는 경향이 있는 것 같음.

4) 종합적 견해

- 체감물가와 지표물가 간의 괴리를 줄이기 위한 통계 작성상의 수정・보완작업이 진행되고 있긴 하지만, 그 괴리는 여전히 아니 어쩌면 영원히 남아 있을 것임.

- 문제는 그 괴리감을 줄이기 위한 노력은 계속돼야 한다는 것임.

(3) 체감경기와 지표경기

1) 국내총생산

- 국내총생산이란 한 나라의 경제성적을 총체적으로 나타내 주는 지표로 국내총생산의 단기적 변화를 통해 경기변동을, 장기적 변화를 통해 경제성장을 관찰

- 그런데 국내총생산은 국내에서 생산된 재화와 서비스의 총량을 측정하는 것이기 때문에 수입제품의 가격이나 수량의 변화를 반영하지 못함.

- 우리 경제의 수입재화에 대한 지출규모가 2007년 기준으로 국내총생산 규모의 50%를 넘어선 것을 고려해 볼 때, 국내총생산이라는 지표는 체감경기를 제대로 반영하지 못할 가능성이 있음.

2) 국내총생산(GDP)과 국내총소득(GDI), 국민총소득(GNI)

- 심지어 GDP는 예나 지금이나 변화가 없지만 수입량 감소로 우리 국민이 느끼는 체감경기는 악화될 수 있어 지표경기와 체감경기 사이에 괴리를 가져올 수 있음.[112)]
  • 수입양이 줄어들면 우리나라 국민이 소비할 수 있는 재화와 서비스의 양이 줄어들게 됨.

- 이를 보완하기 위해 한국은행은 실질 국내총생산과 함께 실질 국내총소득(GDI : Gross Domestic Income)을 발표
  • GDI는 GDP를 소득 관점에서 파악한 것으로 한 나라 경제의 소득, 즉 실질구매력을 나타내주는 지표임.

---

112) 이와 관련된 예는 다음과 같음. 무역상인 '초투덜'씨는 요즘 불만이 이만저만이 아닌데, 이전(기준연도)에는 핸드폰 5개를 수출하고 1,000달러를 받고, 다시 이 1,000달러로 밀가루 100포를 수입해서 국내에 팔았었음. 그런데 최근 곡물가격이 상승해서 핸드폰 5개를 수출해 봐야 고작 밀가루 50포만 수입할 수 있기 때문임. 밀가루 가격이 두 배나 올랐기 때문에 '초투덜'씨에게 물건을 구입하는 소비자들도 얼굴에 불만이 가득함. 이뿐이 아니고 대표적 수입재인 원유가격이 상승하면서 국내에서 열심히 생산해서 수출해 봐야 수출한 돈으로 해외에서 수입할 수 있는 원유의 양은 줄어들게 됨.

• 한 나라의 실질구매력을 파악하기 위해서는 교역조건(수출가격지수/수입가격지수)의 변화를 고려해야 하기 때문에 GDI는 GDP에 '교역조건 변화에 따른 실질무역손익'을 더해 구해짐.

실질 GDI = 실질 GDP + 교역조건 변화에 따른 실질무역손익

- 그런데 실제로 발표되는 통계자료를 보면 실질 국내총소득(GDI)보다는 실질 국민총소득(GNI : Gross National Income)이 더 애용되는 것을 볼 수 있는바, 실질 GNI는 실질소득을 국민이라는 관점에서 파악한 것임.

- GDI를 GNI로 변화시키기 위해서는 GDI에 '실질 국외 순수취 요소소득'을 더해야 함.
  • '실질 국외 순수취 요소소득'이란 자국민(거주자)이 국외로부터 받는 소득에서 외국인(비거주자)에게 지급한 소득을 뺀 차액으로 나타남.
  • 예를 들어 우리나라 국민이 해외에서 근무하고 받은 임금은 국외수취 요소소득이며, 국내 기업이 외국인 고용자에게 지급한 임금은 국외지급 요소소득이 됨.

실질 GNI = 실질 GDI + 실질 국외 순수취 요소소득

- 결국 한 국가의 소득, 즉 실질구매력은 생산지표인 실질 GDP보다 소득지표인 실질 GNI가 더 적합하다고 할 수 있는데, 이런 이유로 실질 GDP를 '지표경기', 실질 GNI를 '체감경기'라고 하는 것임.

3) 체감경기의 관찰

- 최근 우리나라의 경우 아래 표에서 보는 바와 같이 '국외 순수취 요소소득'이 GDP에서 차지하는 비중이 1%를 넘지 않는다는 것을 확인할 수 있음.

〈표 시13-1〉 실질 GDP 대비 실질 국외 순수취 요소소득

2007. 1(분기)	2007. 2(분기)	2007. 3(분기)	2007. 4(분기)	2008. 1(분기)
0.2	0.5	0.7	0.5	0.7

- 그렇다면 지표경기와 체감경기의 괴리를 가져오는 주요 원인은 바로 '교역조건 변화에 따른 실질 무역손익'이며, 이를 비교하기 위해서 GDP와 GDI의 변화를 살펴보는 것이 의미가 있음.

- 지표경기와 체감경기 사이의 괴리를 정확하게 파악하기 위해서는 전년 동기 대비 실질 GDP와 실질 GDI의 변화율과 함께 실질 GDP와 실질 GDI의 크기를 관찰해야 함.
  • 구체적으로 먼저 전기 대비 실질 GDP 증가율이 (+)라면 이는 우리 경제가 여전히 지속적으로 성장하고 있음을 나타내 주는데, 만일 증가율이 (+)이나 하락했다면 이는 성장세가 둔화됐음을 의미
  • 한편 실질 GDI 증가율이 실질 GDP 증가율을 하회했다면 이는 지표경기가 좋아져도 체감경기는 이에 미치지 못했음을 의미
  • 그리고 실질 GDP와 실질 GDI의 크기와 관련하여 만약 '실질 GDP > 실질 GDI'라면 체감경기가 지표경기에 미치지 못하고 있어 우리 경제가 성장을 거듭해도 국민이 느끼는 생활수준이 나아지지 않고 있음을 의미
  • 이와 관련하여 최근 들어 우리 경제가 '교역조건 변화를 반영한 실질 무역손익'이 항상 (−)였음을 추론할 수 있는데, 실제로 2007년 4사분기 이후부터 2008년 1사분기까지 유가상승 등 교역조건의 악화로 인해 순무역손실이 크게 나타나면서 체감경기와 지표경기 간 괴리를 더욱 크게 만들었음을 알 수 있음.

4) GNI를 통해 바라본 우리 경제

- 한국은행이 2008년 12월 2일 발표한 '2008년 3분기 국민소득(잠정)'에 따르면 지난 3분기에 우리나라 국내총생산(GDP)은 전년 동기 대비 3.8%라는 정(正)의 성장세를 기록한 반면, 실질 GNI는 같은 기간에 3.7% 감소함으로써 오히려 부(負)의 성장세를 나타냈는데, 이는 1998년 1분기의 −9.6% 이후 가장 낮은 수치에 해당

- 이러한 수치가 의미하는 것은 민간과 기업의 체감경기가 종전보다 악화되고 있음을 나타내는 것임.

• 우선 GNI는 경제주체가 일정기간에 생산한 총부가가치를 시장가격으로 평가해 합산한 것이며, 실질 GNI는 우리나라 국민이 국내와 해외에서 생산활동을 통해 벌어들인 '소득의 실질구매력을 나타내는 지표'임.
• 따라서 실질 GNI가 마이너스(−)라는 것은 구매력이 하락되어 국민의 체감경기와 호주머니 사정이 악화되었다는 것을 의미
• 또한 소득이 줄어들자 민간 측면에서의 소비도 줄어드는 한편, 기업들 역시 경기 불확실성이 더해지면서 투자를 포기하거나 미루고 있음.
• 2008년 3분기에 민간소비는 전 분기에 비해 고작 0.1% 늘어남으로써 사실상 '제로성장'에 근접했고, 같은 기간에 기업들의 설비투자는 전 분기에 비해 2.1% 늘어났으며, 건설투자는 0%, 무형고정사산투사는 오히려 1.6% 감소했음.

참 | 고 | 자 | 료

(1) 차성훈(2008), "현실보다 느린 통계, 소비자물가지수", 《"click" 경제교육》, 한국개발 연구원, 2008. 4.
(2) 차성훈(2008), "체감과 지표 사이", 《"click" 경제교육》, 한국개발연구원, 2008. 9.
(3) 2008. 12. 10., 《매일경제》

14

공식실업률과 체감실업률

(1) 실 례

- 고등학생 '고민해'의 사촌형은 대학을 졸업하고 1년째 영어학원에서 토익시험을 준비하고 있으며, 삼촌은 대학원을 졸업하고 5달째 근처 독서실에서 취업공부를 하고 있음.

- '고민해'와 그의 어머니는 사촌형과 삼촌을 실업자라고 생각하지만, 사촌형과 삼촌은 '실업자'가 아니라 고용통계상 '비경제활동인구'로 분류됨.

- 그렇다면 실업자의 기준은 무엇일까?

(2) 정부의 통계조사

- 우리나라 정부는 매달 3만4천 가구를 대상으로 실시한 표본조사의 결과에 기초해 실업률을 측정

- 표본조사 문항의 예
  - 어떤 사람에게 "조사대상 기간 동안 한 주일에 수입을 얻기 위해 1시간 넘게 일한 적이 있습니까?"라고 묻고, 이 질문에 대해 "그렇다"라고 대답하면 그 사람은 취업자로 분류
  - 그리고 "아니다"라고 대답하는 사람에게는 "지난 일주일 동안 일자리를 찾아본 적이 있습니까?"라고 다시 질문
  - 이에 대해 "아니다"라고 대답한 사람은 비경제활동인구로 분류하고, "그렇다"라고 대답하는 사람만 실업자로 분류

(3) 고용통계상의 실업자

- 고용통계상 실업자란 단순히 직업이 없는 사람을 의미하지는 않음.

1) 통계상 실업자의 충족요건

- ① 15세 이상의 경제활동인구 중에서 ② 지난 4주 동안 1시간도 수입을 목적으로 일하지 않고 ③ 입사원서를 작성하는 등의 적극적인 구직활동을 하였으며 ④ 일이 주어지면 바로 취업할 수 있는 등 4가지 요건이 동시에 충족되어야 함.

- 위 4가지 요건 중 하나라도 충족되지 않는 경우 실업자에 속하지 않음.

2) 고용통계의 분류기준

- 15세 이상인 사람 중에서 경제활동인구와 비경제활동인구를 합하여 생산가능인구라고 함.
  - 경제활동인구는 다시 취업자와 실업자로 구성되고, 생산가능인구 중에서 취업자와 실업자가 아닌 사람은 비경제활동인구로 분류
  - 비경제활동인구에는 주부, 학생, 연로자, 심신장애자, 군입대 대기자, 진학준비자, 일하지 않고 쉬는 사람, 취업준비생, 취업통학자 등이 포함

- 실업률이란 위에서 정의한 실업자를 경제활동인구로 나눈 비율

3) 실례에 적용한 결과

- 맨 처음에 실례로 든 두 명의 친척은 ③번 조건을 충족하지 않기 때문에 실업자도 취업자도 아닌 비경제활동인구로 분류됨.

- 실업자처럼 보이는 사촌형은 취업을 위해 학원에 등록하여 다니는 취업통학생이며, 삼촌은 취업준비를 하고 있지만 4주 동안 적극적 구직활동(취

업원서 접수 등)을 하지는 않고 집에서 취업을 준비하는 취업준비생임.

- 이처럼 고용통계상 실업자와 우리가 생각하는 실업자가 항상 일치하는 것은 아님.

(4) 체감실업률의 계산

- 좀 더 현실적인 지표를 계산하기 위해 위에서 본 취업통학자와 취업준비자를 실업자에 편입시켜 실업률을 계산해 보자.
- 아래 표에서 보여주는 것과 같이, 이 경우 실업률은 3.5%에서 5.5%로 상승함.

〈표 시14-1〉 발표된 통계자료

(단위 : 천명)

경제활동인구	**23,978.2**
취업자	23,150.8
실업자	827.3
비경제활동인구	**14,783.7**
주부	6,773.1
학생	3,904.4
취업통학	226.2
취업준비	299
쉬었음	1,277.4
연로 등 기타	2,303.6
실업률	**3.5%**

주 : 2006년 통계청자료를 일부 편집

〈표 시14-2〉 체감실업률의 계산

(단위 : 천명)

24,503.3
23,150.8
1,352.5
14,258.5
6,773.1
3.904.4
1,277.4
2,303.6
5.5%

(5) 통계상 취업자

- 통계상 취업자로 분류되지만 현실에서 취업자로 간주되기 어려운 경우도 있음.

- 대학 졸업 후 직장을 구하지 못하여 3주 전 하루 동안 방송국 방청객 아르바이트를 다녀온 친구, 취업 대신 주말에 이삿짐 아르바이트를 한 친구는 어떠한가?
  - 이들은 경제활동인구이면서 취업자로 분류됨.
  - 그렇지만 이들을 취업자로 보아야 하는가?
  - 이러한 사람까지 실업자에 포함시킨다면 실업률은 더욱 높을 수 있음.

(6) 공식실업률과 체감실업률의 괴리

- 앞서 언급한 이유로 공식 실업통계는 우리가 느끼는 실업률을 과소평가하는 경향이 있음.

- 결국 실업자를 어떤 기준에서 바라보는가에 따라 실업통계는 달라질 수 있기 때문에 외국의 경우처럼 실업통계를 세분화해야 한다는 논의가 제기되기도 함.
  - 실업자들의 실업기간 등과 같은 질적 통계들의 다양한 제시 및 개발이 앞으로의 과제[113]

(7) 2008년 체감실업률과 공식실업률의 조사 결과

- 한국노동연구원은 미국에서 발표되는 실업률 보조지표(유사실업률)인 'U-6'를 국내에 적용해 본 결과 2008년 1월부터 11월까지 '체감실업률'이

---

113) 최영기 한국노동연구원장은 미국 등 다른 선진국들도 기본적인 실업률 통계에다 보조적인 지표(통계)를 동원해 실업 대책의 실효성을 높이고 있다며 이 점에서는 우리나라도 마찬가지이나 보다 정교한 지표 개발 및 활용이 필요하다고 언급. 미국의 경우 실업자를 6단계(U1～U6)로 세분화하여 공식 실업률(U3) 외에도 구직 단념자 포함(U4), 비경제활동 인구 중 취업을 희망하고 1년 내 구직경험이 있었던 사람인 한계근로자 포함(U5), 한계근로자 및 불완전취업자(단시간 근로자 중 취업 희망자)가 포함(U6)된 실업률 등을 함께 공표하고 있음. 이 가운데 실업자 범위가 가장 넓은 U6가 체감 실업률에 가깝다고 할 수 있음. LG경제연구원 관계자는 체감 실업률을 낮추기 위해서는 기업투자 환경 개선과 노동시장 유연성 제고, 교육 등 기반 인프라의 개혁이 필요하다고 지적.

7.41%로 나타났다고 밝혔는데, 같은 기간 공식실업률(3.15%)보다 2.35배 높은 것임.[114)]

- 공식실업자는 일할 의사와 능력이 있어 즉시 취업할 수 있지만, 적극적인 구직활동을 해도 일자리를 얻지 못한 사람을 뜻함.
- 또 일할 의사와 능력이 있어 지난 1년 내 취업할 수 있었지만 다양한 이유로 적극적으로 일자리를 찾지 않거나 취업에 실패할 것 같아 구직 자체를 포기한 사람은 한계근로자에 해당됨.
- 한국 U-6는 외환위기 여파가 이어지던 2000년 9%대를 기록했다가 점차 떨어져 7~8%대를 유지하고 있음.

- U-6와 공식 실업률 상승·하락 추이는 비슷했으나 2008년에는 실업률이 전년에 비해 떨어진 반면, U-6는 소폭 증가해 차이가 다소 커졌음.

114) 이와 관련하여 과거의 분석사례를 제시하면 다음과 같음. 2004년 체감실업률은 정부발표 실업률(3.5%)의 2.2배를 넘는 7.8%를 기록한 것으로 나타났음. 또 2004년 통계청 실업률은 2003년 대비 0.1%포인트 증가한 반면, 같은 기간 체감실업률은 0.9%포인트가 증가해 실업통계와 현실 사이의 괴리가 더욱 커진 것으로 드러났음. 한국노동연구원 김용현 연구위원의 분석에 따르면 통계청이 발표한 2004년 1월부터 10월 사이 월평균 실업자 수는 81만3천명으로 3.5%의 실업률을 나타냈으나 이 수치는 조사 시점 기준으로 '즉시 취업이 가능하지만 지난 1주일간 구직활동에서도 취업을 못한 자'만 실업자에 포함시킨 것으로 가장 좁은 범위의 실업률임. 반면 취업에 뜻이 있으나 일자리를 찾지 못한 '실망실업자'와 경제적 이유로 아르바이트를 하고 있지만 전직이나 추가취업을 원하는 '불완전 취업자' 등 반실업자를 모두 포함시킬 경우 2004년 1~10월 사이 실업자는 1백82만5천명, 실업률은 7.8%에 달했음. 특히 청년층(15~29세) 체감실업률은 평균보다 높은 10.7%로 나타났으며 여기에 고시준비생, 학원수강생 등 취업준비 중인 비경제활동인구까지 포함시키면 체감실업률은 최고 14.3%에 육박한다고 보고서는 밝혔음. 이와 함께 2004년 체감실업률은 전년보다 0.9% 포인트 올라 공식실업률 증가폭(0.1%포인트)을 크게 앞섰는데, 이는 2004년 경기불황 여파로 불완전취업자 계층이 71만8천명에서 90만4천명으로 크게 늘어난 때문으로 분석. 김 연구위원은 "공식실업률이 실업을 절실히 느끼고 구직활동에 적극적인 사람들을 분류한 통계라는 점에서 의미가 있지만, 체감실업과 격차가 큰 문제점이 있다"면서 "공식실업률과 더불어 체감실업률 등 보조지표를 개발·공표할 필요가 있다"고 언급하였음.

관련사항

▣ U-6

- 실업률 보조지표의 일종
  - 전체 경제활동인구와 한계근로자 가운데 공식실업자, 한계근로자, 일거리가 없어서 파트타임으로 일하는 자가 차지하는 비율로 가장 폭이 넓은 체감실업률을 보여줌.

참 | 고 | 자 | 료

(1) 차성훈(2007), "공식실업률과 체감실업률", 《"click" 경제교육》, 한국개발연구원, 2007. 3.

(2) 2007. 1. 20., 《매일경제》

(3) 이준구 · 이창용(2005), 《경제학원론》, 법문사.

(4) 2009. 1. 19., 《매일경제》

(5) 2005. 1. 10., 《경향신문》

15

인플레이션

(1) 대표적 물가지수

- 물가수준을 보여주는 대표적인 지표로는 한국은행의 생산자물가지수와 통계청의 소비자물가지수를 들 수 있음.

- 소비자물가지수가 우리가 실생활에서 피부로 느끼는 물가를 잘 대변하지 못한다는 점에 착안하여 소비자물가지수 대상품목 중에서 일상생활에 많이 쓰는 물건만을 대상으로 집계한 '생활물가지수'라는 것이 있음.
  - 최근 대통령의 특별지시로 52개 주요생필품 소비자물가지수라는 것도 만들어 발표하고 있음.
  - 얼마 전 일부 신문에 '백수물가'가 많이 올랐다는 기사를 본 적이 있는데, 물론 백수물가가 한국은행이나 통계청이 공식적으로 집계하는 물가지표는 아니고 소득이 없는 구직자들의 하루하루가 더욱 더 어려워진 사실을 강조하기 위해 기자들이 만들어낸 용어에 불과

(2) 인플레이션이란

- 인플레이션이란 전반적인 물가수준이 지속적으로 상승하는 현상을 의미

- 인플레이션의 비용은 경제주체들이 인플레이션을 미리 예상했느냐, 아니면 예상하지 못했느냐에 따라 차이가 있지만 어느 경우든 모두 적지 않은 비용이 발생한다는 측면에서는 동일

(3) 인플레이션 추이 및 현상

1) 인플레이션 추이

- 우리나라의 경우 1990년대 이후에는 심각한 인플레이션을 겪지 않았음.
- 정부와 한국은행 등의 노력으로 물가가 과거에 비해 상당히 안정적으로 유지되었기 때문
- 그러나 1970~1980년대까지만 해도 인플레이션은 상당히 높은 수준이었음.
  - 낮은 경우 연간 10% 정도 물가가 상승하는 것이 보통이었고 20%를 넘는 경우도 여러 해 있었는데, 결국 물건 값이 해마다 10~20%씩 올랐던 것임.

2) 인플레이션 현상

- 인플레이션은 인류의 역사와 함께 있어 왔던 현상
  - 예를 들어 가뭄 등으로 흉작이 들거나 인구가 늘면 곡물가격이 크게 뛰었음.
  - 또 금을 화폐로 사용하는 나라의 경우 해외 금광의 발견으로 금의 유입이 늘어나서 인플레이션이 발생한 경우도 있었음.
  - 반면 전쟁이나 전염병 등으로 인구가 크게 감소하는 경우 곡물 등에 대한 수요가 줄어들어 인플레이션이 사라지기도 하였음.
- 과거 인플레이션 중에서는 그 정도가 특히 심한 경우가 있었는데, 이를 초인플레이션(hyper inflation)이라고 함.
  - 초인플레이션에 대해서는 명확한 정의가 없으나 '일반적으로 1개월 동안 물가가 50% 이상 상승하는 경우'를 지칭

(4) 초인플레이션 사례

1) 1923~1924년대 독일

- 1차 세계대전에서 패한 독일은 연합국에 1,320억 마르크라는 천문학적 규모의 전쟁 배상금을 지불해야 하는 처지가 되었는데, 이는 당시 독일 국민총생산의 2년 치에 해당하는 엄청난 규모였음.
- 즉 2년 동안 나라에서 생산하는 모든 것을 하나도 안 쓰고 몽땅 배상금으로 지급해야 겨우 갚을 수 있는 금액이었음.
- 하지만 전쟁에 져서 배상금을 마련할 길이 없었던 독일은 손쉬운 방법으로 '화폐를 마구 찍어내기'를 택하였는데 이 과정에서 역사적으로 가장 유명한 초인플레이션이 탄생
- 특히 1921~1923년 중에 물가가 급격하게 상승하였는데, 마르크화의 가치는 1922년 7월 1달러당 493마르크에서 1923년 11월 무려 4조 2천억 마르크로 하락하였다고 함.

2) 헝가리

- 2차 대전 직후인 1946년 헝가리에서 사상 최악의 초인플레이션[115]이 발생하였는데, 물가가 15시간마다 두 배로 뛰었다고 함.

3) 기 타

- 1985년 볼리비아에서는 소비자물가가 약 23,500% 상승하였으며, 1989년 아르헨티나에서도 약 20,000%의 물가상승률을 기록
- 1992년 러시아에서는 소비자물가가 약 2,300% 상승하기도 하였으며, 브라질에서는 1990년과 1994년 각각 6,800%와 4,900%의 물가상승을 경험
- 1993년 유고슬라비아에서도 내전 때문에 약 5,000조%의 인플레이션이

115) 전년대비 인플레이션이 42,000조%에 달했다고 함.

있었는데 당시 유고슬라비아는 전비 조달을 위해 조폐국을 24시간 가동하여 화폐를 만들었다고 함.

- 한편 아프리카의 짐바브웨는 최근 들어 가장 인플레이션이 높은 나라인데, 2007년 소비자물가는 전년대비 약 1,000% 상승한 것으로 나타났음.

4) 우리나라

- 우리나라의 경우도 초인플레이션이라고까지는 말할 수 없지만 물가가 크게 올랐던 적이 종종 있었음.
- 6.25전쟁 중 전비 마련을 위해 화폐발행이 늘면서 1950년 6월 328.2였던 소매물가지수가 이듬해 6월 2,008.8로 6배 이상 상승
- 또한 조선 말 대원군 집권 시 발행된 당백전이라는 새 화폐가 심각한 인플레이션을 일으킨 사례가 있었음.
  - 당백전의 발행으로 발행 초기인 1866년 12월경에 7~8냥에 지나지 않았던 미곡 1섬의 가격이 1~2년 사이에 약 6배로 폭등

(5) 인플레이션의 폐해

1) 1923~1924년대 독일의 경험

- 당시 독일에서는 초인플레이션과 관련하여 지금으로서는 상상하기 어려울 정도로 고통스러운 일들이 많이 발생
  - 인터넷에서 독일 여성이 마르크화를 난로에 태우고 있는 사진을 본 적이 있는지 궁금한데, 마르크화로 땔감을 사서 쓰는 것보다 그 돈을 직접 태울 때 불이 더 오래갔기 때문에 돈을 직접 땔감으로 사용했던 것이라고 함.
  - 또 1921년 1월 0.3마르크 하던 신문의 가격은 마르크화의 가치하락이 최고조에 달했을 때인 1923년 11월에 7천만 마르크를 기록, 단순비교를 위해 마르크를 우리가 쓰는 원으로 바꿔보면 신문 하나를 사기 위해 만원짜리를 가방 가득 넣어가야 한다는 얘기

• 실제로 차비, 점심값 등 하루 용돈으로 당시 독일인들은 돈을 작은 수레에 싣고 다녔다고 함.
• 물가상승의 속도가 얼마나 빨랐으면 당시 노동자들은 하루에 몇 차례로 임금을 나누어 받았다고 함.
• 이때 그 사람들이 받은 돈은 퇴근하기 전에 부인들이 회사로 와서 받아다가 즉시 물건으로 바꾸었다고 함.

2) 경제에 미치는 영향

- 독일의 사례와 같이 극단적인 초인플레이션이 아니더라도 과도한 인플레이션은 우리들의 경제생활에 여러 가지 부정적인 영향을 미치는바, 급여소득자들의 실질소득 감소, 각종 투기 만연, 양극화 심화, 기업의 투자감소, 수출 부진 등이 그것임.

- 어느 것 하나 좋은 것이 없지만 인플레이션으로 이익을 보는 사람도 있음.
  • 돈을 빌린 사람과 돈이 많아 실물에 투자할 수 있는 사람들인데, 돈을 빌린 사람은 시간이 갈수록 인플레이션으로 돈의 구매력이 떨어지기 때문에 갚을 돈이 줄어드는 효과를 얻을 수 있으며 부자들은 여유돈을 가지고 가치가 더 안정적인 금이나 부동산 같은 실물자산에 투자함으로써 자신들의 재산을 유지하거나 늘릴 수 있음.
  • 이렇듯 인플레이션하에서는 저소득층의 실질소득은 감소하는 반면, 부유층의 재산은 늘어나게 되는데 이는 양극화를 촉진함으로써 사회불안을 유발하는 원인이 됨.
  • 실제로 독일의 초인플레이션은 히틀러에 의해 나치 극우정권이 등장하게 되는 중요한 원인이 되었음.

(6) 인플레이션의 비용

1) 예상된 인플레이션의 비용

- 미래의 인플레이션을 완벽하게 예상할 수 있다면 경제활동에 왜곡이 초

래될 가능성은 크게 줄어듦.

- 앞으로 1년 동안 5%의 인플레이션이 예상되어 임금협약을 체결하거나 자금을 빌려주고 받을 때, 그리고 소비나 투자를 할 때 이를 반영했는데 이후 1년간 실제 인플레이션이 5%이었다면 그 의사결정은 옳은 것이 되기 때문

- 그러나 인플레이션을 완벽하게 예상할 수 있다고 하더라도 현실적으로는 적지 않은 비용이 발생

- 첫째 인플레이션이 예상될 경우 사람들은 가능한 한 현금을 보유하지 않으려 할 것임.
  - 인플레이션만큼 현금의 가치가 낮아져 현금보유의 기회비용이 커짐에 따라 현금보다는 인플레이션으로 인한 명목금리 상승으로 더 많은 이자소득이 발생하는 예금의 비중을 크게 하고자 하기 때문
  - 이 경우 사람들은 현금을 지출할 필요가 있을 때마다 더 자주 은행에서 현금을 찾아야 하며, 끊임없이 현금과 예금의 포트폴리오 구성을 조절해야 함.
  - 은행을 자주 방문하거나 포트폴리오 구성을 바꾸는 것도 일종의 비용인데 이를 흔히 신발이 닳아서 생기는 비용(구두창비용 : shoe leather cost)이라 함.

- 둘째 앞으로의 인플레이션을 경제활동에 반영하는 과정에서도 비용이 발생
  - 예를 들어 인플레이션에 따라 세율을 변경할 필요가 있다면 세법개정안을 마련하여 국회에 제출하거나 세법이 개정된 이후 이를 실행하는 행정적 · 사무적 절차가 따라야 하는데 이 모든 것이 사회적 비용
  - 이러한 사례는 정도의 차이는 있지만 명목기준으로 결정되는 모든 계약에 적용됨.
  - 하루가 다르게 물가가 상승한다면 그때마다 노사협의를 통해 임금인상을 결정해야 하는데 이는 무척 번거로운 일이 아닐 수 없음.

- 셋째 기업과 상인들은 물가상승에 맞추어 가격표를 자주 바꾸어야 함.

• 가격변화에 대한 정보수집과 가격표를 교체하는 데서도 비용(menu cost)이 발생

2) 예상되지 않은 인플레이션의 비용

- 이 경우의 폐해는 예상된 인플레이션의 경우보다 더 심각

- 첫째 인플레이션은 채무의 실질가치를 떨어뜨림.
  • 오늘의 1,000원이 1년 후에 불과 100원의 가치밖에 없다면 돈을 빌리면 빌릴수록 유리해져 경제가 과도한 채무의존형으로 바뀌고 기업들은 외형확대 위주의 경영행태를 보이게 됨.
  • 1997년 말 외환위기의 한 원인이 되었던 우리 기업들의 높은 부채비율은 1960년대 이후 두 자리 상승률을 기록해 왔던 높은 인플레이션과 무관하지 않음.
  • 이에 비해 돈을 빌려주는 채권자는 매우 불리해져 재산권에 대한 신뢰가 손상됨.

- 둘째 인플레이션이 만연하면 정상적인 경제활동의 가장 큰 적인 미래에 대한 불확실성(uncertainty)이 커짐.
  • 불확실성은 모든 경제주체들의 의사결정이나 경제활동을 단기적 관점에서 이루어지도록 함.
  • 앞으로 자신의 실질소득이 어떻게 될지 모르는 상황에서 개인들은 합리적인 소비행위를 하기 어려우며, 자산가치가 어떻게 변할지 불투명하다면 기업들은 투자를 망설이게 될 것임.
  • 사람들은 장기보다는 단기로 자금을 운용할 것이며 이는 금융시장의 잠재적 불안요인이 됨.
  • 또한 자금을 빌려주는 측에서 미래의 불확실성을 보상받기 위해 과도한 리스크 프리미엄을 요구하면 차입자의 실질적인 자금조달 비용이 높아질 것이며 사람들은 금융상품보다 부동산과 같은 실물자산을 선호하게 되어 부동산 투기가 만연될 가능성도 커짐.

- 셋째 시장경제에서는 상품 간의 상대가격 변화에 의해 자원이 효율적으

로 배분되는데, 모든 경제주체들이 인플레이션을 완벽히 예측할 경우 상대가격은 변하지 않으나 경제주체들이 서로 다른 인플레이션 기대를 가지게 되면 상대가격의 왜곡 가능성이 높아지고 자원배분의 효율성도 저하됨.

- 예를 들어 상품A와 상품B의 가격이 각각 10원, 100원이라고 하자.
- 모든 경제주체들이 인플레이션율을 똑같이 10%라고 예상하면 상품A와 상품B의 절대가격은 각각 11원 및 110원으로 상승하겠지만 상대가격은 여전히 1 : 10으로 변하지 않음.
- 그러나 예상치 않은 인플레이션으로 불확실성이 커져 상품A를 생산하는 사람의 기대인플레이션은 5%이고 상품B를 생산하는 사람의 기대인플레이션은 15%라고 한다면 상품A의 절대가격은 10.5원, 상품B의 절대가격은 115원이 되어 상품B의 상대가격이 높아지게 됨.
- 이 경우 시장에서는 상품A가 과소생산되고 상품B가 과대생산되는데, 이러한 현상은 생산자뿐 아니라 소비자들의 경우에도 똑같이 발생할 수 있음.

〈표 시15-1〉 인플레이션 기대가 같은 경우

	최초가격		인플레이션기대	인플레이션기대 반영가격	결과
상품 A	10원	→	10%	11원	생산량 불변
상품 B	100원	→	10%	110원	생산량 불변
상대가격 (A : B)	1 : 10	→		1 : 10	(상대가격 불변)

〈표 시15-2〉 인플레이션 기대가 다른 경우

	최초가격		인플레이션기대	인플레이션기대 반영가격	결과
상품 A	10원	→	5%	10.5원	과소생산
상품 B	100원	→	15%	115원	과대생산
상대가격 (A : B)	1 : 10	→		1 : 11	(상대가격 왜곡)

(7) 평 가

- 인플레이션은 아무리 조심해도 지나치지 않다고 할 수 있음.
- 물가안정이 왜 국가경제의 주요 목표 중 하나인지, 모든 경제주체가 새롭게 인식해야 할 것임.

참 | 고 | 자 | 료

(1) 신성우(2008), "경제의 독버섯, 인플레이션 – 역사 속에서 실례로 본 인플레이션의 폐해", 한국은행 경제교육(풀어 쓴 생활경제), 2008. 8. 26.

(2) 한국은행(2006), "인플레이션의 비용", 한국은행 경제교육(경제심화자료), 2006. 7. 10.

16

스태그플레이션

(1) 용어의 유래

- 스태그플레이션이란 말이 처음 사용된 것은 지금부터 약 40년 전인 1965년 영국이었음.
  - 당시 영국의 보수당 대변인인 맥클로드라는 사람이 의회에서 경제상황에 대해 다음과 같이 설명했다고 함. ⇒ "지금 우리는 한편으로는 물가가 지속적으로 상승하고 있으며, 다른 한편에서는 경기가 부진해지는 두 가지 최악의 상황에 동시에 직면해 있다. 일종의 '스태그플레이션' 상황에 있으며, 새로운 역사가 만들어지고 있다."
- 하지만 당시에는 스태그플레이션이라는 신조어가 크게 주목받지 못했는데, 이후 미국의 유명한 경제학자인 폴 사무엘슨(P. Samuelson)이 1970년대 초반 오일쇼크를 설명하면서 다시 이 단어를 언급한 이후 널리 사용되고 있음.

(2) 스태그플레이션이란

- 미국 서브프라임 모기지 사태의 여파로 인한 경기둔화 가능성이 대두되는 가운데 원유 등 국제원자재가격에 이어 농산물가격까지 급등하면서 일각에서 우리 경제의 스태그플레이션(stagflation) 발생 가능성에 대한 우려가 제기된 바 있음.
- 스태그플레이션은 경기부진(stagnation)과 높은 물가상승률(inflation)이 동시에 '상당 기간' 지속되는 현상을 말함.

- 따라서 경기가 부진한 가운데 일시적으로 물가가 급등한다고 해서 바로 스태그플레이션이 되는 것은 아님.

(3) 1970년대 초 상황

- 1970년대 초 석유파동으로 인한 물가급등으로 전 세계적으로 민간소비가 위축

- 아울러 실질구매력 보전을 위한 노동자들의 임금상승 요구가 확산되면서 기업수익이 감소하고 투자심리도 위축

- 당시 주요국들은 경기회복에 역점을 둔 총수요 확대정책으로 대응하였는데, 이것이 인플레이션을 더욱 심화시키고 다시 노동자들의 임금인상 요구를 야기함으로써 스태그플레이션이 촉발되었다는 견해가 지배적

- 이처럼 스태그플레이션은 물가급등에 이어 인플레이션 기대심리가 확산되면서 물가-임금상승의 악순환(price-wage spiral)이 거듭되는 데서 비롯됨.

(4) 스태그플레이션의 문제점

- 스태그플레이션이 무서운 이유는 뚜렷한 대처방법을 찾기 어렵다는 것임.
  - 일반적인 상황에서 물가가 급격히 상승하면 현재 경기가 과열된 상태라는 것을 의미하는데, 이때 정책당국은 사람들의 씀씀이를 줄이도록 유도하면서 물가를 안정시키는 방법을 씀.
  - 반대로 경기가 부진하다고 판단되면 어느 정도 물가가 오르는 것을 용인하면서 경기를 부양하는 정책을 씀.
  - 하지만 물가상승과 경기부진이 동시에 진행되면 정책당국은 뾰족한 수단을 찾기 어렵게 됨.

(5) 스태그플레이션의 발생원인

- 경제 전체적으로 생산성이 급격히 저하되거나 생산비용이 갑자기 올라가게 되면 스태그플레이션 현상이 발생할 수 있음.
  - 예를 들어 같은 물건을 더 높은 비용을 들여서 만들 수밖에 없다면 물건 값은 올라가지만, 사려는 사람은 적어질 것임. ⇒ 품질은 같은 물건인데 값이 비싸기 때문
  - 경제 전체적으로 이런 일이 생기면 물가상승과 경기침체가 한꺼번에 나타남. ⇒ 대표적인 예가 석유가격의 상승으로 경제 전체적으로 생산비용이 올라가는 상황임.[116]

(6) 스태그플레이션의 대책

- 과거에 발생했던 스태그플레이션을 돌이켜 보면, 석유가격 급등으로 인한 경기 위축을 상쇄하기 위해 상당기간 돈을 찍어 냈기 때문에 물가가 지속적으로 상승한 측면도 있음.
  - 돈이 많이 풀려 물가가 올라가고, 결국 물가상승은 임금인상으로 이어지고, 임금인상으로 시중에 돈이 더 풀려 다시 물가가 상승하는 악순환을 불러일으키면서 스태그플레이션의 늪으로 점점 빠져들었던 것임.

- 이와 같은 전철을 밟지 않으려면 물가안정과 경기안정 사이의 균형을 잘 잡아야 함.

- 한편 스태그플레이션이 진행되던 시기에는 통상 생산성도 떨어지고 있는데, 생산성이 저하되기 때문에 유가상승이라는 비용 인상 요인이 쉽게 흡수되지 못해 경제를 교란시켰던 것임.
  - 유가가 인상되더라도 생산성만 받쳐준다면 유가 인상분 이상으로 물가가 뛰지는 않을 것임.

---

116) 석유는 상당부분 생산과정에서 기초원료로 사용되고 다른 원료로 대체하기도 어렵기 때문에 가격이 올라가면 대부분 생산비용 증가로 이어지게 됨.

- 따라서 생산성을 꾸준히 개선시킬 수만 있다면 스태그플레이션에 가장 효과적으로 대처할 수 있을 것임.

(7) 현재 상황

- 현재로서는 스태그플레이션이 발생할 가능성은 그리 크지 않아 보임.
  - 무엇보다 인플레이션의 폐해에 대한 인식이 확산되면서 인플레이션 억제에 대한 당국의 정책의지가 확고하기 때문
  - 더욱이 그동안 스태그플레이션의 발생 및 진행과정에 대한 연구가 심화되어 스태그플레이션의 발생 가능성을 조기에 감지하고 이를 예방할 능력도 향상

- 다만 스태그플레이션이 일단 발생할 경우 경제에 미치는 폐해가 크고 효과적인 정책대응이 어렵다는 점에서 인플레이션 기대심리의 확산을 선제적으로 차단하기 위한 정책적 대응이 긴요

참 | 고 | 자 | 료

(1) 한국은행(2008), "스태그플레이션", 한국은행 경제교육(시사경제), 한국은행 광주전남본부, 2008. 2. 26.

(2) 2008. 7. 11., 《조선경제》

17
디플레이션

(1) 미국발 금융위기(2008년 9월) 이후의 경제상황

1) 미국의 경우

- 미국에서 서브프라임 모기지(비우량 주택담보대출) 부실이 드러나면서 세계 5대 투자은행 중 3개는 파산 또는 피합병되고 골드만삭스와 모건 스탠리는 은행지주회사로 숨어들었음.

- 거품 붕괴의 진앙지 미국에선 경제주체들이 '분수'를 알아차리기 시작
  - 하늘 높은 줄 모르던 집값은 수직낙하하고, 다우지수는 1년도 안 돼 거의 반 토막, 자동차 업체들이 차 값을 대폭 할인해도 신차 소비는 20% 이상 감소

- 자산가치 하락 → 소비감소 → 투자위축 → 고용축소 → 소득감소로 이어지는 디플레이션 악순환에서 미국은 초기 단계에 진입
  - 메릴린치는 "가격인하 움직임과 고용상황이 악화되면서 경제 체질이 손상될 것"이라고 디플레이션 위험을 경고

- 미국경제가 디플레이션 국면인지, 일시적 경기침체인지는 논란의 여지가 있음.
  - 하지만 최근 자동차 빅3와 금융업종의 감원 움직임으로 비관론이 수그러들지 않고 있으며, 한번 디플레이션 기대가 형성되면 쉽사리 빠져나오기 힘들다는 것도 문제

- 김종만 국제금융센터 연구원은 "일단 디플레이션 기대가 형성되면 가격이 하락할 때까지 물품 구매를 미뤄 수요가 감소한다"며 "이로 인해 가

격은 하락하게 되는 자기실현적 예언으로 발전하는 것"이라고 분석

2) 디플레이션의 공포

- 불과 몇 달 전까지 글로벌 인플레이션(inflation)을 걱정하던 전 세계 경제전문가들이 갑자기 정반대의 공포, 즉 디플레이션을 호들갑스럽게 이야기하고 있음.
  - 디플레이션(deflation)은 광범위하고 지속적인 물가의 하락을 의미하는 경제 용어

- 최근 경제전문가들이 글로벌 디플레이션을 본격적으로 걱정하기 시작한 것은 2008년 11월 19일 미국 10월 소비자물가가 전월 대비 1.0% 급락했다는 발표가 계기가 됐는데, 이는 월간 하락률로는 1947년 집계가 시작된 이후 최대치

- 다른 나라들도 물가상승률이 크게 꺾이는 추세가 뚜렷
  - 10년 장기불황을 겪었던 일본은 다시 디플레이션으로 빠지는 것 아니냐는 걱정이 태산

- 루비니와 브라운의 언급
  - '우울한 예언자' 누리엘 루비니(Rou bini) 뉴욕대 교수는 2008년 11월 21일과 11월 25일 자신이 운영하는 금융정보 사이트 RGE 모니터에 잇따라 실은 기고를 통해 "지금 미국과 세계경제 앞에 놓인 가장 큰 위험은 스태그-디플레이션(stag-deflation), 즉 경기침체(stagnation 혹은 recession)와 디플레이션의 치명적인 조합"이라고 말했음. 그는 엎친 데 덮친 격으로 미국이 유동성 함정(liquidity trap)에 빠져 금융정책의 효과가 사라질 수 있다는 점도 우려된다고 지적
  - 고든 브라운(Brown) 영국 총리는 G20정상회의 결과를 설명하는 2008년 11월 17일 의회 연설에서 "지난해와 지난 몇 달 동안 세계경제의 문제는 인플레이션, 그리고 이와 결합된 신용경색이었지만, 내년의 문제는 디플레이션이 될 것"이라고 언급

3) 주요국 물가하락의 원인

- 2008년 7월 초 이후 원유가격이 60% 이상 떨어지는 등 원자재와 농산물 가격이 급격히 하락하고 있기 때문

- 전문가 시각
  - 많은 전문가들은 최근 물가의 하락이 이상(異常) 급등했던 유가가 정상을 찾아가는 과정에서 나타나는 일시적인 현상이며, 광범위하고 지속적인 디플레이션으로 볼 수 없다고 지적
  - 하지만 다른 전문가들은 가격 변동이 심한 석유 등 에너지 가격과 식품가격을 뺀 근원 인플레이션(core inflation) 역시 미국이 2008년 10월 들어 1981년 이후 처음으로 하락세(−0.1%)를 보인 점을 들어 물가하락이 장기화될 가능성을 경고

4) 디플레이션과 불경기

- 디플레이션이란 불청객은 흔히 불경기와 함께 찾아오는데 이번에도 예외가 아님.

- 1930년대 이후 최악이라는 글로벌 경기침체가 전망되는 가운데, 디플레이션 우려가 겹쳤기 때문

(2) 디플레이션의 가능성

- 각국 중앙은행과 국제기구들의 전망을 종합해 보면 가능성이 예전보다 높아지긴 했지만, 크지는 않다는 것으로 요약
  - 많은 전문가들은 내년에 미국 물가상승률이 낮은 수준에 머물 수는 있겠지만, 마이너스로 떨어지지는 않을 것으로 내다보고 있음.

1) 국가별 상황은 상이

- 올리비에 블랜차드(Blanchard) IMF 수석 이코노미스트는 "현재 미국에서

디플레이션이 발생할 확률은 5% 미만"이라고 지적

- 2008년 11월 25일 OECD는 "일본의 경우 성장 둔화로 내년에 디플레이션을 맞을 위험이 있다"고 경고
- 2008년 11월 12일 영국 중앙은행인 영란은행의 머빈 킹(King) 총재는 "영국에 디플레이션 위험이 발생하고 있다"고 언급

2) 루비니 교수의 디플레이션 징후 네 가지

- 첫째 미국의 경기 경착륙(硬着陸) 여파로 주택, 내구 소비재, 자동차 수요가 급격히 줄어들고 있다는 점
  - 이에 따라 기업들은 가격 주도권(pricing power)을 잃게 되고 재고(在庫)를 처분하기 위해 할인판매에 나서고 있음.
- 둘째 경기불황으로 실업이 늘어나면서 명목 임금 상승세가 둔화되고 있음.
- 셋째 미국의 경기불황이 세계 각국으로 확산되면서 전 세계적으로 인플레이션 압력을 떨어뜨리고 있음.
- 넷째 세계 경기불황 여파로 원자재(commodity) 가격 하락이 장기화되고 있음.
  - 특히 원자재 공급은 가격에 비탄력적이므로(다시 말해 원자재 가격이 떨어져도 공급이 이에 맞춰 갑자기 줄어들지 않으므로) 가격 하락 폭이 커질 수 있음.

3) 디플레이션 가능성에 대한 반박

- 미 연준 고위층을 비롯한 많은 전문가들이 현 상황을 디플레이션으로 보는 견해를 강하게 반박
  - 필라델피아 연준의 찰스 플로서(Plosser) 총재는 "최근 물가하락은 7월에 피크를 친 에너지와 원자재 가격의 파도가 물러가는 과정일 뿐"이라며 "원자재 가격의 급등락에 너무 신경 쓸 필요가 없다"고 언급

- 1930년대 대공황기와 달리 세계 각국 중앙은행들이 경쟁적으로 금리를 낮추고 시장에 돈을 풀고 있는 점도 디플레이션 가능성을 떨어뜨리고 있는데, 2008년 11월 26일 중국은 기준금리를 11년 만의 최대 폭인 1.08%포인트 인하했음.
- 세계적인 경제 분석가이자 투자자인 마크 파버(Faber)를 비롯한 몇몇 전문가들은 디플레이션은커녕 인플레이션과 자산가격 반등이 다시 찾아올 가능성을 말하고 있는데, 세계 각국이 구제금융과 경기 부양책을 통해 막대한 유동성을 시장에 풀고 있는 점이 그 근거
- 모건스탠리는 "최근 인플레이션의 급락은 일시적이며, 2010년에는 다시 인플레이션이 찾아올 것"이라고 전망

4) 디플레이션 가능성을 옹호하는 루비니의 재반박

- 현재 시중에 조(兆) 단위의 달러가 풀리고 있지만, 이는 금융위기와 투자자들의 패닉에 대응하기 위한 것이어서 인플레 압력이 적다고 분석

- 패닉이 진정되고 현금에 대한 과도한 수요가 수그러들면 중앙은행들이 이런 과잉 유동성을 다시 거둬들일 수 있다고 전망

(3) 디플레이션 기대 심리가 관건 : 자기실현적 예언

- 디플레이션의 실제 위협 요인이 어느 정도인가에 관계없이 사람들이 심리적으로 디플레이션을 기대하는 자체가 디플레이션을 유발할 수 있기 때문에 디플레이션의 가능성은 여전히 존재 ⇒ 이른바 자기실현적 예언(self fulfilling prophecy)

- 금융시장에서 찾아볼 수 있는 징후
  - 첫째 인플레이션 기대 심리를 나타내는 미국 5년 만기 일반국채와 물가 연동 국채의 수익률 격차가 7월 초 연 2.7%포인트를 넘던 것이 이후 빠른 속도로 축소돼 10월부터 0%를 밑돌기 시작 ⇒ 금융시장의 인플레이션 기대가 디플레이션 기대로 바뀌었음을 의미

• 둘째 인플레이션 시기에 자산 가치를 방어하는 대표적 수단인 금(金) 값이 최근 급격히 하락

(4) 디플레이션의 역사

1) 대표적 디플레이션

- 세계적으로 가장 대표적인 디플레이션은 1930년대 미국의 대공황기에 찾아왔음.
  • 1930~1933년 사이에 물가는 연평균 10%씩 급락

- 일본은 1990년대 초 이후 10년 이상의 긴 디플레이션 경험

- 홍콩도 1997년 아시아 금융위기 후유증으로 2004년까지 긴 디플레이션을 겪었음.

2) 글로벌 디플레이션

- 21세기 초에도 글로벌 디플레이션 우려가 크게 높아진바 있음.

- 2000년까지만 해도 미 연준은 경기 과열과 인플레이션을 걱정
  • 그러나 2001년 IT 버블이 꺼지고 경기가 불황으로 진입하면서 인플레이션 압력은 사라지고 2002~2003년에는 디플레이션이 세계경제의 가장 큰 골칫거리로 부상
  • 이를 막기 위해 그린스펀(Greenspan)의 연준은 정책금리를 1%까지 낮추는 공격적인 저금리 정책을 폈고, 디플레이션 우려는 해소되었음.
  ⇒ 그러나 이로 인해 글로벌 자산 버블을 더욱 키워 오늘날의 파국을 초래했다는 비판을 받고 있음.

(5) 과거 사례를 통해 바라본 디플레이션의 공포

- 자산폭락 → 투자·소비 위축 → 일자리 감소의 악순환

- 역사적으로 디플레이션 피해를 가장 적나라하게 보여주는 사례는 1930년대 미국과 1990년대 일본 ⇒ 두 나라 모두 '파티가 끝난 뒤' 비극이 시작됐다는 점을 주목

1) 1930년대의 미국

- 미국은 1차 세계대전이 끝난 뒤 전후 호황으로 1920년대 평균 5% 가까운 경제성장을 구가
  - 모든 가정에서 값싼 자동차를 보유할 수 있을 정도로 자동차 생산라인이 확충되고, 주택 건설이 크게 늘어 부동산 붐이 일었음.
- 하지만 거품은 꺼지게 마련 ⇒ 지나친 중복 투자와 시장 규제의 미비로 쌓여 있던 부실이 일시에 터져 나오면서 미국경제는 낭시로서는 개념도 생소한 디플레이션에 빠져들게 됨.
  - 1929년 10월 대폭락 이후 주가지수는 4년 만에 16분의 1이 됐고, 농지가격도 반 토막이 되었음. 담보가치가 줄어 파산한 은행이 1만개에 달했음.

2) 1990년대의 일본

- 미국과 마찬가지로 일본 역시 1980년대 '플라자 합의'에 따른 엔화가치 절상으로 막강해진 구매력을 바탕으로 일본뿐 아니라 세계 각지에서 부동산 투자에 열을 올렸음.
  - '퇴직금으로 남태평양에 섬을 사자'는 얘기가 직장인들 사이에 유행했을 정도로 버블이 커지자 정부는 금리인상 단행
- 하지만 뒤늦은 금리인상은 재앙이 되었는데, 2%대에 불과하던 기준금리가 6%까지 올라가자 경기가 급속히 후퇴하고 부동산과 주식 등 자산가격이 폭락하기 시작 ⇒ '잃어버린 10년' 경험
  - 10년간 주가지수와 부동산 총액은 1989년 고점과 비교해 절반 가까이 떨어졌고, 담보가치 하락과 소비 위축의 이중고를 겪은 중소기업들은 속절없이 쓰러져 갔음.

• 12만개가 넘는 기업이 도산했고, 실업률은 1990년 2.1%에서 1999년 4.6%로 두 배 이상 수직 상승

(6) 2008년 한국의 디플레이션 가능성을 바라본 시각

- 한국의 경우도 2008년 11월 8월 소비자물가가 전월 대비 0.2% 하락한 데 이어 9월에 0.1% 상승했지만 10월에 다시 0.1% 하락, 상반기에 매월 0.4~0.9%씩 오르던 데 비하면 하강 추세가 뚜렷

- 또한 2009년 성장률이 1%대, 심지어 마이너스가 될 것이란 전망까지 나올 정도로 경기의 급격한 위축이 우려되었음.
  • 국제통화기금(IMF)과 경제협력개발기구(OECD)는 2009년 한국경제 성장률을 2%대로 예측, 심지어 UBS에서는 한국이 내년에 마이너스 성장을 할 것이라고 주장
  • 문제는 내수 부진이 상당히 심각한 수준, 환율 상승으로 내년 경상수지는 흑자를 보일 것으로 예상되지만 내수 경기에 대한 전망은 비관적[117)]

- 개인의 기대심리를 좌우하는 자산 디플레이션은 여전히 현재 진행형
  • 주가지수는 지난해 고점 대비 절반수준에서 등락 중이고, 부동산도 연이은 부양책에도 회복 기미를 보이지 않고 있음.
  • 특히 집값이 내려도 거래가 거의 일어나지 않는 상황은 개인의 디플레이션 기대심리를 반영하는 것으로 해석됨.

- 그럼에도 불구하고 디플레이션 상황으로는 가지 않을 것이란 전망이 우세
  • 무엇보다도 환율이라는 쿠션이 존재 ⇒ 서영경 한국은행 금융경제연구원 국제경제연구실장은 "2009년 경기침체 정도에 따라 다르겠지만, 우리나라의 경우 수입 의존도가 높아 원화 약세가 지속될 경우 물가 상승률이 크게 낮아지기 어렵다"고 지적

117) OECD는 2009년 한국 민간소비가 올해(2008년)보다 1.1% 감소할 것이라고 전망, 권순우 삼성경제연구소 거시경제실장은 "내수부문이 위축되면 체감성장률은 더 떨어진다"며 "고용상황 악화는 더욱 심해질 것"이라고 지적

• 집값이 떨어지고 기업과 개인의 자산가치가 감소하고 있다는 점에서 디플레이션 염려가 제기되지만 1930년대 미국, 1990년대 일본과는 양상이 다름.[118)]

• 하지만 어떤 경로이건 디플레이션 징후가 보이는 것만으로도 경제주체들에 그릇된 선택을 유도할 수 있음.[119)]

(7) 디플레이션 대책

- 디플레이션의 본질이 '오늘보다 내일이 더 좋지 않다'는 공포심리라면 공포를 제거해 주는 게 올바른 해법
  • 과거 미국과 일본이 디플레이션에서 빠져나온 방법도 그러했는바, 즉 대규모 경기부양을 통해 소비자의 기대심리를 높였고, 신속한 구조조정으로 기업들을 '공멸' 위기에서 건져내었음.

1) 대규모 경기부양

- 미국의 뉴딜정책
  • 경기부양의 교과서는 1930년대 미국의 뉴딜정책 ⇒ 이 시기 미국이 혹독한 디플레이션에서 벗어나 평균 5% 경제성장을 이끌 수 있었던 원동력은 두 차례에 걸쳐 집행된 뉴딜정책이었음. 즉 국내총생산(GDP) 대비 평균 8%대 적자재정을 편성할 정도로 정부지출을 대폭 늘렸음.
  • 정부가 대규모 공공사업을 벌여 기업투자를 늘리자 대출과 소비가 모두 살아났음.

- 현재 세계 각국이 펼치고 있는 정책도 이와 유사

---

118) 부동산만 하더라도 주택담보인정비율(LTV), 총부채상환비율(DTI) 같은 규제로 거품이 제한됐고, 자산 가치 하락 과정도 내재적인 문제보다는 글로벌 경제위기 역풍을 맞은 성격이 강함.

119) 구본관 삼성경제연구소 수석연구위원은 "디플레이션이 무서운 이유는 공포 심리를 확산시키기 때문"이라며 "내일을 확신할 수 없는 상황에선 지금 해야 할 소비와 투자를 다음으로 미루게 된다"고 설명

- 버락 오바마 미국 대통령 당선인과 민주당은 2009 1월 정권 교체 전까지 최대 7000억 달러의 경기부양책을 준비 중
- 중국도 얼마 전 4조 위안(약 800조원) 규모의 경기부양책을 내놓았는데, 이는 2008년 중국 GDP의 14%에 해당하는 규모
- 유럽도 잇달아 경기부양 대열에 동참
- 독일과 이탈리아는 각각 500억 유로, 800억 유로 규모의 경기부양책을 내놓았고, 영국도 연말이 되기 전에 120억~180억 파운드의 경기부양책을 발표할 예정, 스페인 역시 GDP의 약 2.5%에 달하는 경기부양책을 준비

2) 과감하고 신속한 구조조정

- 기업 투자심리를 살리기 위한 수단은 과감하고 신속한 구조조정
  - 일본이 1990년대 12차례나 경기부양책을 내놓고서도 효과를 내지 못한 이유도 차일피일 구조조정을 미뤘기 때문 ⇒ 대규모 부실채권에 공적자금을 투입할 시기를 놓쳐 부실처리가 장기화되고 규모도 눈덩이처럼 커졌음.
  - 이지평(LG경제연구원 연구위원)은 "당시 일본 은행들의 부실처리가 늦어져 금융시장에 신뢰성이 떨어졌고 중앙은행이 통화를 공급해도 자금경색이 풀리지 않았다"면서 "부실기업 때문에 신산업으로 자금이 원활하게 공급되지 않았다"고 설명
  - 이와 반대로 미국은 1980년대 불황과 자산 디플레이션 국면에서 정리신탁공사(RTC)를 통해 1600억 달러에 달하는 재정을 투입해 단기간에 부실을 처리했음.
  - 클린턴 행정부 시절 호황은 '레이거노믹스'의 구조조정에서 자양분을 얻은 셈
  - 환부를 도려내는 구조조정이 이뤄지면 산업구조가 개편되고 투자위축 → 고용축소 → 소비감소 → 투자위축의 악순환 고리를 끊을 수 있음.

3) 비상조치 필요

- 디플레이션 가능성 역시 경기침체에서 비롯된 만큼, 디플레이션에 동의하든 않든 현 상황에 대한 처방전은 비슷할 수밖에 없음. ⇒ 무엇보다 글로벌 금융시스템의 기능 마비와 시장 신뢰의 상실에서 비롯된 비상한 위기이니만큼 이에 걸맞은 비상한 조치가 필요
  - 지금 디플레이션 논란은 무의미할지도 모름. ⇒ 디플레이션이 아니라고 하더라도 전혀 안심할 상황이 아니기 때문
  - 디플레이션을 걱정할 정도로 글로벌 경기침체가 날이 갈수록 더욱 뚜렷하고 무거운 무게로 다가오고 있다는 점이 중요

- 루비니의 견해
  - 루비니 교수는 지금까지보다 '더 미치고(crazier)' '정통이 아닌(heterodox)' 정책들이 필요하다고 주장 ⇒ 예를 들어 미 연준이 시장에서 국채와 회사채, 모기지, 주택저당증권(MBS) 등을 직접 사들이고 심지어 주식시장에 직접 개입해 주식을 사들이는 방안도 검토해야 한다고 주장, 미국 이외의 국가들도 금융기관 자본을 확충하고 일시적이고 부분적으로 국유화하는 조치도 필요하다고 주장

- 기타 견해
  - 유동성 함정 상황에서는 금융정책의 효과가 떨어지므로 확장적인 재정정책이 반드시 필요하다고 지적 ⇒ 실제로 많은 나라들이 경기 위축에 대응해 대규모 경기 부양책을 이미 발표했거나 마련 중에 있는데, 2008년 11월 26일 EU가 예상을 뛰어넘는 2000억 유로 규모의 경기 부양책을 발표한 것은 지금 지구촌 경제가 맞고 있는 상황의 심각성을 잘 보여줌.

관련사항

▣ 디플레이션, 리세션, 디프레션

1) 디플레이션

- 디플레이션(deflation)은 인플레이션(inflation)의 반대 개념으로 재화와 서비스 가격이 광범위하고 지속적으로 하락하는 현상을 말함.

2) 리세션과 디프레션

- 디플레이션이 가격에 관한 용어라면, 리세션과 디프레션은 경기에 관한 용어

- 리세션(recession)은 경기가 몇 달 이상 동안 전반적으로 상당히 위축되는 상황을 의미
  - 미국에서는 보통 GDP 성장률이 2분기 이상 마이너스를 기록하는 경우를 지칭

- 디프레션(depression)은 장기적이고 지속적인 경기 하강을 의미하며, 리세션보다 심각한 상황을 말함.
  - 가장 유명한 디프레션은 1930년대 미국의 대공황(Great Depression) ⇒ 디프레션은 디플레이션을 동반하는 경우가 많음.

▣ 유동성 함정(liquidity trap)

1) 의 미

- 돈을 풀고 금리를 낮춰도 투자와 소비가 늘지 않아 경기 활성화가 이뤄지지 않는 상황을 말함.

- 다시 말해 아무리 금리를 내려도 소비와 투자가 살아나지 않는 상태, 혹은 아무리 돈을 풀어도 추가적인 시장금리 하락으로 이어지지 않는 상태를 말함.

- 유동성 함정에 빠지면 금융당국이 금리를 아무리 내려도 기업들의 투자로 연결되지 않아 경기부양 효과가 나타나지 않음.
  - 1930년대 대공황 당시 케인즈가 제기한 학설 ⇒ 케인즈는 유동성 함정에 빠졌을 경우 금융·통화 정책보다 재정정책을 펴는 게 효과적이라고 주장

2) 사 례

- 1990년대 일본이 대표적인데, 당시 일본은 10년 동안 제로(0) 금리를 유지했지만 투자로 연결되지 않아 장기불황을 겪었음.

- 미국도 제로 금리 시대를 목전에 두고 있어 유동성 함정을 우려하는 목소리가 높아지고 있는데, 미국 정책금리는 이미 1%로 떨어졌고 JP모간 등 일부 금융기관들은 미 연준(Fed)이 2008년 12월과 2009년 1월에 금리를 각각 0.5%포인트씩 추가 인하해 0%로 조정할 것으로 전망

참 | 고 | 자 | 료

(1) 이지훈 외(2008), "불황과 함께 오는 불청객 '디플레이션〈광범위하고 지속적인 물가 하락〉'의 공포", Weekly BIZ, 《조선일보》, 2008. 11. 29.

(2) 박만원 외(2008), "스멀스멀 엄습해오는 D〈디플레이션〉의 망령", WEEKEND 매경, 《매일경제》, 2008. 11. 29.

(3) 2009. 2. 10., 《매일경제》

18

고액권 화폐 발행

(1) 고액권 발행의 등장 배경

- 2006년 공론화된 이후 치열한 논란 끝에 정부 승인과 한은 금융통화위원회의 의결을 거쳐 결정되었음.

- 우리 경제규모에 비해 1만원권은 액수가 너무 적고, 10만원짜리 수표가 사실상 현금처럼 쓰이면서 연간 수천억원의 발행·관리 비용이 든다는 점 등이 고려되었음.

(2) 고액권 화폐 발행의 장점

1) 비용절감 효과

- 수표 사용에 따른 비용이 상당히 크기 때문에 수표발행 비용이 절감된다는 것임.
  - 우리나라의 최고액 권은 1만원권인데, 개인들이 1만원권보다 고액권이 필요하다면 10만원권 이상의 자기앞수표를 은행에서 발행받아야 함.
  - 하지만 은행은 공짜로 수표를 발행해 주지 않기 때문에 수표를 발급받기 위해서는 수수료를 지불해야 함. 또한 수표를 발행하는 종이 값 등 명시적 비용뿐 아니라 은행의 공신력, 서비스 비용까지도 치러야 함.
  - 물건 값이나 거래대금의 결제수단으로 수표를 받은 사람도 은행에 맡기거나 돈으로 바꿔 가는데, 이때 우리나라 은행들은 대부분 서비스 수수료를 받지 않지만 수표를 인수한 은행 측은 수표 관리 및 발행 은행과의 결제처리 등의 비용이 발생함.

- 어떤 경제전문가는 10만원권 자기앞수표의 발행규모와 금융기관의 수표 관리 및 취급에 소요되는 평균비용을 계산하면 연간 약 3,600억원 이상의 비용이 들 것으로 추정
- 또한 자기앞수표 사용에 추가되는 기록 의무나 신분증 제시와 같은 절차까지 감안한다면 수표 사용에 따르는 시간적·금전적 비용은 만만치 않음. ⇒ 시중은행은 자기앞수표의 발행·취급·관리 비용을 절감하는 이득을 볼 수도 있음.
- 시중은행이 수표를 발행할 경우 그것은 예금처럼 인식이 되어서 수표 액면가의 일정비율(법정 지급준비율)만 남겨두고 나머지는 은행이 대출용 자금으로 사용할 수 있는데, 수표발행이 줄어들 경우 그만큼 은행은 여유자금이 상대적으로 줄어드는 측면도 있음.

- 고액권 화폐의 등장으로 동일 통화량대비 화폐의 수량이 줄어들게 됨.
  - 화폐의 발행·운송·관리 비용이 절감되고, 국민들도 사용하는 데 있어서 더 적은 화폐수량을 가지고 동일한 액수의 효용을 누릴 수 있게 됨.

2) 개인정보 누출위험 감소

- 수표 사용 시 개인정보가 누출될 위험이 있으나 고액권 사용으로 그러한 위험을 감소시킬 수 있음.

(3) 고액권 화폐 발행의 단점(혹은 부정적 영향)

1) 물가상승 유발 가능성

- 10만원권 화폐의 발행은 사람들이 지갑에 소지하는 현금규모를 늘릴 가능성이 있음.
- 또한 제품 판매업자들도 10만원권 화폐에 맞춘 상품을 개발하여 소비자의 구매심리를 자극하여 충동구매나 모방소비 등을 부추길 수도 있음.
- 자연스레 경제주체들의 인플레 기대심리가 높아져 물가상승이 유발될 수도 있음.

2) 지하경제의 확대 가능성

- 고액권 화폐는 부정부패의 조장, 음성거래의 증가 등으로 지하경제를 확대시키는 부작용을 낳을 수도 있음.
  - 고액권 화폐는 현금이기 때문에 자금의 경로 파악이 어렵고 돈세탁이 용이하므로 비자금의 규모가 더욱 늘어날 수 있고 탈법자금 구축이 용이해지면서 탈세가 증가할 가능성도 높아짐.
  - 수백억원대의 불법 자금이 오가는 잘못된 관행이나 폐습이 근절되지 않는다면 고액권 발행은 얻는 것보다 잃는 것이 더 많을 수 있음.

3) 비용절감 효과 크지 않음

- 10만원권 발행은 현재 10만원권 수표나 몇 천만원 이하 거래에 필요한 수표를 대체할 가능성이 크지만, 이보다 큰 십억 또는 조 단위의 거래에는 수표가 여전히 필요하다는 점을 감안하면 비용절감 효과가 기대만큼 크기 않을 수도 있음.

- 고액권 시행 초기에 전국적으로 화폐와 회계단위 수정에 따른 비용이 발생하며 고액권을 위조하게 되면 피해가 심각하게 되므로 그에 대한 감시비용이 증가하여 결국은 눈에 띄지 않는 관리비용이 더욱 증가할 수밖에 없음.

4) 내수 진작을 위한 수단으로 바람직한지 의문

- 10만원권 화폐 발행으로 내수경기를 진작시킬 수 있다는 데에도 신중을 기해야 함.

5) 고액권 발행 필요성 의문

- 신용카드를 비롯한 전자화폐가 활성화된 상황에서 굳이 고액권이 필요하지 않음.

(4) 대 책

- 10만원권 화폐 발행은 앞서 지적한 장점과 단점을 동시에 지니고 있기 때문에 정부는 고액권 발행을 통한 장점을 극대화되도록 노력하되, 예상할 수 있는 부작용에 대해서도 사전에 엄밀히 대책을 세워나가야 할 것임.
  - 정부가 5만원권, 10만원권 등 고액권을 발행키로 결정했는데, 이는 우리나라의 경제규모에 비춰볼 때 고액권의 필요성이 절실하다는 여·야와 한국은행의 요구를 받아들인 것으로 볼 수 있음.
  - 우리나라 최고액권인 1만원권의 화폐는 1973년에 도입되어 30여 년이 지났음.[120)]

(5) 현재 상황

1) 10만원권 발행 무기연기 가능성

- 2008년 11월 10일 기획재정부와 한국은행에 따르면 5만원짜리 고액권 시제품은 올 연말까지 공개될 예정이나 10만원권 발행 작업은 2008년 9월부터 중단된 상태
  - 화폐발행의 승인권을 갖고 있는 재정부 관계자는 "현재로서는 고액권 발행이 무기한 연기될 가능성이 높다"고 말했음.
  - 한은 고위관계자도 "정부 요청에 따라 10만원짜리 고액권 발행 작업은 더 이상 진행하지 않고 있다"며 "앞으로 어떻게 할 것인지에 대해 정부로부터 명확하게 통보받은 바 없다"고 밝혔음.

2) 무기연기 이유

- 강만수 기획재정부 장관은 2008년 10월 23일 국정감사에서 "공식적으로

---

120) 그동안 우리 경제는 GDP 규모로 147배, 물가는 12배 이상 올랐음. 30년 전에 비해 웬만한 거래규모가 몇 천억 또는 몇 백조원의 규모로 확대되었음에도 화폐단위는 30년 전 상황을 고수하고 있는 셈임.

이야기할 상황은 아니지만 5만원권, 10만원권 발행과 관련해 10만원권은 여건상 시급하지 않은 것 같다"고 언급 ⇒ 경제사정이 어려운데다 5만원권을 발행하면 고액권 수요를 흡수할 수 있다는 논리

- 재정부와 한은이 표면적으로 내세우는 10만원권 발행 작업 중단 이유는 화폐 뒷면에 들어가는 대동여지도 목판본에 독도가 없다는 점임.
  - 독도를 둘러싼 한·일 간의 갈등, 국민정서 등을 감안하면 10만원권에 독도를 반드시 그려 넣어야 하지만 이렇게 되면 대동여지도를 조작하는 결과를 낳게 됨.[121)]

- 정치권에서는 10만원권 앞면에 들어가는 인물초상 때문이라는 설도 제기
  - 10만원권에 백범 김구의 초상이 선정됐기 때문
  - 일부 보수층에서 고액권 인물로 김구가 아닌 박정희 또는 이승만 전 대통령을 넣자고 주장
  - 정치적으로 논란을 불러올 수 있기 때문에 정부가 10만원권 발행을 아예 중단한 것으로 보인다는 견해가 있음.

3) 한국은행 발표 내용

- 한국은행은 2009년 1월 22일 오전 금융통화위원회를 열어 10만원권 발행의 추진을 중지하기로 했다고 발표했음.
  - 이 결정은 정부의 요청에 따른 것이며 5만원권의 경우 당초 계획대로 상반기 중에 발행할 예정이라고 한은은 밝혔음.

- 한은 관계자는 "기획재정부가 5만원권 발행상황을 지켜본 뒤 결정하자면서 10만원권 발행 중단을 요청해 왔고 한은은 이를 받아들이기로 했다"면서 "10만원권 발행을 취소하는 것이 아니라 무기한 보류하는 것이

121) 한은은 2007년 5월에 고액권 발행계획을 발표했고, 화폐도안 자문위원회의 자문을 거쳐 2007년 연말에 최종 도안을 확정했음. 당초 10만원권 앞면에는 김구 선생의 초상화를, 뒷면에는 대동여지도의 목판본을 넣기로 했음. 그러나 목판본에 독도 표시가 없다는 사실이 드러나 필사본을 바탕으로 독도를 그려 넣기로 했지만 정부의 요청에 의해 발행작업이 중단되었음.

어서 금통위의 의결사항은 아니며 금통위에 보고하는 정도로 의사결정 과정을 종료했다"고 말했음.

4) 전 망

- 이번 결정으로 한은이 현 정부 내에서 10만원권 발행을 다시 추진하기는 어려울 것으로 전망됨.
- 10만원짜리 고액권 발행은 도안 선정을 위한 의견수렴, 도안 최종 확정, 시제품 작업, 최종 발행 등의 과정에 2~3년이 걸림.

5) 5만원권 화폐의 등장

- 가장 큰 특징 : 최첨단 위조방지 장치
  - 대한민국 화폐 최초의 여성인물 신사임당이 2009년 2월 25일 5만원권 지폐에 모습을 드러냈음.
  - 12가지 위조방지 장치가 들어가 있어 쉽게 복제하기 어렵다는 게 한국은행 설명
  - 일반인들이 위조 여부를 구분할 수 있게 띠 홀로그램과 입체형 부분노출 은선이 새롭게 적용됐고 색변환 잉크 등 기능이 강화됐음.
  - 왼쪽 끝 부분에 부착된 특수필름 띠인 띠형 홀로그램은 보는 각도에 따라 색상이 변하는 태극, 우리나라 지도, 4괘의 무늬가 상 · 중 · 하 3곳에 각각 배치돼 있고, 무늬 사이에는 '50000'이라는 숫자가 들어가 있음.
  - 입체형 부분노출 은선은 청회색 특수필름 띠에 여러 개 태극무늬가 새겨졌으며 돈을 위아래로 움직이면 은색 선이 좌우로 움직이는 듯 보임.
- 기기 교체 문제
  - 이 지폐를 2009년 6월부터 사용하려면 ATM · CD 설비 작업이 시급하지만 은행권의 자금 부담이 커 기기 전면교체는 하지 않기로 했음.
  - 10만원권 수표처럼 일부 기기에만 5만원권 인출 기능을 넣도록 하되 주로 은행 점포 내 기기 위주로 설치할 방침임.

- 긍정적 측면
  - 우선 지급결제 수단이 추가되는 만큼 일상 거래에서 편의성의 증대
  - 10만원권 자기앞수표 사용에 따른 불편도 상당 부분 해소될 전망
  - 비용절감 효과 : 자기앞수표는 화폐와 달리 발행, 지급, 정보교환, 전산처리 및 보관 등에 연간 2800억원이라는 막대한 사회적 비용이 들어가는데 이를 상당 부분 절감할 수 있을 것이며, 또한 5만원권은 자기앞수표 외에 1만원권 대체효과도 가지고 있어 화폐발행 비용도 줄어들 것으로 보이는바, 한은은 현재 시중에 풀려 있는 1만원권이 26조~27조원으로, 40% 정도는 5만원권으로 대체될 것으로 추정하고 있음.

- 부정적 측면
  - 우선 물가를 자극할 가능성이 있는데, 경조사비가 오를 수 있고, 돈가치에 대한 심리적 착시 현상 때문에 과소비가 조장될 가능성이 높다는 지적
  - 추적이 사실상 불가능하기 때문에 음성적인 자금거래를 부추길 여지도 큼.
  - 부패와 탈세 가능성, 더 나아가 일각에서는 위조지폐가 만연할 가능성도 있다고 염려하고 있음.

참 | 고 | 자 | 료

(1) 서현원(2007), "고액권 화폐 발행, 어떤 장단점이 있나?", 《"click" 경제교육》, 한국개발연구원, 2007. 1.
(2) 2008. 11. 11., 《경향신문》
(3) 2009. 1. 30., "5만원권 지폐, 그 허와 실", 광주인터넷뉴스(gjinews 1125@hanmail.net)
(4) 2009. 1. 22., 《조세일보》
(5) 2009. 2. 26., 《매일경제》

19

한국은행에 대하여

(1) 한국은행의 특징

- 한국은행은 우리나라의 중앙은행
  - 미국의 연방준비제도(Federal Reserve System), 영국의 영란은행(Bank of England), 일본의 일본은행(Bank of Japan), 중국의 중국인민은행(People's Bank of China), 유럽연합의 유럽중앙은행(European Central Bank) 등은 모두 각 나라 중앙은행의 이름

- 한국은행은 일반 국민이나 기업을 상대로는 예금을 받거나 돈을 빌려주지 않으며, 한국은행과 예금 또는 대출 거래를 할 수 있는 고객은 정부와 은행밖에 없음. ⇒ 그래서 중앙은행을 정부의 은행, 은행의 은행이라고 함.

1) 정부의 은행

- 한국은행은 세금 등 정부수입을 정부예금으로 받아 두었다가 정부가 필요로 할 때 자금을 내주는 업무를 하는 한편, 정부가 자금이 일시적으로 부족할 때 돈을 빌려주기도 하는 정부의 은행임.

- 우리가 여유자금을 은행에 저축하고 돈이 부족하면 은행으로부터 대출을 받아 사용하듯이 정부도 세금을 거두어 한국은행에 예금해 놓았다가 필요하면 이를 찾아 사용하며, 또한 일시적으로 돈이 부족할 경우에는 한국은행으로부터 대출을 받기도 함.

2) 은행의 은행

- 한국은행은 은행을 상대로 예금을 받고 대출을 해주는 은행의 은행임.
  • 은행은 고객으로부터 예금을 받으면 예금액의 일부를 한국은행에 예금하거나 현금으로 보유하고 있어야 하는데 이를 은행의 예금지급준비 의무라 함.

- 한편 한국은행은 은행에 대해 일상적인 대출업무 이외에도, 은행이 일시적으로 자금이 부족하여 고객의 예금인출 요구에 응하지 못할 경우 긴급자금을 지원하는 최종 대부자 기능을 수행함.

(2) 한국은행의 기능

- 중앙은행은 통화량이나 이자율을 조정해서 시대적 · 국가적 요청에 따라 달라지는 성장, 물가, 환율 등과 같은 정책목표를 달성하는 거시적 기능을 비롯해 금융회사와 금융시장 안정성을 도모하는 미시적 기능을 맡고 있음.

- 한국은행도 1950년 6월 12일 설립돼 시대상황에 따라 그때그때 필요한 기능을 추구해 왔음.
  • 1950년대에는 6 · 25전쟁 비용을 조달하고 전후 경제 재건을 위한 금융자금을 지원했고 1960~1970년대에는 높은 경제성장률을 유지하고 신흥공업국으로 부상하는 데 필요한 자금을 전략부문에 배분하는 일을 했음.
  • 하지만 1980년대부터는 경제안정 기반 구축과 금융 자율화 필요성이 커지면서 물가안정과 금융규제 완화 조치들을 추진했음.

- 이 과정에서 한국은행 업무내용에도 변화가 있었음.
  • 화폐발행, 은행의 은행, 정부의 은행 등 전통적인 중앙은행 기능은 바뀌지 않았지만, 외환정책 기능이 1962년 제1차 한국은행법 개정을 통해, 은행감독 기능은 1997년 제6차 개정을 통해 각각 정부로 이관되었음.

• 제6차 개정에서는 한국은행 설립 목적이 물가안정만으로 제한됐고 금융안정 기능을 명시적으로 부여받지 않았음.

- 최근 한은법 개정과 관련하여 논란이 일고 있는데, 그 주요 내용은 다음과 같음.[122)]

〈표 시19-1〉 한은법 개정안 주요 내용

구 분	개 정 안	기 존
설립목적	물가안정과 금융안정	물가안정으로 한정
직접 조사권	통화신용정책에 필요한 경우 금융감독원과 별도로 조사	금융감독원과 공동검사만 허용
조사대상	은행뿐만 아니라 비은행도 포함	은행에 한해 자료 제출 요구권

(3) 핵심 기능

1) 화폐의 발행

- 한국은행은 우리나라에서 돈을 발행할 수 있는 유일한 기관
  • 현대 국가에서는 돈에 표시된 액수의 가치를 법에 의해 보장하고 있는데, 국가가 법적으로 그 가치를 보장한다는 의미에서 오늘날 우리가 사용하는 돈(화폐)을 법화(法貨, legal tender)라고 부름.
  • 우리나라도 〈한국은행법〉에 "화폐의 발행권은 한국은행만이 가진다(제47조)", "한국은행이 발행한 한국은행권은 법화로서 모든 거래에 무제한 통용된다(제48조)"고 규정되어 있어 법화제도를 채택하고 있음.
- 여기에서 '돈을 발행한다는 것'은 단순히 '돈을 만드는 것'과는 다름.
  • 실제 돈을 만드는 곳은 조폐공사이며, 한국은행은 조폐공사에서 만든 돈을 납품받아 금고에 보관하고 있다가 은행이 지급을 요청하면 내주게 됨.

122) 이와 관련하여 매일경제(2009) 참조.

- 이처럼 돈이 한국은행 창구를 통해 시중에 나가게 되는 것을 바로 '돈을 발행한다'고 함.

2) 물가안정 = 화폐가치 안정

- 돈은 가치가 있어야 하는데, 만약 돈이 가치가 없다면 어떻게 될까?
  - 사람들은 아무도 돈을 받으려 하지 않을 것이고 경제는 큰 혼란에 빠지게 될 것임.
  - 1980년대 말 모스크바 사람들은 구소련의 법화인 루블화 대신 미국 달러화를 거래수단으로 더 선호했다고 함.
  - 이는 루블화의 가치가 크게 하락할 것으로 예상되면서 사람들이 물건을 판 대가로 루블화를 받는 것을 꺼려했기 때문임.

- 당연히 우리나라 돈은 법화이기 때문에 법적으로 만원짜리 한 장은 만원의 가치를 갖는데, 중요한 것은 만원짜리 한 장으로 실제 얼마만큼의 물건을 살 수 있느냐 하는 것임.
  - 전자를 액면가치, 후자를 실질가치라 함.
  - 지난해까지는 쌀 한 가마가 5만원이었는데, 똑같은 쌀을 올해는 10만원을 주어야 살 수 있다고 할 경우 돈의 액면가치는 변함이 없는데도 실질가치는 절반으로 줄었다는 것을 알 수 있음.

- 결국 돈의 가치는 그 돈으로 물건을 얼마나 살 수 있느냐를 보면 알 수 있음.
  - 물건의 품질이나 양이 변하지 않았는데도 물건 값이 올랐다면 돈의 가치가 떨어졌다는 것을 의미함.

- 돈의 가치가 떨어지는 가장 기본적인 이유는 돈이 너무 많아서임.
  - 한국은행이 돈을 마구 발행하여 우리 경제가 필요로 하는 수준보다 돈이 많아지면 사람들은 자기가 사용할 수 있는 돈이 많아져서 너도 나도 물건을 사려고 할 것임.
  - 수요가 늘어나니 물건 값은 올라가고 결국 돈의 가치가 떨어지게 되는 것임.

- 그래서 한국은행은 물가안정에 전념
  - 한국은행은 돈을 발행할 수 있는 유일한 기관이지만 돈을 마구잡이로 발행하지 않음.
  - 〈한국은행법〉에서는 한국은행에 돈을 발행할 수 있는 독점권을 준 대신 물가를 안정시킬 책무를 부여하고 있음.
  - 또한 일반기업과 달리 영리행위를 금지해 중앙은행 자체의 이익을 추구하지 않고 국민을 위해 물가안정에 전념할 수 있도록 하고 있음.

3) 통화정책의 수립과 집행

- 한국은행은 물가안정의 책무를 다하기 위해 통화정책을 수립하고 집행함.
  - 국가의 경제정책은 크게 재정정책과 통화정책으로 구분되는데, 재정정책은 세금과 정부지출의 조절을 통해, 통화정책은 금리나 통화량의 조절을 통해 국가경제에 영향을 미치게 됨.
- 중앙은행은 경제정책의 양대 축의 하나인 통화정책을 수립하고 집행함.
  - 중앙은행은 국가경제가 과열되었다고 판단되면 금리를 올리거나 돈을 거두어 들여 경기를 진정시키는 역할을 함.
  - 즉 경제가 인플레이션을 유발하지 않고 적정속도의 성장을 지속할 수 있도록 유도하는 것임.
- 그러나 경제가 좀 더 빨리 성장하기를 바라는 정치권이나 정부는 종종 중앙은행이 금리를 내리거나 돈을 더 많이 공급해 주기를 원하게 되기 때문에 물가안정을 통해 국가경제가 건전하게 성장하기 위해서는 중앙은행이 정치권 및 정부의 간섭으로부터 벗어나 통화정책을 중립적으로 수행해야 한다는 '중앙은행의 독립'이 매우 중요함.

(4) 통화정책의 수행

- 매월 초가 되면 한국은행이 금리를 올릴지, 내릴지, 아니면 현 수준으로 유지할지가 뜨거운 이슈가 됨.

1) 금리가 갖고 있는 마법

- 한국은행이 이렇게 뜨거운 관심을 받는 이유는 금리가 갖고 있는 마법 같은 능력 때문임.
- 금리는 경기를 좋아지게 하기도 하고, 나빠지게 하기도 하며 물가를 오르게 하기도 하고, 내리게 하기도 함.
- 따라서 금리수준을 결정하는 것은 매우 중요한 경제정책의 하나로서, 많은 나라에서는 중앙은행이 독립적인 위치에서 이를 수행하도록 정해 놓고 있음.
- 중앙은행이 수행하는 이러한 경제정책을 바로 통화정책이라고 함.

2) 통화정책의 핵심

- 통화정책의 핵심은 인플레이션이 예상되면 금리를 올려 경기를 진정시키고, 경기침체가 예상되면 금리를 내려 경기회복을 도모하는 것임.
  - 사실 통화정책은 매우 복잡하고 다양한 경로를 통해 경제에 영향을 미치기 때문에 정책의 집행 시점과 효과가 나타나는 시점의 차이가 길고 경제여건에 따라 효과의 크기도 다르게 나타남.

3) 통화정책의 목표

- 통화정책은 물가안정을 가장 중요한 목표로 삼고 있음.
- 한국은행은 국가경제가 안정적으로 발전하기 위해 물가상승률이 어느 정도에서 유지되어야 할지(2007~2009년 연평균 3.0±0.5%)를 정하고 이를 달성하기 위해 통화정책을 수행함.

4) 통화정책의 운영방식

- 한국은행은 금리수준을 변경함으로써 설정된 물가목표를 달성하려고 하

는데, 금리가 지나치게 낮으면 경기가 과열되어 물가불안이 나타나기 쉽고, 금리가 너무 높으면 경기가 침체되고 실업이 늘어나게 됨.

- 따라서 한국은행은 시중금리가 어느 수준이면 물가안정의 바탕 위에서 경기의 과열이나 침체 없이 경제가 안정적으로 성장할 수 있는지를 파악하여 그 수준에 맞도록 금리를 조절함.

5) 통화정책의 효과

- 통화정책이 물가에 미치는 영향을 살펴보기 위해 경제가 호황을 보이면서 소득이 증가하자 사람들의 씀씀이가 매우 커지고 기업들도 투자를 크게 확대하면서 인플레이션이 우려되고 있는 상황을 가정해 보자.

- 한국은행은 현재의 정책금리 수준(4.5%라 가정)이 너무 낮다고 판단하고 물가를 안정시키기 위해 정책금리를 5%로 올리기로 결정하였음.
  - 정책금리는 한국은행이 은행들에게 돈을 빌려주거나 은행들로부터 돈을 빌릴 때 기준이 되는 금리인 '한국은행 기준금리'를 말함.

- '남아돌아' 은행은 고객들이 예금을 많이 하고 대출은 적게 받아가 오늘 100억원이 남았으며, '모잘라' 은행은 예금으로 들어온 돈보다 대출로 나간 돈이 더 많아 100억원이 부족함.

- 만약 '모잘라' 은행이 '남아돌아' 은행에게 4.5%의 이자를 줄 테니 100억원을 빌려달라고 했다면 '남아돌아' 은행은 '모잘라' 은행에게 돈을 빌려줄까? 보통의 경우 '남아돌아' 은행은 '모잘라' 은행에게 4.5%의 이자율로 돈을 빌려주지 않음.
  - 왜냐하면 한국은행에 돈을 빌려주면 이보다 더 높은 5%의 이자를 받을 수 있기 때문임(100억원에 대해 하루 이자를 계산해 보면 14만원을 더 받을 수 있음).

- 반대로 '남아돌아' 은행이 '모잘라' 은행에게 5.5%의 이자를 내면 돈을 빌려주겠다고 제안을 하였다면 '모잘라' 은행이 돈을 빌렸을까? 마찬가지로 아님.

• 왜냐하면 한국은행에서 돈을 빌리면 5%의 이자만 내고도 돈을 빌릴 수 있기 때문임.

- 한국은행이 정책금리를 5%로 올리면서 은행 간 거래 금리도 자연스럽게 한국은행 정책금리를 따라 5%로 올라감을 알 수 있음.

- '모잘라' 은행의 상황
  • '모잘라' 은행은 대출에 필요한 자금을 다른 은행 또는 한국은행으로부터 빌리거나 고객들의 예금을 받아서 조달하고 있음.
  • '모잘라' 은행은 한국은행이 정책금리를 인상하여 자금을 빌리는 데 드는 비용이 커지게 되자 고객들에게 이전보다 높은 이자를 지불하고서라도 더 많은 예금을 받기로 하였음(예금금리 인상).
  • 또한 예금이자나 돈을 빌려올 때 지불하는 이자가 높아졌으므로 개인이나 기업에 대출해 줄 때 적용하는 금리도 함께 올리기로 하였음(대출금리 인상).

- '나펑펑' 씨의 경우
  • '나펑펑' 씨는 '모잘라' 은행에서 대출을 받아 차도 사고 집도 샀음.
  • 금리가 낮다고 생각한 '나펑펑' 씨, 이참에 대출을 더 받아 TV와 냉장고도 신형으로 바꾸기로 하였음.
  • 그런데 대출금리가 오르자 대출을 더 받는 것은 고사하고 지금 안고 있는 대출의 이자부담이 늘어나 외식도 줄이고 생활비도 줄여야 할 형편임.
  • '나펑펑' 씨가 다니는 '씽씽카' 회사는 자동차를 생산하는데, 금년에는 스포츠카 사업에 신규 진출하기로 하고 공장건설자금 등 투자에 필요한 자금을 '모잘라' 은행에서 대출받기로 하였음.
  • 현재의 금리라면 대출이자를 지급하고도 스포츠카 사업에서 이익이 날 것을 예상되는데, 대출금리가 오르자 이제는 대출이자를 지급하고 나면 스포츠카 사업에서 이익을 보기가 어려울 것으로 판단되자 '씽씽카' 회사는 결국 투자를 포기하였음.

- 한국은행의 정책금리 인상이 은행들의 예금금리와 대출금리의 인상을 초래하고 결국 사람들의 소비나 기업의 투자도 감소시키게 됨을 알 수 있음.

- 경기가 과열되고 인플레이션이 예상될 때 한국은행이 정책금리를 올리면 은행금리가 따라서 오르게 되고 이에 따라 소비와 투자가 줄어들게 되어(수요감소) 물가는 안정됨.
  • 소비와 투자가 줄어들면 물건이나 서비스를 팔려는 사람들에 비해 사려는 사람들이 예전보다 줄어들게 되므로 물가는 안정되게 됨.

- 반대로 경기가 침체되어 소비나 투자를 진작시켜야 할 때 한국은행이 정책금리를 내리면 은행의 예금 및 대출금리가 따라 내리게 되는데, 예금금리가 낮아지면 사람들은 저축보다 소비를 늘리게 되고, 기업들은 과거에 비해 대출에 따른 이자부담이 줄어들어 수익성이 다소 떨어지는 사업에도 투자를 하게 되어 경기가 회복됨.
  • 이처럼 소비와 투자가 늘어남에 따라(수요증가) 경기가 회복되게 됨.

6) 통화정책의 수단

- 한국은행은 금리를 목표수준으로 유지하기 위해 시중에 돈이 남는지, 부족한지를 먼저 파악
  • 시중에 돈이 남는다는 말은 돈을 빌리려는 사람(자금의 수요)보다 빌려주려는 사람(자금의 공급)이 더 많다는 말이기 때문에 이자를 더 적게 주고도 돈을 빌릴 수 있으므로 금리가 내려감.
  • 반대로 시중에 돈이 부족하다는 말은 돈을 빌리려는 사람(자금의 수요)이 빌려주려는 사람(자금의 공급)보다 더 많다는 말이므로 금리가 올라가게 됨.

- 한국은행은 시중에 돈이 남거나 부족하다고 판단되면 공개시장조작과 같은 통화정책 수단을 사용하여 남는 돈을 흡수하거나 부족한 돈을 공급하여 금리가 목표수준에서 움직이도록 함.

- 공개시장조작
  - 이것은 한국은행이 공개시장(누구나 채권을 사고팔 수 있는 시장)에서 채권을 매매하여 돈을 흡수하거나 공급하는 것을 말함.
  - 시중에 돈이 남으면 한국은행은 시장에 채권을 내다 팔고, 상대(금융기관)로부터 채권 값을 받게 되어 그만큼 시중의 돈이 줄어들게 됨(돈을 흡수).
  - 반대로 시중에 돈이 부족하면 한국은행은 시장에서 채권을 사고, 상대(금융기관)에게 채권 값을 주게 되어 그만큼 시중의 돈이 늘어나게 됨(돈을 공급).
  - 대다수 국가의 경우 1980년대 이후 금융자유화가 진전되고 금융시장이 발달함에 따라 공개시장조작은 돈의 양을 조절하는 주된 수단이 되었음.
  - 이같이 공개시장조작이 핵심적인 통화정책수단으로 자리 잡게 된 것은 지급준비정책 또는 대출정책과 달리 은행과 비은행금융기관 등 다양한 경제주체가 참여하는 금융시장에서 시장메커니즘에 의해 이루어지기 때문에 경제원리에 부합되는 정책수단인데다 그 효과가 금융시장을 통해 광범위하고 무차별적으로 파급되는 특성이 있기 때문임.
  - 또한 공개시장조작은 실시시기나 조작규모 및 조건 등을 필요에 따라 수시로 조정할 수 있어 신축적인 정책운용이 가능함.

- 대출(재할인율)정책
  - 여수신 제도, 좀 더 구체적으로 대출정책은 일반은행이 기업이나 개인에게 자금을 대출해 주는 것과 마찬가지로 중앙은행이 금융기관에 돈을 대출해 주는 정책을 말함.
  - 중앙은행이 은행에 빌려주는 돈의 양이나 금리를 변동시킴으로써 시중의 돈의 양을 조절하는 이 제도는 중앙은행제도 초기에 은행이 기업에 할인해 준 어음을 다시 할인·매입하는 형식으로 자금을 지원했기 때문에 재할인제도라고도 함.
  - 또한 중앙은행의 대출금리는 재할인금리라고도 하는데, 재할인율을 올리면 그만큼 예금은행이 중앙은행으로부터 차입받는 자금이 감소하

고, 재할인율을 낮추면 반대로 차입자금의 양은 늘어남.

- 재할인율정책 역시 이자율에 영향을 주게 되는데, 재할인율을 인상하는 경우 예금은행의 대출은 줄고 이자율은 상승하기 때문임.

- 지급준비제도
  - 지급준비제도 혹은 지급준비정책은 은행이 고객의 예금인출 요구에 대비하여 예금액의 일정비율, 즉 지급준비율만큼 의무적으로 중앙은행에 예치하거나 현금으로 보유하도록 하는 것으로 중앙은행이 지급준비율을 올리면 은행들은 더 많은 지급준비금을 보유해야 하므로 예금 중에서 대출할 수 있는 금액이 줄어들고, 따라서 시중에 유통되는 돈의 양이 줄어들게 됨.
  - 반대로 지급준비율을 내리면 은행이 대출할 수 있는 금액이 커지고 시중의 돈은 늘어남.
  - 지급준비율은 조금만 조정되더라도 국가 전체의 돈의 양이나 은행 경영에 영향을 크게 미치므로 일반적으로 중앙은행이 지급준비율을 자주 조정하지는 않고 있음.

(5) 종합적 견해

- 국내외 금융시장이 불안하고 실물경제가 위축되고 있는 요즘에 중앙은행이 물가만 붙잡고 있어도 되는지에 대한 논란이 있음.
  - 대공황과 인플레이션을 모두 경험한 미국 연방준비은행은 여전히 물가안정과 완전고용을 동시에 추구하고 있음.

- 1980년대 이후 금융자유화와 금융개방화 진전에 따라 금융불안이 커지면서 중앙은행의 태생적 기능인 금융안정에 대한 중요성이 한층 더 부각되었음.
  - 중앙은행이 급속한 신용경색에 대처하기 위해 금융시장에 필요한 유동성을 신속히 공급하는 최종 대부자로서 기능이 강조되었음.

- 중앙은행은 이러한 사후적인 조치뿐만 아니라 금융위기가 발생하기 전

에 예방적 정책으로 개별 금융회사에 대해 건전성을 감독하고 금융시스템에 안정성을 확보하고자 노력하고 있음.

- 미국, 스페인, 이탈리아 등 중앙은행은 금융감독 권한을 보유하고 있어 개별 금융회사 건전성과 금융시스템 안정을 동시에 책임지고 있고, 일본은 제한적인 감독권을 보유하고 있으며 영국, 스웨덴, 벨기에 등은 금융회사 감독권이 없지만 금융시스템 안정에 대한 책무를 명시적으로 부여받고 있음.
- 이처럼 한국은행은 물론 각국 중앙은행은 나라마다 처한 상황에 따라 그 기능에 차이를 보이고 있는데, 그럼에도 불구하고 한국은행은 물가안정만을 명시적인 설립 목적으로 삼고 있고 금융감독 권한이 없는 실정임.

- 따라서 한국은행 존재 이유와 기능을 전면적으로 재검토해서 금융위기라는 외풍에도 금융안정을 도모할 수 있도록 필요한 감독권을 강화하고 우리 경제여건과 시대적 요청에 걸맞게 설립 목적을 새롭게 다듬을 필요가 있음.

참 | 고 | 자 | 료

(1) 마남진(2008), "한국은행, 우리나라의 중앙은행", 《"click" 경제교육》, 한국개발연구원, 2008. 5.

(2) 마남진(2008), "중앙은행의 통화정책", 《"click" 경제교육》, 한국개발연구원, 2008. 6.

(3) 한국은행(2005), 《일반인을 위한 한국은행의 알기 쉬운 경제이야기》, 2005. 3.

(4) 이성표(2008), "화폐수요와 통화정책", 《"click" 경제교육》, 한국개발연구원, 2008. 11.

(5) 2008. 11. 1., 《매일경제》

(6) 2009. 4. 23., 《매일경제》

20

유동성의 이해

(1) 의 미

- 유동성(Liquidity)은 자산을 현금으로 전환할 수 있는 정도를 나타내는 경제학 용어[123]로 기업의 경우는 기업의 자산을 필요한 시기에 손실 없이 화폐로 바꿀 수 있는 안전성의 정도를 나타냄.

- 개인의 경우는 개인이 재산증식을 목적으로 투자대상을 선택할 때 그 대상을 자신이 원하는 시기에 바로 현금으로 전환할 수 있는지를 따지는데, 이 현금으로 전환할 수 있는 정도를 유동성이라 함.

(2) 구 분

- 흔히 유동성이라 하면 자산의 유동성과 경제주체의 유동성을 말하는데, 자산의 유동성은 다시 화폐의 유동성과 화폐를 제외한 자산의 유동성으로 구분

123) 사전적으로 유동성이란 어떤 자산을 필요한 시기에 손실 없이 현금으로 얼마나 쉽게 바꿀 수 있는지의 정도를 의미함. 하지만 일반적으로 신문이나 방송에서 언급하는 유동성은 경제 내에 유통되고 있는 돈의 양, 즉 통화량을 의미함. 여기서 통화란 지폐와 동전으로 구성되는 현금뿐만 아니라 여러 가지 종류의 금융자산을 포함하기도 하는데, 이는 현금 이외의 금융자산이라도 현금으로 바꿀 수 있거나 현금을 대신하여 일상적인 거래에 사용할 수 있기 때문임. 예를 들어 요구불예금의 경우 이자가 거의 붙지 않지만 필요할 때 예금주가 언제든지 찾아 쓸 수 있기 때문에 현금과 동일한 역할을 한다고 볼 수 있음. 은행에 보통예금 계좌를 개설한 사람이면 누구나 인터넷뱅킹이나 텔레뱅킹을 통해 손쉽게 물건을 살 수 있으며 기업도 수표를 발행하여 거래에 이용할 수 있음. 일정한 기간을 정해놓고 은행에 예치하는 정기예금, 정기적금의 경우에도 이자를 포기하면 현금으로 바꿀 수 있으며 그 밖에 주식, 채권 등도 경우에 따라 판매가격을 낮추면 현금화할 수 있기 때문에 통화에 포함시킬 수 있음.

1) 자산의 유동성

- 화폐의 유동성은 화폐가 다른 재화나 서비스로 전환되는 것을 말함.
  - 화폐는 사회에서 통용되는 일반적인 교환수단이며, 가장 구매력이 강하므로 유동성 또한 가장 높음.
  - 따라서 모든 유동성은 화폐의 유동성을 기초로 하여 이루어지며, 유동성이라는 개념을 화폐와 동의어로 사용하는 경우도 있음.
- 화폐 이외의 자산은 일단 화폐로 전환된 뒤 다른 재화나 서비스로 전환되며, 이를 일반적으로 자산의 유동성이라고 함.
  - 자산의 유동성은 전환되는 자산의 양과 질, 전환을 위한 시장의 형성, 거래 방법, 재금융의 가능성 등에 따라 유동성의 정도가 달라짐.

2) 경제주체의 유동성

- 가계 · 기업 · 정부 등 각 경제주체가 채무를 충당할 수 있는 능력을 경제주체의 유동성이라 함.
  - 기존채무의 내용이나 자산의 유동성, 차입능력에 따라 각 경제주체의 소비와 투자 등 경제활동의 수준을 결정하는 중요 요인이 됨.
  - 기업의 유동성은, 넓은 뜻으로는 기업이 화폐수요에 대응할 수 있는 정도를 말하며, 좁은 뜻으로는 채무지불이나 변제시기에 맞추어 현금을 비롯한 자금을 동원할 수 있는 정도를 말함.
  - 기업의 유동성이 문제가 되는 것은 유동성이 지나치게 높으면 결국 자본을 유용하게 활용하지 못함으로써 기업의 수익성을 떨어뜨리고, 유동성이 충분하지 못하면 경영 과정에 큰 장애를 가져와 지급불능이나 파산단계에 이르기 쉽기 때문임.
  - 따라서 기업의 유동성은 항상 시장상황에 맞게 유지해야 함.

(3) 통화량의 의미로 해석되는 시중 유동성

- 통화량, 즉 유동성은 물가나 경기와 직결되고 한국은행의 금리정책과도

밀접한 관계를 갖고 있음.

- 통화량은 범위에 따라 몇 가지 지표로 표현됨.

- 외환위기 발생 직후인 1998년 우리나라 통화지표에도 큰 변화가 있었음.
  • 당시 국제통화기금(IMF)과 합의했던 통화 목표는 한국은행이 1979년부터 20년 가까이 통화정책의 중간 목표로 사용해 왔던 옛 M2가 아니고 M3(지금의 Lf)였음.
  • IMF에서 은행만을 대상으로 하는 M2 대신 제2금융권까지 포괄하는 M3를 보겠다고 요구했기 때문

〈표 시20-1〉 통화지표

협의통화(M1)*	결제성예금(현금통화 + 요구불예금 + 수시입출식 저축성예금)
광의통화(M2)*	M1 + 만기 2년 미만의 준결제성예금(정기 예·적금 + CD 등 시장형 상품 + 수익증권 등 실적배당형 상품 + 금융채 등)
금융기관 유동성(Lf, 옛 M3)	M2 + 만기 2년 이상 정기 예·적금 및 금융채 등 + 한국증권금융 예수금 + 생명보험회사의 보험계약준비금 등
광의유동성(L)	Lf + 정부 및 기업이 발행한 유동성 상품(국채, 회사채 등)

※ *는 예금 취급기관 대상 : 중앙은행, 예금은행, 종합금융회사, 자산운용사(투자신탁), 신탁회사, 상호저축은행, 신용협동기구, 우체국예금 등

(4) 시중 유동성의 결정

- 시중 유동성, 즉 통화도 결국 수요와 공급에 의해 결정됨.

1) 통화에 대한 수요

- 먼저 소득과 밀접한 관련이 있음
  • 생산과 소비가 활발히 이루어지고 소득이 늘어나면 그만큼 상품과 서

비스의 거래가 많아지고 통화에 대한 수요가 늘어나게 됨.

- 금리에 의해서도 좌우
  - 금리는 돈을 빌렸을 때 지불해야 하는 비용이기 때문에 금리가 높으면 통화에 대한 수요가 줄어들고 반대로 금리가 낮으면 통화수요가 늘어나게 됨.

2) 통화의 공급

- 통화의 공급은 중앙은행에 의해 독점적으로 결정된다고 생각하기 쉽지만 사실은 일반은행을 통해서도 공급될 수 있음.
  - 예를 들어 갑이 A은행에 100만원을 예금하면 A은행은 늘어난 예금 중 일부분(예를 들어 5만원이라 가정)을 예금자가 찾아갈 것에 대비하여 지급준비금[124)]으로 보유하고 나머지 95만원을 다시 다른 사람에게 대출하게 됨. 이 경우 A은행이 95만원에 해당하는 유동성을 새로 창출한 셈인데 이처럼 은행에 의해서 창출되는 유동성을 파생통화라고 함.

(5) 유동성 증가의 배경

- 경제에 유통되는 돈 규모를 가늠하게 하는 통화지표 작성에서 가장 중요한 요소는 무엇을 돈이라고 보는가, 즉 통화를 어떻게 정의할 것인가에 관한 것임.[125)]
  - 통화라고 하면 흔히 지폐나 동전 같은 현금만을 떠올리기 쉽지만 그것만으로는 한 나라의 금융활동을 제대로 설명할 수 없음.

- 현재 우리나라의 통화지표는 M1(협의통화), M2(광의통화), Lf(금융기관유동성), L(광의유동성) 등 네 종류가 있음.

---

124) 이와 관련하여 〈관련 경제용어〉 참조.

125) 유동성의 많고 적음을 나타내는 지표를 통화지표 또는 유동성 지표라 하는데 다양한 금융자산 중 어디까지를 돈으로 볼 것인지에 따라 여러 종류의 통화지표가 편제되고 있음.

• M1, M2는 IMF 매뉴얼에 따라 2003년에 만들어진 금융상품을 현금화 할 수 있는 정도(유동성)를 기준으로 만들어졌고, 2006년부터는 금융기관이 발행하는 유동성에 기업과 정부 등이 발행하는 기업어음 회사채, 국채 등의 유가증권까지 포괄한 L(광의유동성)을 개발해 사용하고 있음.

• 2008년 2월 말 기준 M1 잔액은 302조원, M2는 1315조원, Lf는 1728조원, L은 2103조원에 달함.[126)]

- 이처럼 높은 증가율이 지속되고 있는 것은 기본적으로 가계대출이나 기업대출이 늘어났기 때문

  • 금융기관에서 대출로 나간 돈은 다시 예금으로 돌아오고 금융기관은 그중 일부를 지급준비금으로 한국은행에 예치하고 다시 대출해 주는 과정을 거치면서 통화가 늘어나는 것임.[127)]

  • 행정복합도시, 기업도시, 혁신도시 등의 갖가지 국토개발계획으로 2007년에만 30조원 가까이 풀린 토지보상금도 대부분 현금으로 지급되면서 통화증가에 영향을 미쳤음.

  • 또한 외국계 은행의 국내 지점 해외 차입이나 외국인 주식투자 자금 유입 등도 통화량을 늘어나게 한 요인이었음.

(6) 유동성 증가의 양면

- 유동성의 증감이 국민경제에 미치는 영향은 광범위하고 다양할 뿐만 아니라 경제상황에 따라 다르게 나타날 수도 있으나 대부분의 경제학자들은 과거의 경험에 비추어 유동성이 경제활동에 비해 지나치게 늘어나는 경우 장기적으로 물가가 오른다는 점에 대해서는 일치된 견해를 보이고 있음.[128)]

---

126) 2007년 같은 달에 비해 증가율 추이를 보면 2년 미만의 정기 예·적금 등을 포함한 M2는 2006년 10월 8.9%에서 10.1%로 가파른 상승을 보인 후 좀처럼 떨어지지 않았으며 특히 2008년 2월에는 13.4%를 기록했음. → 2003년 1월 13.9% 이래 5년 만에 가장 높은 수준으로 금융활동이 상당히 활발하다는 의미

127) 은행대출이 확대되면 파생통화 창출 과정을 통해 시중 유동성이 증가하게 됨.

• 한편 시중에 늘어난 통화량이 당장 물가를 상승시키지 않더라도 주식 시장이나 부동산 시장으로 흘러들어갈 경우 이들 자산에 대한 수요를 증폭시켜 자산가격이 급등하는 거품현상을 초래할 수도 있음.

- 통화, 곧 시중 유동성이 경제성장과 물가에 영향을 미친다는 것은 통화가 전부 거래수단으로만 사용되는 상황을 생각하면 쉽게 이해할 수 있는데, 만약 통화량이 2배가 되고 거래수량에는 변화가 없다면 물가는 2배로 상승하게 될 것이며 통화량 증가가 기업투자와 생산증가로 이어져 거래 수량이 2배로 늘어난다면 물가는 그대로일 것임.

- 따라서 유동성 증가속도 자체도 눈여겨봐야겠지만 보다 주목해야 할 것은 실물경제활동과 비교한 유동성 수준임.
  • 실물경제활동에 비해 유동성이 너무 많이 풀려 있으면 인플레이션이 발생하고 지나치게 적은 경우에는 금리가 상승하고 생산자금이 부족해져 경제활동이 위축될 가능성이 있기 때문
  • 실물경제에 비해 유동성이 얼마나 풀려 있는지를 알아보는 지표가 '유동성 갭률'[129]인데, 이것은 통화지표를 명목GDP로 나눈 값이 장기 추세치로부터 벗어난 정도를 보여줌.

- 황인성(2008)은 2009년도 국내경제 전망 보고서에서 2006년 4/4분기 이후 심화된 유동성 팽창이 2009년 하반기 물가상승의 잠복요인으로 작용할 것이라고 보고 있음.
  • 광의유동성(L)은 2006년 4/4분기(전년 동기대비 11.2%) 이후 높은 증가세를 유지하며 유동성 갭률이 양(+)의 값을 지속
  • 2000년 들어 유동성의 증가가 소비자물가의 상승에 미치는 시차는 6분기 이후로 하반기 이후 유동성 팽창의 효과가 가시화될 것으로 예상

128) 이와 관련하여 노벨 경제학상을 받은 프리드만(Milton Friedman) 교수는 상품에 비해 돈이 너무 많으면 인플레이션이 발생한다(Inflation results from too much money chasing too few goods)는 유명한 말을 남겼음.
129) 유동성 갭률(Money gap ratio) = 광의유동성(L) / 명목GDP – 장기 추세치(1999년~현재)

■ 지급준비금(Reserve)

- 금융기관은 고객이 예금을 찾으러 왔을 때 언제라도 지급할 수 있어야 하는데 그러기 위해서는 현금화가 가능한 자산을 미리 준비해 놓고 있어야 함.

- 이처럼 금융기관이 고객의 지급요구에 대비하여 미리 준비해 놓고 있는 현금 및 유동성 자산을 지급준비금(Reserve)이라고 하며 법으로 정하여 예금의 일정비율(지급준비율)에 해당하는 금액을 지급준비금으로 보유토록 하는 제도를 지급준비제도라고 함.

- 한편 이런 지급준비금의 규모를 조절하여 시중 통화량을 조절하는 정책을 지급준비정책이라고 하는데, 지급준비정책의 구조는 다음과 같이 설명할 수 있음.
  - 중앙은행이 지급준비율을 올리면 은행들은 더 많은 지급준비금을 보유해야 하므로 예금 중 대출할 수 있는 금액이 줄어들고 따라서 시중에 유통되는 통화량은 줄어들게 됨.
  - 반대로 지급준비율을 내리면 은행이 대출할 수 있는 금액이 커지고 시중의 통화량은 늘어나게 됨.
  - 하지만 지급준비율은 조금만 조정하더라도 국가 전체의 통화량이나 은행 경영에 미치는 영향이 매우 크므로 일반적으로 중앙은행은 지급준비율을 자주 조정하지는 않고 있음.

- 우리나라에서는 1950년 제정된 한국은행법에 의해 가변현금준비제도 형태의 지급준비제도가 도입되었음.

- 지급준비정책은 1960년대 중반까지만 하더라도 직접규제수단을 보완하는 역할을 수행하는 데 불과하였으나 1965년 9월의 금리현실화 조치를 계기로 통화조절 수단으로서 중요한 위치를 차지하게 되었음.

- 하지만 1990년대 들어 금융자유화의 진전과 금융시장의 급속한 발전으로 공개시장조작이 한국은행의 주요한 통화정책수단으로 자리 잡으면서 지급준비율이 큰 폭으로 인하되는 등 유동성 조절 수단으로서의 역할은 축소되었음.

참 | 고 | 자 | 료

(1) 2008. 4. 26., 《매일경제》

(2) 황인성(2008), "2009년 세계경제 및 국내경제 전망", 《SERI Economic Outlook》, 삼성경제연구소, 2008. 10.

(3) 강기윤(2008), "유동성이 뭔가요?", 한국은행 경제교육 청소년 경제나라(경제기초원리), 한국은행, 2008. 9. 8.

(4) 이영복(2008), "시중 유동성과 나라 경제", 한국은행 경제교육 청소년 경제나라(경제기초원리), 2008. 7. 18.

21

금리인상 시 물가의 움직임

(1) 금리인상 효과

- 금리가 인상되면 투자수요가 감소하고 이에 따라 총수요가 감소하고 물가가 하락할 수 있음.

(2) 기준금리(정책금리)의 경우

- 우리나라의 콜금리 목표, 미국의 연방기금금리, 영국의 기준금리 등은 경제수준을 감안하여 의도적으로 변동시키는 정책금리[130]임.

- 최종 목표인 물가와 국제수지, 경기를 안정시키기 위해 중앙은행이 화폐시장에 일정한 충격을 주는 수단임.
  - 즉 물가가 상승할 수 있는 요인이 발생할 경우(통화량이 적정수준보다 많을 경우)에 중앙은행이 정책금리를 인상하여 총수요를 감소시켜 물가를 안정시키려 하는 것임.
  - 요컨대 물가가 상승할 우려가 있어 금리를 인상하는 것이기 때문에 금리가 인상되어 물가가 하락하는 것은 아님(만약 금리를 너무 많이 인상하면 물가가 하락할 수 있는데, 일본의 1980년대 부동산 가격의 폭락이 그 예가 될 수 있음).

- 영국의 기준금리 인상도 가계소비 증가세와 주택가격 상승, 주택담보대출의 과도한 증가로 인한 과잉 유동성을 흡수해 총수요를 안정시킬 목적으로 시행된 것임.

---

130) 우리나라의 경우 기준금리가 2008년 3월부터 콜금리에서 환매조건부채권(RP)으로 변경되었음.

• 그렇기 때문에 물가가 하락한다고 볼 수 없으며, 오히려 중앙은행의 제1차적 목표인 물가안정을 위한 금리인상으로 이해할 수 있음.

- 서브프라임 모기지 사태도 돈이 안 풀려서 문제가 발생한 것이 아니라 오히려 돈이 너무 풀린 것이 발단이 되었는바, 유동성 조절을 위해 미국 연방준비제도이사회(FRB)는 금리를 인상하였음.
  • 금리가 인상되자 이자부담이 늘어 한계상황에 이른 대출자들은 채권자인 금융기관에 집을 넘겨야 했으며 금융기관은 결국 불량채권을 회수한 셈임.
  • 금융기관도 필요 없는 주택을 다수 소유하고 있는 상황이고, 한계상황에 이른 대출자들도 집을 매각하려 하기 때문에 공급량이 늘어 집값이 떨어진 것임.

참 | 고 | 자 | 료

(1) 허균(2007), "금리가 오르면 물가는 어떻게 되나요?", 《"click" 경제교육》, 한국개발연구원, 2007. 10.

22
사채의 이해

(1) 사채(또는 사금융)란

- 사적으로 금융거래가 이루어지는 시장을 사금융시장 또는 사채(私債)시장이라고 함.
  - 사채는 사적으로 거래되는 돈 또는 개인적으로 진 빚이라는 뜻인데, 여기서 사적이라는 말은 정식으로 허가를 받은 금융기관과 거래를 하는 것이 아니라 개인적으로 주고받는 거래라는 뜻임.

(2) 사채의 특징 및 현황

- 서민금융이란 일반적으로 담보능력이 떨어지고 신용도가 낮은 저소득층을 대상으로 한 신용대출을 말함.
  - 서민금융시장은 채무불이행 위험이 커 높은 대출금리가 적용되는 반면, 상대적으로 이용자들의 상환능력은 낮아 시장원리와 복지차원을 모두 고려한 접근이 필요
  - IMF 이후 은행들은 리스크관리를 위해 안정적인 수익이 보장되는 담보대출과 부유층 대상 영업에 치중하였고, 대표적인 서민금융기관이라고 할 수 있는 상호저축은행과 신용협동조합도 구조조정을 거치며 수가 크게 줄어 우리나라의 서민금융 시장은 크게 위축되었음.
  - 이 과정에서 대부업체가 급격히 늘어나게 되었고, 금융기관 선택의 폭이 좁아진 이용자들은 대부업체가 일방적으로 제시한 높은 금리를 수용할 수밖에 없는 입장이 되었음.
- 사채의 가장 큰 특징은 금융기관으로부터 돈을 빌리는 것보다 훨씬 높

은 금리를 부담해야 한다는 점

- 금융기관이 아니면서 전문적으로 돈을 빌려주는 사람들을 사채업자라고 하는데, 흔히 사채업자를 고리대금업자라고 하는 것을 보더라도 이를 잘 알 수 있음.
- 우리나라는 외환위기 전인 1997년까지 고리의 사채로 인해 어려움을 겪는 서민들을 보호할 목적으로 '이자제한법'에 의해 연 40% 이상의 금리를 받을 수 없도록 하였으나 1998년부터 이 법이 폐지되면서 사채업자들이 불법적으로 영업활동을 하게 되자 서민들의 피해는 더 늘어났음.
- 이에 따라 정부는 서민들을 보호하고 음지의 사채업자들을 양성화하기 위해 2002년 '대부업법'을 도입 시행하게 되었음.[131)]
- 그 후 대부업체의 이자율 상한을 연 49%로 제한하는 대부업법 시행령 개정안이 2007년 10월 4일부터 시행되었음.[132)]
- 2008년 10월 현재 기준으로 등록된 금융업, 대부업자에는 대부업법을 적용하여 이자는 연 49%를 넘을 수 없고, 기타 미등록 대부업자나 개인 간 사채는 이자제한법을 적용하여 연 30% (법정 이자한도)를 넘을 수 없음.[133)]

(3) 사채를 이용하는 이유

- 수많은 은행들이 있고 보험사, 저축은행, 신용협동조합 등 제2금융권 기관들도 많은데 왜 사람들은 사채를 이용하는 것일까?

---

131) ▲대부업을 하려면 관할 행정기관(시 또는 도)에 등록을 해야 하고 최고이자율도 연 66%를 넘지 못하도록 하였음. ▲대부업체는 법적으로 금융기관이 아니며 법에 의한 규제나 감독도 받지 않음. ▲규제라면 다만 이자상한선을 지키고 불법적으로 대출금을 회수할 수 없다는 정도임. ▲2007년 4월 말 현재 등록 대부업체만도 17,500개가 넘고 이외에 등록도 하지 않은 수많은 대부업체가 영업을 하고 있음.

132) ▲이에 따라 이날부터 대부업체의 이자율 상한이 연 66%에서 연 49%로 변경 적용되고, 여신금융기관도 받을 수 있는 연체 이자율은 최대 49%를 넘지 못하게 되었음. ▲일부 대형업체들은 이미 이자율을 연 49%로 자체 인하해 시행하고 있으나 중소 대부업체들은 66%의 이자율을 계속 받아왔음.

133) 이자제한법은 개인 간의 금전거래에 적용되고, 은행 및 기타 모든 금융기관과의 거래에는 대부업법이 적용됨.

• 사람들이 사채를 쓰는 이유는 손쉽게 돈을 빌릴 수 있기 때문이기도 하지만, 근본적인 이유는 금융기관으로부터 돈을 빌릴 수 없기 때문

- 일반적으로 사람이 돈이 필요할 때 먼저 은행을 찾고 여의치 않으면 신용협동조합이나 저축은행 등 제2금융권을 찾는데, 금융기관이 돈을 빌려줄 때는 아무에게나 주지 않음.
  • 갚아야 할 때 정확하게 갚을 수 있는 사람, 즉 신용이 있는 사람에게만 돈을 빌려주는 것임.

- 개인들의 신용은 신용정보회사에서 숫자로 등급을 매겨 평가하는데 1등급부터 10등급으로 구분
  • 1등급부터 6등급까지는 은행을, 7등급까지는 저축은행 등 서민 금융기관을 이용할 수 있지만 8등급 이하로 신용도가 낮은 사람은 사채를 이용할 수밖에 없는 것임.

- 부도위기에 몰린 기업, 파산위기에 몰린 개인 등 긴급한 상황에서 최후 수단으로 사람들이 사채를 이용
- '신용은 돈이다'라는 말을 하지만, 경우에 따라서는 신용은 생명이기도 함.

(4) 사채 이용 실태

- 2007년 5월 초 금융감독원이 사금융 이용자 5750명을 대상으로 조사한 결과에 따르면 사금융 이용자들이 대부업체에서 돈을 빌릴 때의 금리가 등록업체는 연 181%, 무등록업체는 연 217%에 달한다고 함.
- 대부업법상 금리한도(연 66%)를 초과하는 고금리를 부담하는 사금융 이용자도 73%에 달한다고 함.
- 사금융을 이용하는 원인은 실직이나 부도 등으로 인한 교육비와 병원비 마련 등 생계를 위해 급전이 필요한 경우가 65%로 대부분을 차지
- 자금용도별로는 다른 대출금을 상환하기 위해 사금융을 이용(이른바 돌려막기)하는 경우도 41%로 가장 비중이 높게 나타났음.

- 사금융 이용자의 1인당 평균 이용금액은 960만원이었으며, 사금융 이용자의 절반 정도는 1천만원 이하의 자금만 있으면 사채시장에서 벗어나 정상적인 경제활동을 할 수 있는 것으로 나타났음.

- 사금융 이용자의 연령은 30대(44%), 20대(32%), 40대(17%) 순으로 20~30대가 대부분을 차지했으며 일정한 급여소득이 있는 회사원의 비중이 52%를 차지

(5) 사채의 유혹과 무서움

- 사금융 이용에 관한 금융감독원의 실태조사 보고서에서도 알 수 있듯이 사채업자(대부업체)들은 대부분 연 200%가 넘는 고금리를 받고 있음.
  - 특히 20~30대의 젊은이들이 주로 사채시장을 이용하고 있어 사회적으로도 큰 걱정거리가 아닐 수 없음.

- 그런데 이제 대부업체는 우리 사회에서 생소한 이야기가 아닌 익숙한 존재가 되었음.
  - 시민들이 많이 이용하는 지하철의 광고판에도 쉽게 볼 수 있고, 케이블 TV를 켜면 유명 연예인들이 등장하는 광고를 언제나 들을 수 있는 상황
  - 더군다나 신청 즉시 대출, 30일 무이자 이벤트, 신용카드 대납, 신용불량자도 대출 가능 등의 달콤한 말로 급한 상황에 처한 서민이나 젊은이들을 유혹

- 그러나 사금융 이용자의 상당수가 원금보다 몇 배 많은 이자부담으로 고통을 당하기도 하고, 빚을 내서 빚을 갚아야 하는 악순환에 빠질 위험성이 있음을 명심

- 얼마 전 어떤 신문사와 신용평가회사가 공동으로 조사하여 발표한 자료에 의하면 우리나라 성인 중 700만 명 이상이 은행대출을 받지 못해 서민 금융기관이나 대부업체를 이용하고 있다고 함.

- 또한 이들 중 상당수가 고금리와 장기연체 또는 빚 독촉 등의 사채의 덫에서 허덕이고 있는 것으로 나타났음.

- 우리가 이런 어려운 상황에 빠지지 않기 위해서는 너무나도 당연한 이야기일지 모르지만, 근검절약과 절제된 생활 그리고 신용관리의 중요성을 명심하고 실천하는 노력이 있어야 함.

(6) 사채 이용 시 주의사항

- 금융감독원의 '불법 사금융 피해 예방요령'을 소개하면 다음과 같음.
- 우선 거래상대방의 정체를 분명히 알아야 함.
  - 돈을 빌릴 때는 상대방이 누구인지, 영업소는 어디인지, 대부업 등록은 했는지 등을 꼭 확인을 해야 함.
- 계약서 및 영수증은 꼭 챙겨야 함.
  - 그래야 훗날 문제가 생길 때 피해를 구제받을 수 있음.
- 계약내용을 정확하게 알고 서명·날인해야 함.
  - 대출액, 대출이율, 중도상환조건 등 계약내용을 모르고 서명하는 일이 없어야 함.
- 돈 빨리 빌려준다는 유혹에 조심
- 본인 신용도에 비해 상식적으로 납득이 가지 않는 유리한 조건을 제시하는 업체는 조심
- 제도금융권의 대출 가능 여부를 먼저 알아보는 것이 좋음.
- 허위·과장·부실 광고에 현혹되지 말아야 함.
- 사금융 이용에 따른 경제적 어려움은 가족과 함께 극복하는 것이 좋음.
  - 가족들 모르게 채무를 해결하려다 대출사기의 유혹에 빠지는 경우가 많기 때문
- 사금융 피해 및 금융사기 피해가 발생하면 경찰이나 금융감독원에 신고하여 도움을 받는 것이 좋음.

(7) 대출금리의 상한선을 낮추는 것만이 능사가 아님.

- 대출금리 상한선을 낮추는 것은 대출업체의 횡포를 막기 위한 하나의 방법이 될 수 있을 것임.
- 그러나 대출금리의 상한선을 낮춘다고 해서 모든 이용자가 혜택을 받을 수 있는 것은 아님.
  - 대부업체의 이자상한선을 급격히 낮출 경우 이용자들의 대출금리가 낮아질 수 있지만, 대부업체에서도 대출을 거부당하는 저소득층 또한 늘어나게 될 것임.
  - 이들은 대부업체보다 몇 배 높은 금리를 부담하며 불법 사금융업체를 이용할 수밖에 없을 것임.
  - 은행 등 제도권 금융기관이 리스크 관리를 강화하면서 서민들이 대부업체를 이용할 수밖에 없었던 것처럼 대부업체에 대한 규제 강화가 오히려 이들의 금리부담을 높일 수 있음.
  - 또 현재 절반이 넘는 비등록 대부업체의 비중도 높아져 대부업을 양성화하려는 노력에 반하는 결과를 가져올 수 있음.

(8) 합리적 방안

- 결국 서민금융시장의 규제는 단순히 이자율을 낮추는 방향이 아니라 보다 많은 서민들이 자신의 신용도에 따라 합당한 수준의 이자를 부담하며 자금을 빌릴 수 있도록 서민금융시장을 활성화시키는 방향으로 이루어져야 할 것임.
- 이를 위해 가장 중요한 것은 정보비대칭 문제를 해소하는 것임.
  - 현재 대부업체는 소득정보 등이 없는 저소득층의 경우 정확한 개인별 신용평가가 어려워 대부분 최고수준의 금리를 적용하고 있음.
  - 또 대부업체를 이용하는 저소득층의 경우 금융거래 경험이나 금융 관련 지식의 부족 등으로 업체가 제시한 금리가 합당한지, 향후 이자부담이 어느 정도인지 알지 못하고 이용하고 있는 경우가 많음.

• 실제로 대부업체 이용자 중에는 높은 신용등급에도 불구하고 고금리를 부담하게 되는 경우도 많다고 함.

- 따라서 개인의 신용도를 세분화하여 등급에 따른 합당한 이자를 책정할 수 있는 신용평가시스템을 구축하여야 할 것임.

- 또 이용자들이 이자부담을 쉽고 명확하게 알 수 있도록 광고 및 계약서에 표시하는 것을 의무화하고, 국민들을 대상으로 한 금융교육도 확대해야 할 것임.

관련사항

▣ 이자제한 논란

- 서민경제를 파탄으로 몰고 가는 고리사채 문제는 어제 오늘의 일이 아님.
  • 외환위기 직후 서민 가계를 괴롭히던 고리사채는 외환위기를 극복해 나가면서 한동안 잠잠하였으나, 최근 가계부채 급증과 동시에 다시 큰 문제로 떠오르고 있음.

1) 이자상한제의 반대론

- 과거에 정부는 이자의 최고한도를 현행보다 낮출 경우 사채 이용이 오히려 증가해 서민금융이 더욱 어려워진다는 이유로 이자제한법의 부활을 반대하였음.

- 무엇보다 대부업체들이 이자제한법의 실효성에 의심을 두고 있음.
  • 기존 대부업법하에서 이자상한제가 시행되고 있음에도 불구하고 연수백 퍼센트에 달하는 이자를 받는 사채피해가 상당하였으므로 엄격한 행정력이 시행되지 않는 한 고리사채의 피해는 막기 힘들 것이라 지적

• 대부업체의 주 이용계층이 신용도가 낮아 제도권 금융서비스를 이용할 수 없는 금융소외계층임에 따라 대부업체의 부실채권 비율은 더 커지고, 따라서 금리 역시 더 높아질 수밖에 없다는 것임.
• 또한 인위적으로 이자상한제를 실시하였을 경우 대부업체들이 높은 자금조달비용과 대출 부실화로 인해 경영난을 겪을 것이고 이는 합법적인 사금융 대출시장의 위축으로 이어져 오히려 서민들이 초고금리의 음성적 사채시장으로 몰리게 될 것임.

2) 이자상한제의 찬성론

- 그러나 시민단체 및 일부 여론에서는 정부가 서민금융의 안정을 위한 고리사채 문제를 적극적으로 해결해야 한다고 꾸준히 주장하였으며, 대법원 역시 '사회통념을 넘어설 정도로 지나치게 높은 사채(私債)이자는 무효'라는 판결을 내 놓음으로써 이자제한법을 찬성하는 입장에서는 더욱 힘을 얻게 되었음.
- 정치권 및 정부는 고리사채로 인한 개인파산을 막고 서민들의 고통을 덜어주기 위해 최고 이자율을 제한해야 한다는 것임.

3) 시사점

- 제도금융권 접근이 제한된 금융소외계층이 고리사채로 고통을 받는 것을 방지하기 위해서는 이자제한법뿐만 아니라 마이크로 크레딧[134]을 활

---

134) 마이크로 크레딧(micro credit)이란 영세민의 자활을 돕기 위해 공여되는 무담보 소액 대출을 말함. 이는 1976년 방글라데시에 마이크로 크레딧 전담 은행인 그라민 은행이 설립되면서 시작되었음. 이후 아시아·아프리카의 여러 나라와 미국·프랑스 등 선진국으로 확대·발전되었음. 한국에는 1999년 사단법인 예은사랑 나눔회와 씨티은행이 '신나는 조합'(Joyful Union)을 설립함에 따라 도입되었음. 대출 수익보다는 금융기관의 이익을 사회에 환원하는 성격이 강하기 때문에 금리 등 각종 대출조건이 채무자에게 유리하게 설정됨. 마이크로 크레딧은 근로능력과 자활의사가 있는 농촌·도시 지역의 빈민층을 대상으로 함. 5명의 채무자가 짝을 이루어 대출을 받고 상호협조하며 대출금을 갚아나감. 보통 첫 대출은 300~500달러 수준의 소액대출로 시작하지만 대출자의 신용이 쌓이면 추가대출, 예금가입 등의 다양한 혜택이 제공됨. 전 세계적으로 90%가 넘는 높은 대출금 상환율을 기록하고 있음.

성화하는 등 서민들이 이용할 수 있는 금융서비스를 확대하고 그에 대한 접근 기회를 늘리는 정책이 병행되어야 하는 것이 무엇보다 필요

참 | 고 | 자 | 료

(1) 안형순(2007), "사채의 유혹과 그 무서움", 한국은행 경제교육(풀어 쓴 생활경제), 2007. 6. 26.

(2) 2007. 10. 5., 《한겨레신문》

(3) 박진형(2007), "대부업체와 서민금융시장", 한국은행 경제교육(시사경제), 한국은행 목포 본부, 2007. 9. 17.

(4) 윤용준(2007), "이자제한법", 한국은행 경제교육(시사경제), 한국은행 대구경북본부, 2007. 3. 5.

23

금리의 이해

(1) 금리란

- 은행에 예금을 하거나 은행으로부터 돈을 빌렸을 때 돈을 빌린 사람은 일정기간 빌려 쓴 돈에 대한 대가를 지급하는데 이를 이자라 함.
  - 이자의 원금에 대한 비율을 금리 또는 이자율이라고 함.
  - 한마디로 금리란 돈의 가격인 셈
  - 예를 들어 은행에 10만원을 예금하고 1년 뒤에 11만원을 받는다고 한다면, 돈을 예금한 대가로 받는 1만원이 이자이며 이 경우 예금금리는 이자 1만원의 원금 10만원에 대한 비율, 즉 10%임.
- 금리는 현재시점에서 돈을 쓰지 않고 미래를 위해 저축한 것에 대한 대가라고도 볼 수 있음.
  - 즉 10만원을 예금하지 않고 누릴 수 있는 영화관람, 외식, 옷 구입 등 현재의 소비가 줄 수 있었던 만족을 포기한 보상이라고 할 수 있음.

(2) 금리의 결정

- 물건의 가격이 사고자 하는 양(수요)과 팔고자 하는 양(공급)에 의해 결정되듯이 돈의 가격인 금리도 기본적으로 돈을 빌리고자 하는 수요와 빌려주고자 하는 공급에 의해 결정
- 돈을 사용하려고 하는 사람이 많으면 금리가 올라가고 반대로 빌려주고자 하는 사람이 많으면 금리는 내려감.
  - 과거 시중에서 금리가 가파르게 올라간 이유도 은행으로부터 돈을 빌

리고자 하는 수요는 많은 데 비해 은행이 대출해 줄 수 있는 돈이 부족하기 때문이었음.[135)]

- 금리가 모든 사람에게 똑같이 적용되는 것은 아님.
  - 돈을 빌리는 기간(만기), 빌리는 사람의 신용도, 어떤 금융기관에서 빌리는가, 담보가 있는가 등의 여러 가지 조건에 따라 금리에서 차이가 발생[136)]

(3) 금리와 경제의 관계

- 우선 금리는 현재 경제의 상태를 나타내는 경기와 큰 관련이 있음.
  - 금리가 높아지면 사람들이 저축을 늘리면서 소비가 줄게 되고 기업들은 돈을 빌리는데 더 많은 이자를 지급해야 하기 때문에 투자가 줄고 이익도 줄어들기 때문에 경기가 위축될 수 있음.
  - 반대로 금리가 낮아지면 저축의 매력이 떨어지면서 소비가 늘어나게 되고 기업의 투자활동이나 수익성도 좋아지게 되므로 경기가 좋아질 수도 있음.

- 금리는 물가와도 깊은 관련이 있음.
  - 금리가 올라 소비 대신 저축을 늘리면 전체적으로 물건을 사려는 수요가 줄어들게 되므로 물가는 떨어지게 됨.
  - 반대로 금리가 내리면 소비하려는 수요가 늘게 되어 물가가 오르게 됨.
  - 그래서 중앙은행인 한국은행은 경기가 과열되고 물가가 상승할 때는 금리를 올려 소비와 투자를 진정시키고, 경기가 침체되면 금리를 낮추어 경제가 안정적으로 성장할 수 있도록 뒷받침하고 있음.

---

135) 이는 주식가격이 많이 오르고 각종 펀드가 높은 수익률을 기록하면서 사람들이 여윳돈을 은행보다 증권사나 자산운용사에 많이 맡기면서 발생한 현상이었음.

136) 금리는 대체로 만기가 길수록 높아지는데, 기간이 길수록 돈을 되돌려 받을 수 있을지가 더 불확실해지고 돈을 빌려준 사람입장에서는 필요할 때 마음대로 쓸 수 없기 때문 → 그래서 은행에서도 수시로 돈을 넣거나 뺄 수 있는 보통예금보다 오랜 기간 저축하는 정기예금에 더 많은 이자를 지급. 돈을 갚을 수 있는 능력, 즉 신용도에 따라서도 금리가 다르게 적용되는데, 예를 들어 빚이 많아 신용이 안 좋은 사람보다는 신용이 좋은 사람이 낮은 금리로 돈을 빌릴 수 있음.

- 이와 같이 금리는 소비, 투자, 경기, 물가 등 우리의 실생활에 굉장히 큰 영향을 주고 있음.

(4) 금리의 종류

- 현실경제에서 금리는 종류도 많고 수준의 차이도 많이 남.
  - 우선 금융기관 상호간에 단기간 돈을 빌릴 때 적용되는 콜금리(call rate), 은행에 예금을 할 때 적용되는 예금금리, 또 돈을 대출받을 때 적용되는 대출금리, 금융기관을 통하지 않고 당사자들끼리 약속해서 정하는 이자율인 사채금리 등이 있음.
- 금리는 계산방법에 따라 단리(單利)와 복리(複利)로 나눌 수 있음.
  - 단리는 원금에 대해서만 이자를 계산하는 것이고 복리는 찾아가지 않은 이자에 대해서도 추가로 이자를 계산하는 방식[137]
- 이와 같이 금리는 당사자, 기간, 계산방식 등 많은 요인들에 따라 다양하고 복잡하지만 금리의 움직임은 개인의 경제생활은 물론 국민경제 전체에도 큰 영향을 미치기 때문에 금리의 움직임을 주의 깊게 살펴보는 것이 합리적인 경제인이 되는 첫 단계라 할 수 있음.

관련사항

▣ 수익률

- 일정한 돈의 투자로 어느 정도의 이익을 올릴 수 있는가를 나타내는 것을 수익률이라 함.
  - 즉 100만원으로 정기적금을 들거나, 주식을 사거나, 채권을 샀을 때 1

137) 예를 들어 100만원을 연 10%의 금리로 은행에 2년간 저축할 경우 단리일 경우는 원리금 합계액은 120만원이지만 복리일 경우는 첫해 이자 10만원에도 이자가 1만원 붙어 총 121만원이 됨. 같은 수준의 금리라면 복리방식이 이자를 많이 받게 됨.

년이 지나 110만원이 되었다면 수익률이 10%가 되는 것임.

- 금리도 예금이라는 금융상품에 투자했을 때 얻는 수익률이라고 보면 되며, 주식에 투자했을 경우 주가수익률, 채권에 투자했을 경우 채권수익률, 펀드에 투자하면 펀드수익률이라고 함.

- 실제 여러 금융상품들을 보면 수익률이 서로 다른데 그것은 그 상품마다 위험이 다르기 때문
  - 투자한 돈을 손해 볼 수도 있는 위험이 크다면 그만큼 더 큰 보상을 해줘야 함.
  - 따라서 위험이 높은 주식이나 펀드가 채권이나 은행예금에 비해 일반적으로 수익률이 높음.

▣ 콜금리

1) 의 미

- 한마디로 금융기관 간 단기 자금거래 시 적용하는 금리
- 금융기관들이 영업활동을 하다 보면 자금이 남거나 모자라는 경우가 생기는데, 금융기관 간에 발생한 이러한 과부족자금을 거래하는 시장을 콜시장이라 함.
- 콜시장에서 빌리는 돈을 콜머니(call money), 빌려주는 돈을 콜론(call loan)이라 하는데, 이때 적용되는 금리를 콜금리(call rate)라 함.
- 콜금리는 시중의 자금사정을 잘 나타내는 지표로서 한국은행이 통화정책 수행 시 기준금리로 이용[138]되었음.

2) 콜금리 조절이 경제에 미치는 영향

- 한국은행이 콜금리 목표를 조정하면 금리, 주식이나 부동산 등의 자산가

138) 한국은행은 2008년 3월 7일부터 정책금리를 이전 '콜금리 목표'에서 '한국은행 기준금리'로 변경하였음.

치, 환율, 기대 등의 다양한 경로를 통하여 국민경제에 영향을 미치게 됨.

- 콜금리 인하 시
  - 한국은행이 공개시장조작 정책 등을 실시하여 콜금리를 종전보다 낮게 조절하면 장단기 시장금리나 은행 여수신금리도 하락
  - 이에 따라 가계의 소비가 늘고 기업도 투자를 위한 자금조달 비용이 낮아져 투자가 늘어나게 됨(금리경로).
  - 또한 금리가 인하되면 채권보다는 주식에 대한 투자가 더 매력적이게 되고 아파트 등 부동산에 대한 수요도 증가
  - 이에 따라 주식과 부동산의 자산가치가 상승(부의 효과 : wealth effect)하여 개인들은 소비를 늘릴 수 있는 여력이 커지게 됨.
  - 기업도 주가가 오르면 기업의 가치가 올라가게 되고 주식시장을 통한 자금조달도 원활하게 되어 투자가 활발(자산가치경로).
  - 한편 콜금리 조정으로 국내금리가 하락하면 원화로 표시된 금융자산의 수익률이 떨어지게 되어 우리나라 돈의 가치가 하락(원화환율 상승)
  - 환율이 상승하면 수출은 늘고 수입은 감소하여 경상수지가 개선되는 효과가 있으나 수입가격이 오르게 되어 국내물가는 오르게 됨(환율경로).
  - 한편 통화정책이 완화(또는 긴축)될 것으로 예상되면 개인이나 기업들도 경기나 물가전망을 이에 맞게 변화시킴으로서 소비, 투자 또는 물가에 영향을 미치기도 함(기대경로).

▣ 정책금리

- 한 나라의 중앙은행은 통화신용정책을 통하여 물가를 안정시키고 나아가 경제성장과 국제수지 균형, 완전고용 및 금융안정을 이룩하고자 함.

- 대부분의 선진국들이 과거에는 통화량을 얼마로 할 것이냐 하는 것이 정책의 중심이었지만 최근에는 금리를 얼마로 할 것인가 하는 금리 중심으로 정책기조가 변경되었음.

- 이와 같이 중앙은행이 통화신용정책의 수행을 위해 목표로 정하는 금리를 정책금리라고 함.

- 중앙은행은 정책금리의 조정을 통하여 각종 경제변수들에 영향을 줌으로써 물가안정 등과 같은 여러 가지 정책목표를 달성할 수 있게 되는 것임.
  - 중앙은행이 정책금리를 조정하면 금융시장에서 장단기 시장금리가 변동하고 이에 따라 금융기관의 여수신 금리, 주식 및 부동산 등의 가격이 움직이게 되고, 이는 가계의 소비나 기업의 생산·투자활동에 영향을 미치게 됨.
  - 또한 정책금리 조정에 따라 외국과의 금리차이가 발생하게 되고 이는 자본유출입에 영향을 미쳐 환율을 변동시키게 됨.

- 우리나라도 1999년부터 통화신용정책의 기조를 금리중심으로 변경하고 콜금리를 정책금리로 하여 매월 초 한국은행 금융통화위원회에서 콜금리의 운용목표를 결정하고 있음.
  - 콜금리 목표제는 그동안 우리나라 경제가 안정적으로 운용되는 네 크게 기여해 왔으나 콜금리가 목표치에서 크게 벗어나지 않도록 조절됨에 따라 변동성이 줄어들게 되고 콜금리가 시장금리로서의 기능을 제대로 수행하지 못하는 등의 문제점도 발생되었음.

- 그 후 한국은행은 2008년 3월부터 콜금리 대신 '한국은행 기준금리'로 변경하여 운용
  - 여기서 '한국은행 기준금리'는 한국은행이 금융기관과 환매조건부채권(RP) 매매, 대기성여수신 등의 거래에서 적용되는 금리를 말하며, 기준금리의 결정이나 공표방식 등은 현행 콜금리의 경우와 동일하게 유지될 예정

참 | 고 | 자 | 료

(1) 윤태길(2008), "돈의 가격, 금리는 어떻게 결정되나", 한국은행 경제교육(경제기초원리), 2008. 4. 8.

(2) 안형순(2007), "콜금리와 국가경제", 한국은행 경제교육(경제기초원리), 2007. 6. 28.

(3) 김광민(2008), "정책금리", 한국은행 경제교육(시사경제), 한국은행 충북본부, 2008. 2. 18.

24

금 산 분 리

(1) 의 미

- 금산분리란 산업자본과 금융자본을 분리하는 제도로서 우리나라에서는 '은행법'과 '금융산업 구조조정에 관한 법률' 등에 의해 산업자본의 은행 소유와 재벌기업집단 금융회사의 일반회사 지배를 엄격히 제한하여 왔음.
  - 산업자본의 은행 소유를 제한하는 규제로서 대기업이 자기 자본이 아닌 고객 예금으로 사업하는 것을 막을 목적으로 1982년 도입

- 2007년 론스타의 외환은행 매각 추진 시 국부유출 논란과 함께 제기되었던 금산분리 문제는 최근 이명박 정부의 완화방침 천명으로 인해 다시 현안으로 부상
  - 외환위기 이후 대다수 국내 은행 소유권이 외국 자본에 넘어가자 국내 자본에 대한 '역차별'이라는 논란이 제기

(2) 논의의 쟁점

1) 찬성 입장

- 금산분리를 찬성하는 측에서는 대기업이 은행을 소유할 경우 은행의 기업규율 기능이 사라지는 데다 재벌의 사금고화로 무리한 대출이 성행하여 금융회사의 건전성도 악화될 것이라고 주장
- 또한 금융자본을 소유하지 않은 기업과의 불공정 경쟁 가능성에도 우려를 나타내고 있음.

• 실제로 미국은 대공황 당시 산업과 금융의 동반부실을 경험한 후 금산분리를 법제화하였음.

2) 완화 입장

- 금산분리 완화를 주장하는 측에서는 금산분리가 국내자본을 역차별하여 국내은행의 경영권이 외국자본에 귀속되는 결과가 초래된다고 주장
- 또한 일반기업들도 외국 금융자본으로부터의 적대적 M&A 위협에 노출되어 있는 만큼 금융기관의 계열사에 대한 의결권 제한 조치도 해제하여 이를 방지할 필요가 있음을 역설
- 아울러 산업자본의 유입으로 금융산업의 효율성이 보다 제고될 수 있다고 지적

3) 외국의 경우

- 외국의 경우 각국 사정에 따라 입장이 다양한데 미국, 호주 등과 같이 금산분리를 엄격히 시행하는 나라가 있는가 하면, 유럽 국가들처럼 관련 규정이 명문화되어 있지 않은 나라들도 많음.
  • 다만 금산분리가 법제화되어 있지 않은 나라에서도 일반기업이 은행의 대주주가 되는 경우는 흔치 않음.

(3) MB 정부의 금산분리 완화정책 방향

1) 진행상황

- 공정거래위원회는 2008년 12월 18일 대통령 업무보고에서 비(非)금융 일반 지주회사가 은행을 제외한 보험・증권・카드・저축은행 등 금융 자(子)회사를 가질 수 있도록 허용하겠다고 밝혔음.
- 이 정책이 관련법 개정으로 시행되면 이명박 정부의 대표적인 정책인 '금・산(금융・산업자본) 분리 완화'가 완성되게 됨.

- 공정위는 이르면 다음 주 이 같은 내용의 공정거래법 개정안을 입법 예고하고, 2009년 2월 국회에 상정할 계획
  - 현행법은 비금융 업종의 기업이 지주회사로 전환하면 2년 안에 보유하고 있는 금융자회사를 매각하도록 하고 있음.
- 기업의 입장
  - 현행법대로라면 2007년 7월 지주사로 전환한 SK그룹의 경우 2년의 유예기간이 끝나는 2009년 6월까지 SK증권을 매각해야 하지만, 이번 조치로 SK는 증권사를 그대로 소유할 수 있는 길이 열렸음.
  - CJ 또한 CJ창업투자를 그대로 보유할 수 있게 됨.
  - 따라서 이번 조치로 즉각적인 이익을 보는 기업은 SK와 CJ그룹이어서 두 그룹은 공정위 발표를 환영한다는 반응
  - 두산 · 동양그룹 등 금융계열사를 팔아야 하는 걸림돌 때문에 지주회사 전환이 늦어진 기업들의 지주회사 전환 속도도 빨라질 전망
  - GS그룹은 지주회사 체제이지만 금융 자회사가 없기 때문에 이번 조치와 무관
  - 삼성그룹 또한 이번 조치에 별 영향을 받지 않을 전망인데, 금융사인 삼성생명이 그룹 내 최대 계열사인 삼성전자의 최대 주주(7.2%)라, 어차피 제조업 중심의 비금융 지주회사로 전환하기 위한 지분 정리가 힘들기 때문임.
- 공정위는 금산분리 완화에 따른 부작용을 막기 위해 같은 지주회사에 속해 있더라도 금융회사와 제조회사 간 출자는 금지하기로 했음.
- 이에 따라 현 정부의 핵심공약 중 하나인 '금산분리 완화'의 얼개가 갖춰지게 됐음.
  - 이미 국회엔 금융 지주회사가 제조업 자회사를 거느릴 수 있게 하고, 산업자본(기업)의 은행 주식 보유 한도를 4%에서 10%까지로 늘리는 관련법 개정안이 제출되어 있음.
  - 여기에다 이번 공정위 발표에 따라 '일반 지주회사→금융 자회사' 소유를 허용하는 법 개정까지 이뤄지면 산업자본과 금융자본의 벽이 허물어지게 됨.

2) 논란 예상

- 하지만 정부의 금산분리 완화로 금융회사가 대기업의 자금줄이 될 수 있다는 지적도 만만치 않아 실제 법 개정까지는 많은 논란이 있을 것으로 보임.

- 공정위는 또 대기업 집단이 사모주식펀드(PEF)를 통해 제조업체에 15% 이상 투자하지 못하도록 한 규제를 향후 5년 동안 한시적으로 없애고, 대기업 PEF의 기업 소유지분율 제한(상장사 20%, 비상장사 40%) 등 각종 규제도 풀기로 했음.
  • 이는 대기업들이 중소기업 인수합병(M&A)에 적극적으로 나서도록 함으로써 기업 구조조정을 활성화시키기 위한 조치라고 공정위는 설명
  • 10대 기업집단이 보유한 현금성 자산은 43조원(2008년 9월 말)에 달함.

3) 개정된 금융지주회사법의 국회통과

- 개정된 금융지주회사법이 오랜 논란 끝에 2009년 7월 22일 국회를 통과함으로써 금산분리 완화를 위한 첫 단추가 열렸음.
  • 주요 내용은 산업자본의 은행지주회사 주식보유한도를 4%에서 9%로 높이고, 은행을 자회사로 갖지 아니하는 금융지주회사에 대해 일반 제조업체의 지배를 허용케 했음.
  • 금융지주회사법은 보험사나 증권사 등을 소유한 비은행 지주회사가 제조업 자회사를 지배할 수 있도록 허용하고 있어 이 법안의 최대 수혜자는 대규모 기업 집단 계열의 증권사가 될 것으로 예상

관련사항

▣ 지주회사

- 지주(持株)회사는 다른 회사의 주식을 소유해 사업활동을 지배하는 것

을 목적으로 삼는 회사를 말함.

- 제조업을 주력으로 하는 '일반 지주회사'와 은행 · 보험사 등을 거느리는 '금융 지주회사' 등으로 나뉨.

▣ 사모주식(투자)펀드

- 헤지펀드와 유사한 투기성 자금으로 사모주식펀드(PEF : Private Equity Fund)가 있음.
- 사모주식펀드는 소수로부터 자금을 사모방식으로 모집하고 각종 규제에서도 벗어나 있다는 점에서 헤지펀드와 유사
- 그러나 헤지펀드가 주식, 통화, 파생상품 등 고수익을 내기 위해 투자대상을 가리지 않는 반면, 사모주식펀드는 기업을 인수하여 구조조정을 통해 주식가치를 높인 후 매각하여 차익을 얻는 것을 주목적으로 함.
  • 사모주식펀드 역시 기업구조조정시장의 성격상 고위험 · 고수익을 추구할 수밖에 없고, 특히 기업인수 자금을 상당부분 차입에 의존하기 때문에 헤지펀드와 마찬가지로 투기성이 강한 자본이라 할 수 있음.
  • 사모주식펀드는 기업구조조정 활성화, 선진 경영기법 전수 등의 순기능도 있으나 투자기간이 3~5년 정도로 비교적 단기간이기 때문에 투자자금의 조기회수를 위한 무리한 구조조정 등의 부작용을 일으키기도 함.
- 우리나라에서 활동하고 있는 사모주식펀드의 예로는 SK사태를 일으킨 소버린(Sovereign Asset Management), KT&G와 경영권 분쟁을 일으키고 있는 아이칸(Carl Icahn) 등을 비롯하여 칼라일(Carlyle), 론스타(Lone Star), 뉴브릿지캐피탈(Newbridge Capital) 등이 있음.

참 | 고 | 자 | 료

(1) 한국은행(2008), "금산분리 논의의 쟁점", 한국은행 경제교육(시사경제), 한국은행 광주전남본부, 2008. 1. 14.

(2) 2008. 12. 19., 《조선일보》

(3) 2009. 7. 24., 《파이낸셜 뉴》

25

돈의 유통속도

(1) 유통속도는 과연 안정적인가

- "돈이 잘 돌지 않는다" 또는 "돈이 너무 흔하다"는 얘기를 흔히 듣게 되는데, 이 경우 돈은 십중팔구 주머니나 금고 속의 현금이나 수표를 의미함.

- 그러나 우리가 만지작거릴 수 있는 돈들은 세계에 유통되고 있는 전제 돈의 극히 작은 일부분에 지나지 않음.
  - 컴퓨터 네트워크를 타고 하루 몇 조(兆)달러의 돈들이 순식간에 자리바꿈을 거듭함.
  - 시차도, 물리적 장소도, 형태도 없이 컴퓨터스크린을 넘나드는 돈을 '전자머니'라고 부름.139)

- 돈과 그 속도에 관한 정의와 개념자체가 달라지고 있음을 시사
  - 움직이는 물체의 동력은 질량에다 그 속도를 곱한 값인데, 경제 역시 움직이는 실체이기 때문에 그 움직이는 힘 또한 돈의 규모에다 그 유통속도를 곱한 값으로 생각함.
  - 질량이 작아도 속도가 빠르면 큰 힘을 낼 수 있긴 하지만 수중에 들어온 돈을 가계나 기업이 얼마나 오랫동안 지갑이나 금고 속에 갖고 있느냐는 측정이 쉽지가 않음.

- 통화주의자나 통화정책당국들은 애초에 이 속도를 안정되고 일정한 것으로 간주하고 통화량의 크기만을 늘렸다 줄였다 하면 된다고 주상

---

139) 옮겨 다니는 속도는 빛의 속도와 맞먹는데, 아인슈타인의 우주에서 빛보다 속도가 더 빠른 것은 존재하지 않음.

• 속도가 불안정할 경우 통화량의 규제를 통한 경제의 컨트롤은 사실상 의미가 없어지기 때문임.

(2) 유통속도 개념의 추방

1) 이 유

- 현실적으로 의미가 없고 경제상황을 오도(誤導)한다는 이유에서 벤저민 프리드먼과 그레고리 맨큐우 등 하버드의 중견 경제학자들이 이 '속도' 개념의 추방을 들고 나왔음.
- 흔히 국민총생산은 전체통화량에 유통속도를 곱한 값으로 간주됨.
  • GNP가 36조원이고, 통화량이 6조원이라면 그 통화속도는 6이 됨. ⇒ 1년에 6회전, 즉 수중에 들어온 돈이 평균 두 달 정도씩 머문다는 의미
- 그러나 현실경제에서 돈이 얼마나 빨리 움직이느냐를 재는 척도로 이 속도(통화량과 GNP간 비율)는 두 가지 중대한 결함을 안고 있음.
  • 첫째 국경을 넘나드는 전자머니를 통한 통화공급은 공식집계에 잡히지도 않고, 또 경제상황에 영향을 주지 않으면서 수시로 이뤄짐. ⇒ 전자머니의 회전속도는 지극히 불안정
  • 둘째 GNP집계에서 일상거래의 대부분은 계산에서 제외됨. ⇒ 자동차를 구입할 경우 수요자가 자동차판매회사에 대금을 지불하고 구입한 최종 거래만 계상됨.140)

2) 유통속도의 불안정 추세

- 최근에 들어 이 속도마저 갈수록 불안정해지는 추세
  • 속도의 안정을 전제로 한 통화정책이론은 그 근저부터 위협을 받고 있음.
  • 통화정책에 상관없는 성장도 상정됨.

140) 경제상황을 가장 잘 나타내 주는 부품구매와 납품에 얽힌 수많은 중간단계 거래들은 생략

- 각국 금융당국의 통제 밖에 놓인 전자머니는 금융세계에 '미래의 충격'
  - 미국의 연간 전체통화(M1) 가운데 개인 및 기업의 거래 및 저장용 보유는 30%에 불과해 '실종된 돈'의 행방이 새로운 연구 과제임. ⇒ 불법 지하경제, 조사대상에서 제외된 18세 미만의 어린이, 아니면 외국인 수중이 이에 포함
- 실종된 돈과 함께 그 '속도'의 향배가 궁금증을 더해 줌.

참 | 고 | 자 | 료

(1) 변상근(1995), "돈의 유통속도", 《중앙일보》, 1995. 7. 26.

26

금리 · 주가 · 물가의 상호관계

(1) 금리와 주가의 관계

1) 왜 금리가 오르면 주가는 내리고, 금리가 내리면 주가는 오르는 것일까

- 기업의 가치로 평가되는 주가는 장차 기업이 벌어들일 수 있다고 예상되는 수익흐름의 현재가치로 정의됨.
  • 즉 수익과 현재가치가 주가를 결정하는 양대 축임.
  • 이 정의에 따르면 미래의 수익흐름이 양호한 기업일수록 주가가 높을 것임.
  • 경쟁력이 높은 기업, 비용구조가 단순한 기업, 부채규모가 적은 기업이 여기에 해당

- 금리수준은 미래의 이익을 현재가치로 환산할 때 적용됨으로써 주가에 영향을 미침.
  • 금리는 현재와 미래가치를 연결하는 가교의 구실을 하기 때문
  • 즉 미래가치를 현재로 환원하는 할인율의 역할을 함.
  • 금리가 높다는 것은 할인율이 높다는 것을 의미하기 때문에 그만큼 미래가치는 낮아질 수밖에 없고, 주가에 미치는 영향은 부정적임.
  • 반면 금리가 낮을 경우 할인율이 낮아 미래 수익규모가 일정할 경우 현재가치를 높게 해 주가를 끌어올리게 됨.

- 자금의 흐름도 금리가 낮을 경우 수익률이 낮은 채권시장이나 은행에서 주식시장으로 이동하여 주가를 자극하게 됨.

2) 현실적으로 금리는 자금시장의 수요와 공급의 상호작용에 의해 결정

- 자금 공급의 원천은 저축인데 현재보다 미래를 중시할 경우 저축은 늘어나게 되어 현재를 포기하는 대가인 금리는 낮아지게 됨.
- 현재를 미래보다 선호할수록 저축이 줄고 소비가 늘어 자금공급이 줄어들어 금리는 높아지게 되어 있음.
- 현재와 미래를 연결하는 금리의 매개기능을 이해할 때 금리가 높을수록 미래가치는 하락하게 되고, 낮을수록 미래가치는 상승하게 됨을 알 수 있음.
  - 경제학에서는 현재와 미래에 대한 금리의 매개적 기능을 할인율이라 부름.

(2) 물가와 금리의 관계

1) 자금의 수요와 공급 외에 금리를 결정하는 또 다른 요소는 물가상승률

- 미래의 물가상승에 대한 기대가 높을수록 현재 소비에 대한 수요가 증가하게 되는데, 이를 반영하여 현재라는 시간선호에 대한 대가도 상승하여 금리는 올라가게 되어 있음.

2) 물가와 금리에 대한 관계는 미국경제학자 피셔에 의해 정리

- 명목금리는 실질금리에 물가상승률을 합한 수준이라는 피셔방정식(Fisher equation)이 바로 이것
- 통화공급을 늘려 금리를 낮추고자 함에도 물가가 올라갈 경우 금리는 오히려 상승할 수도 있음을 보여준다.

3) 사 례

- 우리나라의 경우 외환위기 직전인 1997년 말 종합주가지수는 376.3, 금

리는 회사채 기준으로 두 자리 수인 14.9%를 기록했었으며, 1999년 말에는 금리가 한자리수인 8.8%로 하락한 반면, 주가는 1028을 나타내어 주가와 금리와의 역관계를 확인시켜 주고 있음.

- 그러나 2001년 6월말 종합주가는 595, 금리는 7.4%로 동반하락하여 주가와 금리는 반드시 이론대로 움직이지 않는다는 것도 보여주었음.

- 그 이유는 한국기업에 대한 신뢰 추락과 미래의 수익전망이 크게 하락하여 금리인하 효과를 덮어 버렸기 때문임.
  - 한국의 상장기업 중 30% 이상이 영업이익으로 이자지불도 감당하지 못한다는 사실이 이 같은 현상을 부분적으로 설명

(3) 시사점

- 주식시장 참여자가 증가하면서 주가가 경제에 미치는 영향이 확대되고 있음.

- 경기가 침체에 빠지면 정부는 금리인하를 통해 경기를 부양시키려고 하는데 그 파급경로가 변하고 있음.
  - 전통적으로 금리인하의 목적은 기업의 금융부담을 완화시켜 투자를 촉진하는 데 있었으나 최근 금리정책의 새로운 조류는 주가를 통해 소비자의 소득을 증진시키는 자산효과로 이동하고 있음.
  - 전제는 금리와 주가가 서로 반대방향으로 움직이는 데 있으나 기업의 수익기반이 취약할 때 금리인하가 물가만을 올려 장기적으로 주가를 떨어뜨리는 역효과 가능성도 유의해야 함.

- 경제는 이론이나 정책당국자의 의지대로 움직이지 않는 경우가 많음.

▣ 금리의 종류

1) 같은 돈이라도 빌리는 사람과 기간에 따라 금리는 천차만별

- 장사를 잘해 이익을 많이 내는 기업은 떼일 위험이 큰 기업보다 싼 금리로 돈을 빌릴 수 있음.
- 신용등급이 같아도 짧은 기간 빌리는 것보다 오래 빌릴 때 금리가 더 높음.
  - 갑자기 물가가 오르거나 기업이 쓰러지면 돈을 빌려준 금융기관이 손해를 볼 수 있기 때문

2) 큰 회사들은 나중에 얼마의 돈을 갚겠다는 표시를 한 증서(채권)를 금융기관에 팔아 돈을 조달

- 이때 금융기관이 채권을 구입한 값과 채권에 표시된 금액(액면가)의 차이가 채권금리임.
- 채권을 발행하는 곳은 많은데, 우선 국가에서 발행하는 채권을 국고채라 부르고 기업들은 보통 3년 만기인 회사채를 발행함.
- 또 급히 돈이 필요하면 3개월짜리 기업어음(CP)을 발행함.
- 금융기관에 예금을 맡겼다는 증서를 다른 사람에게 파는 것도 있는데 이를 양도성예금증서(CD)라고 함. CD의 만기도 보통 3개월임.

3) 시중의 대표금리

- 여러 가지 채권 가운데 가장 많이 거래되는 회사채의 금리를 시중의 대표금리(실세금리)[141]로 여겼음.

---

141) 실세금리(實勢金利)란 시장 안에서 돈의 실질적 가치를 가장 잘 반영하는 금리를

- 그러나 외환위기를 겪은 1998년 이후 국가가 발행하므로 떼일 염려가 거의 없는 국고채 금리가 대표적인 금리가 됨.
- 그러다가 콜금리가 가장 중요한 금리로 떠올랐음.
  - 콜금리는 금융기관끼리 급히 돈이 필요할 때 하루 동안 빌려주는 금리를 말함.
  - 중앙은행이 콜금리를 올렸다 내렸다 하면서 다른 금리들까지 쥐락펴락하기 때문임.

▣ 한국의 정책금리

1) 콜금리란

- 콜금리는 시중은행 간의 초단기(하루단위)자금을 서로 꾸어주고 꿔주는 돈의 이자를 말함.
- 시중은행 사이의 대차(돈을 빌린다는 의미의 貸借)거래를 통해 자금을 꾸어온 후 끌어온 돈의 이자를 준비해서 하루 뒤에 원금과 함께 갚음.
  - 다시 말해 콜 자금의 이자가 바로 콜금리가 되는 것임.
  - 전화통화가 아니고 실제로는 증권거래처럼 전산망을 통해 콜 자금이 유통됨.
- 콜 시장에는 시중은행뿐만 아니라 한국은행도 콜 자금시장에 개입함.
- 비교적 큰 단위의 돈이 은행 간에 거래가 되니 이 콜금리를 한국은행이 직접 조절함으로써 금융정책의 기준점으로 두기로 한 것임.
  - 시중에 돈이 너무 많으면 콜금리를 높여서 돈을 조금 덜 유통되게 하

말함. 우리나라에서는 3년 만기 회사채 유통수익률이 주로 활용됨. 금리와 채권 값은 반비례하는데, 예컨대 회사채수익률이 연 15%에서 20%로 올라갔으면 채권을 팔면서 보다 많은 이자를 줘야 한다는 뜻이므로 채권의 가치는 그만큼 떨어진 것임. 시중에 돈이 부족하거나 채권물량이 너무 많으면 금리는 올라가고 반대면 떨어짐. 실세금리지표로는 가장 보편적이면서도 안전한 채권(Risk-free)만이 활용됨. 따라서 미국의 재무부 채권처럼 대부분 선진국에선 국채금리가 기준이 되지만 우리나라는 국채발행규모가 적고 유통시장이 취약해 회사채유통수익률을 대표적 실세금리로 삼고 있음.

고(분명 수천억이 순간순간 거래되는 이 콜 자금시장에서 이자비용 문제 때문에 돈을 꾸는 것을 포기하는 곳이 생김), 반대로 돈이 너무 없어 돈가뭄이 오면 콜금리를 낮춤으로서 은행 간 자금거래를 활발하게 하여 적정수준으로 돈이 돌게 함.

- 더욱이 시중은행과 달리 한국은행은 돈을 찍어내는 발권은행이기 때문에 돈을 찍어내는 위치로서 콜 시장에서의 무제한 개입이 가능함.
- 2008년 3월 이전까지 한국은행은 콜금리를 위주로 은행의 금리를 조절하여 대한민국 정책금리의 기준점을 제시했음.
  - 이 정책금리가 은행의 적정마진을 더하여 회사나 일반인들에게 대출이 되는 것임.

2) 한국은행의 콜금리 컨트롤 효과가 미흡했던 이유

- 우선 콜 시장은 일반인들이 접근할 수 없는 정말로 초단기 자금들이 오고가는 시중은행들이 서로 간에 고객이 되는 폐쇄시장이기 때문에 은행 간 조달자금의 금리가 일반 생활경제의 금리와는 현실적인 거리가 있다는 반론이 제기
- 두 번째로 무엇보다 한 나라의 금리기준을 하루가 다르게 변동하는 곳에 둔다는 면에서 국가통화정책의 안정성을 기대할 수 없다는 점
- 셋째 더욱 문제가 된 것은 은행 간의 일시적인 자금부족을 효율성 있게 충당하면서 균형을 맞추고자 하는 콜 자금시장의 본질이 한국은행의 직접적인 관리로 인해 시중은행 사이가 아닌 중앙은행으로부터도 콜 자금을 여유 있게 받아쓰는 상황이 벌어진 것임.
  - 다시 말해 은행살림의 균형을 맞추기 위해 비용을 감수하고 계산기 두드리면서 콜 자금조달에 신중했던 은행들이 마치 돈줄을 만난 듯 한국은행에게 직접 콜 자금을 조달하기 시작한 것임.
  - 이는 은행의 공격적인 대출업무를 가능하게 하여 대출이 급격하게 늘어나는 기대하지 않던 일들이 벌어진 것임.
  - 특히 국내토종은행과 달리 대한민국 내 자금이 상대적으로 빈약한 외

국계은행이 한국은행으로부터의 콜 자금을 상당부문 들여와 자신의 이자를 덧붙여 되파는 일도 벌어지게 되었음. ⇒ 결국 외국계은행은 자기 돈은 별로 들이지 않고 수익만 남겨 챙기거나 은행매각을 준비하는 이른바 '먹고 튀기'의 오명도 얻었음.

- 이에 질세라 국내은행도 한국은행으로부터 동일한 방법으로 자금을 조달해와 부동산 대출, 기업 대출 등에 경쟁적으로 나서기 시작하면서 콜 시장은 은행의 재정균형을 위한 시장이 아닌 투기성 대출을 위한 자금시장으로 분위기가 변하게 되었음.
- 더 나아가 일본이고 미국이고 할 것 없이 외국자본을 무더기로 들여와 대출알선을 했음. ⇒ 2008년 후반기 한국의 금융 불안과 고환율의 근본적인 원인 중에 하나가 바로 시중은행의 과도한 외국자본조달이었음.

3) 정책금리가 콜금리에서 한국은행의 기준금리로 변경

- 결국 한국은행은 콜금리로 나라의 금융정책을 시장에 효과적으로 반영할 수 없다는 판단을 하게 됨.
  - 한 나라의 중앙은행으로써 금융시장을 제대로 컨트롤하지 못한다는 쓴소리를 듣게 되었음.

- 그리하여 2008년 3월 한국은행은 한국의 정책금리를 콜금리에서 한국은행의 기준금리로 바꾸게 됨.
  - 일반 국내은행이 한국은행으로부터 빌려가는 실질자금에 관련한 기준금리를 통화정책에 반영하기로 한 것임.
  - 구체적으로 한국은행의 기준금리는 일반 금융시장과의 적절한 연계를 위해서 RP채권(환매조건부채권)의 금리를 반영하기로 하였음.

▣ 신용경색(credit crunch)

- 경기침체도 문제지만, 단기적으로 더 큰 문제는 금융이 원활하지 않게 될 때 금리가 단기 폭등하곤 한다는 점임.

• 금융이 원활치 않을 때는 자금을 구하는 이는 많은데 구할 길은 적기 때문에 신용경색이 나타날 수 있음.
• 신용(信用)이란 간단히 말하면 돈을 빌려준다는 얘기인데, 신용을 얻을 길, 곧 돈을 빌릴 길이 막히고 굳는 게 경색(梗塞)임.
• 바로 '자금줄이 막혔다'고 표현하는 상황임.

- 신용경색은 반드시 경기가 나쁠 때만 생기는 현상은 아님.
  • 경기와 상관없이 금융에 문제가 생기면 언제든 나타날 수 있고, 일단 나타나면 금리가 단기 폭등함.

참 | 고 | 자 | 료

(1) 홍순영(2001), "금리 · 주가 · 물가의 상호관계", 《매일경제》, 2001. 7. 14.
(2) 2001. 2. 21., 《중앙일보》
(3) 곽해선(2009), "금융을 움직이는 엔진, 금리", 《"click" 경제교육》, 한국개발연구원, 2009. 1.

27

채권금리와 채권가격 사이의 관계

(1) 구체적 사례

- 최초에 만기 1년에 액면가 1,000원인 채권을 발행한다고 하자.

- 그러면 이 채권의 액면에는 1,000원이라고 되어 있는데, 이는 이 채권을 1년 후에 들고 오면 1,000원을 돌려준다는 의미

- 따라서 1년 후에 1,000원을 받을 수 있는 채권을 지금 산다면 당연히 1,000원보다 싸야 되는데, 이는 1년간의 이자를 받아야 하기 때문
  • 즉 1년 후에 1,000원을 받을 채권을 이자율만큼 할인해서 싸게 매입하는 것임.

- 이자율이 10%라면 지금 대략 900원에 사서 만기에 1,000원을 받게 되는 것임.

- 따라서 채권금리가 높아지면 채권의 가격은 떨어짐.
  • 채권금리가 높아져 채권의 가격이 떨어지면 채권을 산 사람 입장에서는 채권을 싸게 매입했으므로 만기에 수익은 올라가게 됨.

(2) 채권시장에서의 움직임

- 채권을 판매함으로써 자금을 조달하려는 사람이 많을 경우 채권시장에서 돈의 수요가 높아지는 것이므로 채권금리는 올라가고(채권 수요자는 보다 높은 금리를 주는 채권을 사서 이자를 더 받을 수 있고), 반대로 채권을 사들임으로써 이자를 받으려는 사람이 많은 경우는 채권시장에

서 돈의 공급이 많아지는 것이므로 채권금리는 내려감(채권 공급자는 보다 낮은 금리로 채권을 발행하여 이자를 덜 줄 수 있음).

(3) 한국은행의 채권 매수 이유

- 한국은행이 채권을 대량매수하는 이유는 채권시장에서 돈의 공급을 증가시켜 채권금리를 하락시키기 위해서임.

참 | 고 | 자 | 료

(1) 승지홍(2008), "채권금리 인상이란 채권가격 하락을 말하는 거 아닌가요?", 《"click" 경제교육》, 한국개발연구원, 2008. 1.

28

증권이야기

증권은 쉽게 말해 자금을 투자하거나 빌려준 투자자들의 권리를 보장하기 위해 발행한 '가치 있는 종이'(유가증권)로 주식과 채권이 대표적임.

(1) 주식이란

- 회사는 공장 설립, 신기술 개발, 영업 확장 등에 많은 자금이 필요할 경우 다수의 투자자들로부터 자금을 투자받고, 이에 대한 권리를 행사할 수 있도록 투자자들에게 증권을 발행해 줌.
- 이러한 자금을 은행이나 채권을 통해 조달할 경우는 원금과 이자를 반드시 갚아야 하지만, 주식을 발행하여 조달할 경우에는 영업을 통해 이익이 날 경우에만 배당을 하면 됨.
- 그렇다면 투자자들은 왜 주식에 투자하는 것일까?
  - 주식에 투자할 경우 원금을 손해 볼 수 있지만 위험보다 더 큰 이득을 볼 수도 있음.
  - 투자한 회사가 실적이 좋을 경우 많은 배당금을 받을 수 있으며 주주총회를 통해 경영에 참여할 수도 있음.
  - 회사가 일정규모 이상 성장하여 증권시장에 해당 주식을 매매하는(상장) 경우 투자자들은 자신이 투자한 기업의 주식을 구입한 가격보다 비싸게 팔 수 있어 높은 수익을 올릴 수도 있음.
  - 일반적으로 투자자들은 자신의 판단하에 사업이 유망하거나 수익이 지속적으로 발행할 기업에 투자함.
- 주식은 기업 입장에서는 훌륭한 자본조달 수단이며, 투자자 입장에서는 좋은 투자대상으로서 자본주의의 근간을 이룸.

(2) 발행시장과 유통시장으로 구성된 증권시장

- 증권시장은 기업 등이 증권을 발행하여 자본을 조달하는 발행시장과 투자자가 시장에 참여하여 증권을 매매하는 유통시장으로 구분
  - 증권은 기업 설립 후 최초로 또는 상장 전 투자자에게 공모를 통해 발행되기도 하고, 발행된 증권에 대한 유 · 무상 증자 등을 통해 발행되기도 하며, 회사 간 합병 · 자본감소 등 특수한 상황에서나 정부 또는 지방자치단체 등의 도로건설 · 주택건설 · 시중자금 공급 조절 등의 목적으로도 발행됨.
  - 유통시장은 주식을 상장하여 회사의 특징 등에 따라 대기업 주식이 주로 거래되는 유가증권시장, 벤처기업 주식이 주로 거래되는 코스닥시장, 장외시장인 프리보드 등으로 구분
  - 또 거래되는 상품의 특징에 따라 주식 · 채권 등이 거래되는 현물시장, 보이지 않는 권리 등이 거래되는 선물 · 옵션시장으로 구분
- 한편 종합주가지수(KOSPI)는 1980년 1월 4일(기준시점)을 100으로 보았을 때 현재 시점을 나타내 주는 지수로, 유가증권시장의 주가 등락을 판단하는 지표임.
  - 예를 들어 기준시점의 시가총액을 100조원, 현재 시가총액을 1,800조원이라고 가정할 때 현재 종합주가지수는 기준치 대비 열여덟 배 상승한 1,800포인트가 됨.
- 발행시장과 유통시장은 서로 유기적인 관계가 유지되는데, 증권시장 상황이 좋지 않아 주가가 침체 장세일 경우 기업의 자금조달이 감소하여 증권발행량도 줄어드는 반면, 주가가 활황 장세일 경우 자금조달도 활기를 띠어 증권발행도 증가함.

(3) 주식가격의 평가

- 적정가격이 현 주가보다 낮으면 고평가 상태로 보고 주식을 매도하고, 반대의 경우에는 매수하는 등 주식가격의 평가는 투자자 입장에서는 투자판단의 기초가 됨.

- 적정가격은 일반적으로 미래 예상되는 배당금의 현재가치의 합으로 산출하거나, 미래의 주당 이익을 적절한 할인율로 할인한 금액으로 산정하는데, 전자를 배당평가모형, 후자를 이익평가모형이라고 함.
  - 예를 들어 배당금이 100원, 할인율이 10%일 경우 배당평가모형에 따르면 적정주가(=배당금 / 할인율)가 1,000원이 됨.
- 주가수익비율(PER : Price Earnings Ratio)을 활용해 주식가격을 평가할 수도 있음.
  - PER은 현재 주가를 주당 이익으로 나눈 것으로 기업의 단위당 수익력에 대한 상대적 주가를 나타냄.142)

(4) 주식가격의 변동요인

1) 금 리

- 금리가 하락하면 일반적으로 투자가 촉진되고 기업의 수익성이 개선되어 주가는 상승하게 되나 실제로는 경기를 부양하거나 하락속도를 늦추기 위해 금리를 정책적으로 조정하는 경우가 많기 때문에 금리하락에 따라 주가가 바로 상승하는 경우는 흔치 않음.
- 반대로 금리가 상승하면 자본조달이 축소되고 설비투자가 축소되며 이는 수익성 악화로 이어져 주가가 하락함.
  - 외환위기 때 우리나라는 이자율이 30%를 웃도는 상황에서 종합주가지수(KOSPI)가 400포인트를 밑돈 적이 있었음.

2) 통화량

- 통화량과 주가와의 관계를 보면, 단기적으로 통화량 증가는 주가에 긍정적이지만 중·장기적으로는 부정적인 영향을 줌.

---

142) 예를 들어 PER이 10이라면, 이는 1원의 수익력에 대하여 투자자들이 열 배의 대가를 지불하고 있음을 뜻함. PER의 공식에 의해 주가를 산출할 수 있는바, 특정시점의 PER이 10, 주당 이익이 1,000원인 경우 적정주가(=PER×주당 이익)는 10,000원인데, 현재 주가가 5,000원이라면 주가가 저평가되었다고 할 수 있어 이 경우 매수전략을 구사할 수 있음.

3) 경제성장

- 경제성장률이 높을 때는 생산・고용・판매・소득의 증가로 인한 기업의 매출・이익 등이 증가하여 주가는 상승하고, 반대의 경우는 주가가 하락하는 것이 일반적

4) 환 율

- 환율과 주가와의 관계를 보면, 단기적으로는 환율상승(평가절하) 시 수출증가・수입감소로 소득이 증가되어 주가가 상승하는 효과가 있으나, 장기적으로는 경제 불안과 국가 자산가치의 하락으로 주가는 하락

5) 물 가

- 급격한 물가상승은 저축을 위축시키고 실물자산을 선호하게 하여 주가를 하락시키는 요인으로 작용하며, 경기침체 상황에서 물가가 상승하는 스태그플레이션하에서는 소비자의 구매력이 약화되어 주가에 부정적 영향을 미침.
  - 최근 전 세계적인 이슈가 되고 있는 원자재 가격 상승을 예로 들면 원자재 가격 상승으로 원자재 수입액이 증가하면 전반적으로 물가가 상승하면서 경제여건이 악화되고 기업의 수익성이 나빠져, 결국 주가는 하락하게 되는 것임.

(5) 새로운 투자 수단인 펀드

- 펀드는 투자자로부터 모은 자금을 자산운용회사 주식 및 채권 등에 투자, 운용한 후 그 결과를 돌려주는 간접투자상품임.
- 펀드투자가 좋은 점은 적은 돈으로 투자할 수 있고, 분산투자로 위험을 줄일 수 있으며 전문가가 투자를 대신해 줘 쉽다는 점임.
- 펀드는 투자대상에 따라 다음과 같이 분류

〈표 시28-1〉 펀드의 종류

		주된 투자대상	특징
증권펀드	주식형펀드	주식에 60% 이상 투자	고위험 · 고수익 추구
	혼합형펀드	주식에 60% 이하 투자	채권안전성, 주식수익성 추구
	채권형펀드	채권에 60% 이상 투자	안정적 수익 추구
MMF		단기금융상품에 투자	수시 입출금이 가능한 펀드
파생상품펀드		선물 · 옵션 등 파생상품 투자	환금성에 제약, 장기투자, 안정적 수익 추구
부동산펀드		부동산에 투자	
실물펀드		석유, 선박, 금 등에 투자	

- 최근까지 인기가 있었던 적립식 펀드는 매달 일정금액을 펀드에 투자하는 것으로 선진국에서는 장기적인 재테크 수단으로 보편화되어 있음.
  • 적립식 펀드는 소액자금을 꾸준히 적립하여 목돈을 마련하는 데 적합
  • 투자상품인 만큼 원금손실 가능성은 항상 염두에 두어야 함.

(6) 주식투자

1) 정 의

- 사람들이 주식을 사는 것을 "주식에 투자한다"고 말함.

2) 주식투자를 하는 이유

- 회사가 경영을 잘 하여 이익이 발생하면 그 이익 가운데 일부를 회사의 주인인 주주들에게 나누어 주는데 이것을 '배당금'이라고 하는바, 주식에 투자한 사람은 매년 배당금을 받을 수 있음.
- 또 다른 이유는 자신이 보유한 주식의 가격이 오르면 그만큼 이득이 생기기 때문
  • 만약 어느 회사가 경영을 잘 해서 많은 이익을 얻게 되면 그 회사 주식을 사고 싶어 하는 사람들이 많아짐.

• 그러면 그 회사 주식의 가격, 즉 '주가'는 올라가며 이에 따라 이 회사 주식을 보유하고 있는 투자자들은 돈을 벌게 되는 것임.

• 신문이나 TV를 통해 각 회사별 주식의 가격이 매일 얼마나 움직였는지 본 적이 있을 텐데, 그것은 주식시장에서 거래되는 주식들의 가격을 정리해 놓은 것이며 '종합주가지수'라는 것도 접하게 되는데 이는 거래되는 모든 주식의 가격을 하나의 숫자로 종합하여 나타낸 것으로 종합주가지수가 1,000에서 1,100으로 10% 상승하였다면 주식시장에서 거래되는 모든 주식의 가격이 평균 10% 올랐다는 의미로 이해하면 됨.

3) 주식투자는 신중하게

- 주식에 투자를 했다고 해서 모두가 돈을 버는 것은 아님.
  • 주식투자에는 커다란 위험이 따르게 됨.
  • 만약 회사가 경영을 잘못해서 손실을 보게 되면 그 회사 주식의 인기가 떨어지고, 그러면 그 회사의 주가가 내려가게 되고 주식을 보유하고 있는 투자자들은 손해를 보게 됨.

- 사람들은 항상 주식의 가격이 오를 것을 기대하고 투자하지만 주식가격은 투자자가 원하는 대로 오르기만 하는 것이 아님.

- 따라서 주식에 투자를 할 때에는 그 회사와 관련된 여러 가지 자료를 꼼꼼하게 살펴보고 매우 신중하게 결정하여야 함.

(7) 채권이란

- 채권이란 비교적 장기의 자금조달을 목적으로 기업·정부 등이 일정기간 후 이자와 원금을 지급하겠다고 약속한 금융상품

- 주식보다 발행절차가 쉽고 발행기간이 짧으며 일시에 대량의 자금을 조달할 수 있다는 장점이 있음.

- 투자자는 채권을 인수하거나 매입하여 만기까지 보유하면 확정된 이자와 원금을 받을 수 있음.

〈표 시28-2〉 주식과 채권의 차이

	주 식	채 권
증권 소지자	주주	채권자
투자금 상환	갚지 않음.	원금·이자 상환 의무
발행자	주식회사	주식회사, 국가, 지방자치단체
원금 위험	손해 가능성⇑	손해 가능성⇓

- 주식은 원금에 손해가 날 수 있어 위험이 큰 데 반해, 채권은 수익률은 다소 적지만 원금과 이자를 정해진 시간에 지속적으로 받을 수 있기 때문에 안정적 투자수단임.

(8) 채권의 가치는 수익률로 평가

- 채권시장은 주식시장과 마찬가지로 발행시장과 유통시장으로 구분
- 발행시장
  - 발행시장에서 채권 발행자는 채권을 직접 투자자에게 매각하거나 전문 발행기관에 의뢰하여 채권을 발행
  - 채권 발행에는 소수의 투자자, 즉 은행·증권회사 등을 대상으로 한 사모발행과 일반인들을 대상으로 한 공모발행이 있음.
  - 채권 발행시장은 IMF 금융위기 이후 구조적인 변화를 보이고 있음.
  - 발행규모가 점진적으로 확대(2005년 말 722조원으로 주식시장 시가총액의 80% 규모)되고 있으며, 은행 등이 보증을 하지 않는 무보증 사채 비중이 증대되고 있음.
- 유통시장
  - 은행예금과 달리 채권은 일반적으로 만기 전에 원금상환을 요구할 수 없으므로 채권투자자는 투자한 채권을 현금화할 수 있는 기능을 필요로 하는데, 이러한 시장이 유통시장으로 만기 전에 투자한 채권을 매매하려는 투자자와 그 채권을 매입하려는 사람들 간에 형성된 시장임.

- 발행시장을 1차 시장이라 한다면 유통시장은 2차 시장임.
- 채권의 매매는 토요일과 공휴일을 제외한 매일 오전 9시부터 오후 3시까지 할 수 있으며, 채권의 매매는 가격으로 이루어지지만 매매를 위해 채권의 가치를 제시하는 호가는 수익률로 이루어짐.
- 따라서 수익률이 주어졌을 때 채권가격이 어떻게 결정되는지를 아는 것은 채권을 이해하는 데 매우 중요

(9) 채권가격의 평가

1) 채권가격이란

- 주식과 마찬가지로 채권의 가격도 일정기간 동안 발생되는 현금흐름의 합, 즉 만기상환금액(이자+원금)을 일정한 할인율로 할인한 가치임.
  - 이때 채권의 현금흐름을 현재가치화 시키는 할인율을 만기수익률이라고 하는데 시장수익률, 유통수익률 혹은 수익률이라고 부름.
  - 이는 채권의 시장가격을 결정하는 이자율의 일종으로 '채권의 만기까지 단위기간별로 발생하는 이자와 원금에 대한 현금흐름의 현재가치의 합을 채권의 가격과 일치시키는 할인율'로도 정의됨.
  - 여기서 현재가치화란 미래의 특정시점에 발생될 금액을 현재가치로 보는 것으로, 10년 후 10,000원은 할인율이 10%일 경우 현재가치가 3,855원$\{= 10,000/(1+0.1)^{10}\}$이 됨.
- 채권가격이 P, 만기를 n, 만기상환금액을 S라고 할 때 기본적인 채권평가 모형은 $P = S/(1+r)^n$임.

2) 실 례

- 아래와 같은 조건의 국민주택채권을 2006년 10월 31일에 만기수익률 5.5%에 매입하여 2008년 10월 31일에 만기수익률 4.5%에 매도할 경우 매입가격 및 매도가격, 그리고 채권의 매매이익은 다음과 같이 계산됨.

* 발행일 : 2005년 10월 31일
* 만기일 : 2010년 10월 31일
* 표면이율 : 3%
* 액면가 : 10,000원
* 원리금 지급방법 : 연 단위 복리, 만기 시 일시상환

* 만기상환금액 : 11,592원 $= 10{,}000 \times (1+0.03)^5$
* 매입가격 : $11{,}592/(1+0.055)^4 = 9{,}357$원(만기일까지 잔존기간 4년)
* 매도가격 : $11{,}592/(1+0.045)^2 = 10{,}615$원(만기일까지 잔존기간 2년)
* 매매이익 : $10{,}615 - 9{,}357 = 1{,}258$원

- 이와 같이 할인의 대상이 되는 현금흐름은 표면이자와 원금(액면가), 만기 등으로 채권발행 시 이미 확정되기 때문에 궁극적으로 채권가격은 일정한 이자율, 즉 만기수익률에 의해 결정된다고 할 수 있음.
- 이러한 만기수익률은 채권 이외 다른 시장이자율의 변동위험과 채권발행자의 신용위험 등 채권 고유의 위험요소를 포함한 수익률이므로 시장이자율이 상승하면 만기수익률도 상승함.
- 예에서 보았듯이 채권의 만기수익률이 하락하면 채권가격은 상승함을 확인할 수 있음.

(10) 채권가격(혹은 만기수익률[143]))의 변동요인

- 채권가격은 시중금리, 물가동향, 통화량 등 기업의 외적요인과 채권의 만기, 발행주체의 지급불능 위험과 같은 기업의 내적요인에 의해 결정됨.

1) 채권의 수요와 공급

- 채권수요의 증가는 채권수익률의 하락을 초래하며, 채권공급의 증가는 채권수익률의 상승을 초래함.

143) 만기수익률과 채권수익률은 동일한 개념임. 채권수익률이란 채권에 투자하여 얻을 수 있는 수익의 크기를 나타내는 척도로서 예금의 이자율과 같은 개념임. 즉 투자자가 만기 시까지 채권을 보유할 경우에 얻을 수 있는 총수익을 현재의 투자원금으로 나눈 비율을 연 단위(복리기준)로 환산하였을 때의 투자수익률을 말함. 채권수익률은 고정된 것이 아니며 국내외 금융시장의 여건변화에 의하여 변화하게 되고 이에 따라 채권가격도 달라짐. 현재 우리가 사용하고 있는 채권수익률은 만기수익률과 사실상 같은 개념임.

2) 시중금리

- 시중금리의 인상은 만기수익률(혹은 채권수익률)의 상승을 초래하고, 시중금리의 인하는 만기수익률(혹은 채권수익률)의 하락을 초래함.
- 만기수익률은 이자율의 한 종류이기 때문에 거시적으로는 경제 전체의 이자율 결정과정에 의해 영향을 받는데 이러한 대표적 금리에는 콜금리, 국고채 금리, 통화안정증권(약칭 통안증권) 금리 등이 있음.
  - 콜금리는 금융기관 간에 과부족 자금을 거래하는 시장금리이며 단기금리지표로 활용됨.
  - 국고 채권은 가장 거래가 활발하고 실세금리를 민감하게 반영하는 채권의 하나로서 국고채 금리는 시중 자금사정을 나타내는 기준금리가 되고 있음.
  - 통안증권은 한국은행이 통화량을 조절하기 위하여 발행하는 것으로 시장 실세금리로 발행되는 채권임.

3) 물 가

- 물가상승은 명목금리의 상승을 초래해 채권수익률의 상승으로 이어짐.

4) 통화량

- 정부가 금융긴축을 실시하여 통화량을 줄이게 되면 시중자금사정이 어려워지고 채권 매도물량이 늘어나면서 채권가격은 떨어져 이에 따라 채권수익률은 상승하게 됨.

5) 채권의 만기

- 채권수익률은 만기까지의 잔존기간에 영향을 받는데, 장기채일수록 채권가격 변동 위험이 크고 유동성 위험이 있기 때문에 채권수익률이 단기채에 비하여 높음.

6) 발행주체의 채무불이행 위험

- 발행자가 사전에 약속된 원금상환과 이자지급을 이행하지 못하는 위험을 채무불이행 위험이라고 하는데, 채무불이행 위험이 높을수록 채권수익률은 상승하게 됨.

7) 핵심사항

- 채권의 가격은 미래 현금흐름을 현재가치로 환산한 가격이며, 이때의 현금흐름은 이자와 만기 시 받는 원금이므로 이 금액을 현재가치화하는 할인율, 즉 만기수익률이 중요
- 만기수익률은 이자율에 직접적으로 영향을 받으므로 이자율이 하락하면 채권가격은 상승하고 반대로 이자율이 상승하면 채권가격은 하락

관련사항

▣ 채권 및 금리 관련용어

- 액면가 : 채권의 권면에 표시된 금액으로 지급이자 산출을 위한 기본
- 표면이율 : 채권에 표시된 이자율로 액면금액에 대해 연 단위로 지급하는 이자율
- 만기 : 채권의 발행시기부터 상환기간까지의 기간
- 단리 : 이자가 기간별로 재투자되지 않는 방식
- 복리 : 이자가 기간별로 재투자되는 방식
- 실세금리 : 금융시장 자금사정을 반영하는 대표적인 금리로 3년 만기 국고채수익률, CD(91일)수익률, 콜금리(1일) 등을 말하며 보통 3년 만기 국고채수익률이 많이 이용됨.

- 기준금리(정책금리) : 한국은행이 통화량 조절 기준으로 삼고 있는 금리. 자금시장에서 장・단기 이자율 형성에 기초가 되며 2008년 3월부터 콜금리에서 또 다른 초단기 금리인 '7일물 RP 금리'(RP란 환매조건부채권으로 일정 기간 후 다시 사주겠다는 것을 전제로 파는 채권)가 기준금리로 사용됨.

- 위에서 언급한 바와 같이 이자를 주는 방법에는 단리법과 복리법이 있는데, 단리법이란 원금에 대해서만 이자를 주는 것이고 복리법은 원금뿐만 아니라 이자에도 이자가 붙어서 이자를 받게 되는 방법임. 간단한 수식으로 표현하면 다음과 같음.

  단리 : 단리평가 금액 = 원금 * (1 + 이자율 * 투자기간)

  복리 : 복리평가 금액 = 원금 * (1 + 이자율)^ 투자기간

〈단리·복리 이자 비교〉

구 분	단리법		복리법	
	원 금	이 자	원 금	이 자
다음 해	100만원	100만원×0.1=10만원	100만원	100만원×0.1=10만원
두 번째 해	100만원	100만원×0.1=10만원	110만원	110만원×0.1=11만원
세 번째 해	100만원	100만원×0.1=10만원	121만원	121만원×0.1=121,000원

- 명목이자율과 실질이자율, 그리고 Fisher 방정식
  - 명목이자율(nominal interest rate) : 화폐단위로 계산한 이자율
  - 실질이자율(real interest rate) : 실질변수, 즉 재화의 수량으로 계산한 이자율
  - Fisher 방정식 : 실질이자율과 명목이자율, 그리고 물가상승률 사이의 관계를 말하는데, 구체적으로 다음과 같음.

    실질이자율 = 명목이자율 − 물가상승률

■ 스톡옵션이란

- 기업들이 유능한 인재를 유치하거나 임직원의 근로의욕을 진작시키는 수단의 하나로 스톡옵션(주식매수선택권)을 들 수 있는데, 이것은 임직

원에게 일정기간이 지난 후에 자기회사의 주식을 약정 당시의 가격으로 살 수 있는 권리를 부여하는 제도를 말함.

- 가령 인터넷업체인 다음커뮤니케이션은 2007년 3월 임직원 80명에게 12만4천여 주의 스톡옵션을 부여한다는 내용을 공시했음.
- 이때 부여된 스톡옵션의 행사가격은 주당 6만4천원이며 행사 가능 기간은 2년 후인 2009년 3월 부터였음.
- 이 스톡옵션을 받은 임직원들은 2년 후가 되는 시점부터 주가에 관계없이 주당 6만4천원에 자사 주식을 매입할 수 있는 권리를 갖게 되는 것임.

- 스톡옵션 취득이 반드시 대박으로 연결되는 것은 아님.
  - 해당 기업의 경영성과가 좋아서 주가가 상승하면 임직원은 스톡옵션을 행사해 상당한 차익금을 남길 수 있겠지만, 반대로 주가가 스톡옵션 행사가격보다 떨어지면 손해를 보게 되므로 스톡옵션 행사를 포기해야 하기 때문
  - 이런 이유로 스톡옵션을 부여받은 임직원은 보다 높은 차익을 얻기 위해 경영성과를 개선시키려 노력하게 됨.

- 한편 최근 일부에서는 스톡옵션이 당초 도입취지와는 달리 경영진에 대한 지나친 보상수단으로 전락하였다는 비판의 목소리도 있음.
  - 스톡옵션을 받는 임직원은 소수에 불과해 전체 직원들의 사기진작에는 보탬이 되지 않는다는 점, 스톡옵션으로 인해 경영진은 장기적인 기업역량 강화보다는 단기적 성과에만 집착하게 되는 점 등의 부작용 때문임.

참 | 고 | 자 | 료

(1) 이경훈(2008), "증권을 알자 – 주식 편", 《"click" 경제교육》, 한국개발연구원, 2008. 7.
(2) 이경훈(2008), "증권을 알자 – 채권 편", 《"click" 경제교육》, 한국개발연구원, 2008. 8.
(3) 윤태길(2007), "주식과 주식투자", 한국은행 경제교육 청소년 경제나라(Teens 경제), 한국은행 부산본부, 2007. 7. 16.
(4) 김민정(2007), "스톡옵션이란?", 한국은행 경제교육 청소년 경제나라(시사경제), 한국은행 전북본부, 2007. 12. 17.

29
사회간접자본 투자의 이해

(1) 정부의 경기부양을 위한 정책수단

- 이명박 정부가 2009년도 사회간접자본(SOC) 예산을 올해보다 26.7%나 늘린 24조7000억원으로 배정하고, 글로벌 경기침체에 대응하는 수단으로 SOC 투자 활성화를 첫손에 꼽고 있음.

- 그러나 일반시민 가운데 왜 꼭 SOC이냐는 반론이 만만치 않음.
  - 권위주의 정권 시대 무분별한 개발정책에 대한 반감, 나랏돈을 당장 배고픈 서민들을 위해 사용해야 하는 것 아니냐는 불만도 비등
  - 정부 역시 비슷한 맥락에서 부담을 느끼는 눈치인데, 서민복지 대책보다 앞선 SOC 투자는 자칫 부자만을 위한 정권이라는 오해를 불러 일으킴.

- 그럼에도 불구하고 SOC 투자엔 거부할 수 없는 매력이 있음.

(2) SOC 투자란

- 정부 또는 공공단체 공급자가 제공하는 설비나 서비스 관련 시설류의 총칭을 말함.

- 백과사전적인 의미대로 SOC는 교량, 항만, 도로, 철도, 공공청사 등 정부와 공공 부문이 주도하는 모든 건축·토목공사를 포함하는 개념임.
  - 즉 도로·항만·토지개량 등 산업기반시설, 상하수도·공영주택·공원·학교·병원 등 생활기반시설, 치산·치수·해안 간척 등 국토보전시설, 국유림 보호 등 수익사업이 모두 SOC

- 요즘은 개념을 넓게 해석해 단순한 산업 분야의 물적 기반만이 아니라 사법 · 교육 · 연구개발(R&D) 등 사회제도까지 포함하기도 함.

〈표 시29-1〉 SOC 투자의 장점과 부작용

장 점	부 작 용
• 제조업 생산효율성 증대	• 공급 위주 투자정책
• 경제성장에 직접 기여	• 도로 · 철도 · 항만 · 공항 간 칸막이 사업
• 국민생활 편리성 증대	• 안전사고 예방노력 미흡
	• 재정지출 비효율과 통제수단 미비

(3) SOC 투자로 기대할 수 있는 효과 및 SOC 투자의 필요성

- 기획재정부와 국토연구원(2007년 말), 민간 연구기관 보고서를 분석하면 현 시점에서 SOC 투자로 기대할 수 있는 효과 및 SOC 투자의 필요성은 크게 네 가지

1) 가장 직접적이고 중요한 효과는 물론 내수 부양과 일자리 창출, 그리고 이에 따른 경제성장

- SOC 투자는 이 부분에서 다른 분야보다 뛰어난 정책효과를 가진다는 게 정부 시각

- 한국은행 산업연관분석에 따르면 건설업 취업유발 효과는 10억원당 18.7명, 생산유발 효과는 단위당 1.98에 달함.
  • 아주 단순화해 설명하면 SOC 투자를 1조원 늘리면 고용은 1만8000명, 생산은 2조원 가까이 된다는 의미
  • 이 효과는 전(全) 산업 평균치인 1만6900명, 1조7000억원 수준보다 크게 높은 것임.

- 기획재정부가 SOC 예산증액에 대해 기회가 있을 때마다 “전후방 산업연

관 효과가 크고, 내수 진작과 일자리 창출에 크게 도움이 된다"고 강조하는 것은 이 같은 분석에 근거한 것임.

- 여기에 국토연구원은 2007년 보고서를 통해 토목건설 투자를 10% 늘리면 GDP는 그 첫해 1.6% 늘어난다는 시뮬레이션 결과를 내놓기도 했음.

- 대형 SOC 투자는 사회 취약계층 고용과 소득 제고 효과도 있음.
  - 일자리를 제공해 한계계층의 추락을 막는 '예방적 복지(일을 통한 복지 · Workfare)' 효과도 있다는 얘기임.

2) 두 번째 효과는 지방경제 활성화와 성장잠재력 확충

- SOC 투자에 미온적이었던 참여정부조차 기업도시, 혁신도시, 행정중심복합도시 등 지방개발 계획을 남발했던 이유도 표심잡기용 정책을 고민하지 않을 수 없었던 까닭임.

- MB 정부에선 이 같은 SOC 투자의 정치적인 철학은 '5+2광역경제권 개발'과 총 50조원대에 이르는 지역선도프로젝트 계획으로 모습을 드러낸 바 있음.
  - 정부는 "지자체가 현장에서 생산 · 물류 효율 등을 위해 시급하다고 요청하는 사업을 앞당겨 완공해 경제적인 효율을 높인다"는 방침을 누차 강조한 바 있음.
  - 이 같은 정부 방침에 따라 완공되는 SOC사업 건수는 2008년 41건에서 2009년 100건으로 두 배 이상 늘어남.

3) 세 번째로 정부는 우리나라 SOC 투자수준이 아직 선진국에 비해 부족하다는 논리도 내세움.

- 국토연구원은 우리나라 1인당 GDP 등에 따른 국제추세와 비교할 때 도로는 OECD 평균 대비 67%, 철도는 40% 수준(2007년 3월 기준) 이뤄져 있다고 분석한 바 있음.

- 정부는 이에 따라 교통과 물류 부문에서 발생하는 교통혼잡비용이 선진국에 비해 월등히 높다는 주장을 폄.
  - 실제 2008년 IMD(스위스 국제경영개발원) 국가경쟁력 평가에서 우리나라 도로밀도 경쟁력은 총 60개국 중 23위, 철도밀도는 24위에 머물렀음.
  - 2004년 교통혼잡비용은 23조원에 달해 GDP 대비 비중이 3%였는데, 이는 미국 0.6%, 일본 2.3%와는 거리가 있는 수치임.

4) SOC 투자가 강조되는 마지막 이유는 지난 정부에서 투자가 상대적으로 축소됐고 이를 정상화하는 차원에서라도 투자가 이뤄져야 한다는 것임.

- 실제로 지난 5년간 SOC 투자는 연평균 재정투자 규모 7%에 못 미치는 연 2.5% 증가세를 이어왔음.
  - 이는 건설 중인 사업의 장기화를 초래해 예산낭비를 가져왔다는 게 현 정부 인식
  - 올해 예산을 기준으로 보면 광역철도 평균 완공기간은 20년, 일반철도는 17년에 달해 사업장기화 문제는 실제로 심각한 수준

(4) 종합적 견해

1) 비판적 시각

- 과잉·중복투자의 우려가 있음.

- 단순한 거부감 차원이 아니라 SOC 투자에 따른 고용창출이나 거시경제적인 효과가 과장됐다는 주장도 있음.

- 여기에 대형 SOC사업은 수혜자가 대부분 컨소시엄을 구성한 대형 건설사나 대기업그룹으로 중소기업에 혜택이 돌아가기를 기대하기 어렵다는 비판도 있음.

- 한 민간연구기관 관계자는 "최근 들어 중국과 동남아 근로자들이 공사 현장 고용의 대부분을 차지한 데다 대형 사업은 대부분 재벌 몫"이라며 "SOC 투자 수혜를 놓고 논란이 생길 소지가 다분하다"고 지적

- 최근 예결위에선 민주당이 우리나라 SOC 축적도가 이미 120%로 과잉상태라며 30개 신규 착공 고속도로·국도사업과 집행률이 저조한 도로 사업을 중심으로 예산 삭감을 주장해 찬반양론이 갈렸음.

2) 필요성 인정

- 그러나 SOC 투자에 대한 이 같은 이견에도 불구하고 전대미문의 경제위기 상황에서 '한국판 뉴딜' 필요성이 높아지고 있다는 데는 의견이 모아지는 분위기

- 정부 고위 관계자는 이와 관련해 "제주 신공항, 부산신항, 새만금 등 초대형 SOC사업 중에 장기 국가 발전을 위해 불필요한 것은 하나도 없다"며 "SOC 투자의 중장기 효과에 대해서는 최근에도 추가적인 효과를 입증하는 자료들이 계속 나오고 있다"고 강조

(5) 해외 주요국의 SOC 투자

1) 미국 : 대공황을 이겨낸 힘

- 1930년 대공황에 빠진 미국경제를 구한 것은 바로 SOC 투자를 통한 경기부양이었음.
  - 루스벨트 대통령이 매년 5억 달러를 투입하면서 시작한 뉴딜 프로그램은 SOC 투자가 골자였음.
  - 1993년부터 8년간 새로 만들어진 건물은 4만5000여 개, 교량은 4만1000여 개, 댐은 400여 개(개보수 포함)였음.
  - 이와 함께 병원은 2500개, 학교는 5900개를 건설하는 등 대규모 SOC 투자를 통해 실업자를 구제하고 무너진 지역경제를 살린 것임.

• 이 당시 가장 큰 규모의 SOC 투자는 테네시계곡 개발이었는데, 테네시강 유역 7개주 근방 64만마일 규모의 불모지를 개발하는 계획이었음.
• 댐 건설, 지역 재조림사업, 국민휴양지 조성사업, 발전시설 건설 등이 포함된 그야말로 대규모 복합 프로젝트였는데, 이 프로젝트로 인해 실업자 구제는 물론 지역 주민들에게는 값싼 전력을 제공하는 등의 효과를 볼 수 있었음.

2) 일본 : 부실기업 생명연장 장기불황 초래

- SOC 투자가 반드시 경기부양으로 이어지는 것은 아님.

- 1990년 일본은 과도한 SOC 투자로 인해 오히려 장기불황의 늪에 더욱 깊숙이 빠져들게 됨.
  • 당시 일본 정부는 1998년에만 SOC 투자에 7조7000억 엔을 쏟아 부었음.

- SOC 건설에 민간 사업자들을 적극 참여시켜 부동산 버블 붕괴로 부실이 눈덩어리처럼 불어난 건설업을 살리겠다는 명목이었으나 막대한 부실을 안고 있는 건설업체들에 SOC 사업을 맡기면서 퇴출돼야 할 부실기업의 생명만 연장시켜 주는 결과가 되었음.
  • 우량기업들에 들어가야 할 자금이 부실기업 생명연장에만 투자돼 우량기업의 자금줄은 말라버리는 부작용이 발생한 것임.
  • 결국 전반적인 투자가 위축되면서 일본 경제는 '잃어버린 10년'에 빠지게 됨.

3) 중국 : 철도건설 3년간 3조 위안 투자계획

- 최근 중국 정부는 경기부양을 위해 '중국판 뉴딜'을 추진하고 있는데, 그 중심에 있는 것이 바로 SOC 투자임.

- 중국 철도부는 향후 3년간 총 3조5000억 위안(약 700조원)을 철도건설에 투자할 예정
  - 대규모 철도건설로 고용인력을 늘리고 철강, 시멘트 등 관련 산업도 부흥시키겠다는 계획
  - 당장 2009년에 1조 위안 규모의 철도건설이 시작되면 약 600만 명의 신규 고용이 창출될 것이라고 중국 정부는 추산
  - 철도건설 이외에도 중국은 도로 건설에 2조1000억 위안, 항만건설에 9000억 위안 등 전반적인 SOC 건설을 통한 경기부양을 노리고 있음.

- 중국은 1997년 아시아 금융위기로 경제가 흔들렸을 때도 과감한 SOC 투자로 위기를 극복한 적이 있음.
  - 1998년부터 2004년까지 당시 중국 정부는 도로건설에 매년 1400억 위안이라는 대규모 투자를 했었음.
  - 당시 SOC 투자로 경기위기를 극복한 중국은 아시아 금융위기 여파를 차단할 수 있었고 아시아의 맹주로 성장하게 되었음.

참 | 고 | 자 | 료

(1) 2008. 12. 6., 《매일경제》

30

감 세 논 쟁

(1) 논쟁의 배경

- 경기침체가 심각해지고 있는 가운데 경제를 살리는 방식에 있어 첨예하게 의견이 엇갈리고 있는 대표적인 예가 감세정책임.
  - 감세정책은 경제가 어려워질 때마다 정부가 단골손님처럼 내세우는 정책이지만, 그때마다 찬반양론이 분분함.

(2) 감세의 긍정적 효과(찬성 입장)

- 세금을 깎아주면 노동과 투자의 증대로 인하여 경기가 부양된다는 것임.
  - 가계의 경우 소득세를 낮춰주면 가처분소득이 늘어나 그만큼 소비가 증대되고, 세금으로 나가는 돈이 줄어들어 근로의욕이 고취됨.
  - 기업에 대한 법인세 감면은 투자 증대를 유도하여 생산활동에 긍정적인 영향을 미침.
  - 결국 투자와 소비 부문에 대한 감세의 긍정적 효과가 어우러져 경기활성화를 가져올 수 있음.

- 감세정책을 적극적으로 정책에 반영한 사람이 1980년대 미국을 통치했던 레이건 대통령임.
  - 그는 대통령에 당선되자 개인소득세 최고세율을 70%에서 28%로 줄이고, 법인세율을 48%에서 34%로 낮춘 바 있는데, 이러한 대규모의 감세정책을 '레이거노믹스'라는 말로 표현하고 있음.

(3) 감세에 대한 비판적 시각

- 감세가 노동과 투자의 증대라는 본래 목적을 달성할 수 있을지에 대하여 부정적인 의견을 제시
  - 오히려 경기 활성화에는 별 도움을 주지 못한 채, 세수감소로 인하여 재정적자를 확대하고 정부의 부담만 가중시킬 것이라고 경고

(4) 래퍼곡선을 이용한 접근

- 감세 논쟁을 래퍼곡선 측면에서 살펴볼 수도 있음.
  - 래퍼라는 경제학자에 의해 만들어진 이 곡선에 따르면 세율을 지나치게 올리면 근로와 투자 등 경제활동의 저해를 가져와 오히려 조세수입을 감소시키게 된다고 함.
  - 따라서 현 세율이 래퍼곡선 상에서의 최적세율보다 높은 위치에 있다면(B구간) 세금인하로 노동과 투자를 증대시켜 경기를 부양시킬 수 있을 뿐만 아니라 세수도 증가하기 때문에 재정도 건강해질 것임.

[그림 시30-1] 래퍼곡선

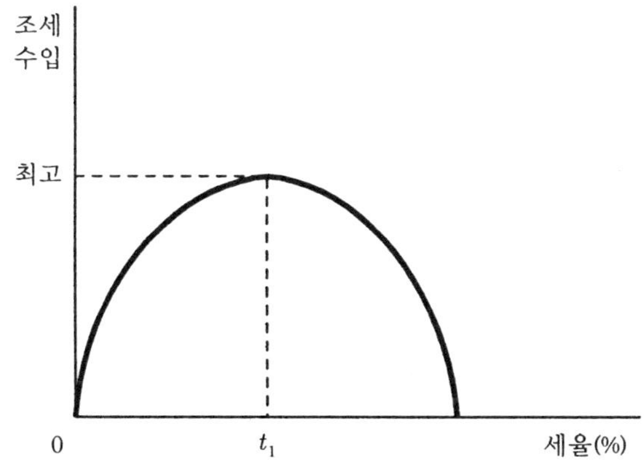

• 반면 현 세율이 래퍼곡선 상에서 최적세율보다 낮은 위치에 있다면(A 구간) 세금인하가 경기를 부양시킬 수 있는지 여부는 별개로 세수감소로 재정 건전성에 큰 타격을 줄 수 있음을 알 수 있음. ⇒ 재정 건전성이 악화되는 경우 차후 정부 재정정책의 제약요인이 될 뿐만 아니라 정부부채의 증가는 미래세대의 부담이 될 수 있음.

- 결국 두 논쟁은 현재의 세율이 래퍼곡선 상에서 어느 지점에 위치하고 있는가에 대한 판단의 차이로도 볼 수 있음.
  • 만약 현행 세율이 래퍼곡선의 최적세율 지점의 오른쪽에 위치하고 있다면 감세정책이 경제를 살리고 재정에 긍정적인 효과를 가져올 것이고, 왼쪽에 위치한다면 재정 부담만을 가중시키는 결과를 가져올 것임.

(5) 시사점

- 같은 경제이론을 가지고 세상을 바라봐도 진단이 다른 것은 현실 적용에서 서로 간의 해석이 달라지기 때문임.

참 | 고 | 자 | 료

(1) 전대원(2008), "감세정책과 래퍼곡선", 《"click" 경제교육》, 한국개발연구원, 2008. 12.

31

조세 혹은 세금 이야기

(1) 세금의 의미

- 국가 재정에 필요한 재원을 마련하기 위한 목적으로 개별적인 보상 없이 국민으로부터 강제로 징수하는 것이 특징

  국가와 국민 간의 합의와 협력에 의해 강제로 거두어들이는 것이기는 해도 국방, 치안, 경제적 안정, 사회보장제도 등을 통해 간접적이고 일반적인 보상을 하기 때문에 결과적으로 국민 모두에게 세금의 혜택은 돌아감.

- 그러나 일방적으로 세금을 징수 당하는 개개인의 입장에서 보면 상황은 달리짐.
  - 개인의 입장에서는 지금 당장 현실적인 세금 혜택을 본 것이 없기 때문에 세금은 그저 강제로 내는 돈으로 여겨지기 마련
  - 따라서 가능하다면 세금을 적게 내고 싶고, 줄이고 싶은 것이 모든 사람들의 솔직한 심정일 것임.

(2) 조세의 역할

- 정부 재정 수입의 중요 수단
- 계층 간 소득재분배 기능
  - 소득이 적은 계층에 대해서는 낮은 세율을 적용하거나 세금을 감면해 부담을 덜어주고, 소득이 많은 세층에 대해서는 더 많은 세금을 부과
- 경제안정화 수단
  - 기업의 투자나 소비 지출을 촉진하거나 억제하는 등 경제안정을 도모

하기 위한 수단으로도 활용됨.

- 개인이나 기업의 행동을 일정한 방향으로 유도하기 위한 수단으로 조세를 활용하기도 함.
  • 일례로 교통세를 부과하면 사람들은 차량 운행을 줄이는 방향으로 반응함.

(3) 조세부담의 적정수준

- 국민들의 조세부담을 어느 수준으로 할 것인지는 끊임없이 논쟁거리가 되어 왔는바, 이러한 논쟁은 '큰 정부'와 '작은 정부' 가운데 어느 것이 더 바람직한가 하는 문제와도 밀접한 관련이 있음.
  • 큰 정부, 다시 말해 정부가 다양한 일을 해줄 것을 바라는 사람들은 조세부담의 증가를 감수해야 할 것임.
  • 반면 어떤 사람들은 우리 경제의 수준에서 현재의 세금도 너무 무거운 부담이라고 주장하면서 세금을 더 줄여야 한다고 주장
  • 사회복지, 교육 등 정부의 역할이 더 강화되어야 할 부문이 아직 많기 때문에 조세부담이 어느 정도 높아지는 것은 불가피한 측면이 있음.

(4) 세금의 종류

1) 징수 주체에 따른 구분 : 국세와 지방세

- 국세는 중앙정부인 국세청 소속의 세무서에 내는 세금
  • 내국세, 관세, 교육세 등이 이에 해당
  • 특히 내국세에는 소득세와 법인세 등의 직접세와 부가가치세, 특별소비세, 주세 등의 간접세가 포함됨.

- 지방세는 지방자치단체에 내는 세금
  • 주민세, 취득세, 재산세, 자동차세, 등록세 등이 있음.

2) 세율의 결정방법에 따른 구분 : 정액세, 비례세, 누진세, 그리고 역진세

- 정액세는 과세표준의 크기에 상관없이 일정한 세금을 부담하는 형태로 주민세 및 방범비가 이에 해당됨.

- 비례세는 모든 납세자에게 일정한 비율을 정해 받는 세금
  - 평균세율이 과세표준의 증가에 따라 일정
  - 소비세, 사회보장세 등이 이에 해당됨.

- 누진세는 소득이 증가할수록 높은 세율을 적용(평균세율이 증가)
  - 소득재분배와 자동안정화장치의 역할을 함.
  - 소득세와 재산세 등은 누진적 과세체제를 갖는 대표적 세금임.

- 역진세는 소득이 증가할수록 평균세율이 낮아지는 세율구조를 말함.
  - 세 부담이 소득수준이 높을수록 감소
  - 과세표준이 증가할수록(소득수준이 높을수록) 평균세율은 낮아지게 됨.
  - 그러나 세율이 낮아져 세 부담이 줄어든다고 하더라도 과세부담의 절대적인 크기(세액)는 증가함.
  - 이와 관련해 역진세에서 저소득층이 더 많은 세금을 낸다는 것은 다소 잘못 인식된 것인데, 저소득층이 다른 소득계층보다 더 높은 소득비율을 세금으로 납부하나 절대세액에서는 결코 고소득층보다 더 금액이 크지는 않음.
  - 역진세는 현실적으로 세금의 형태로는 존재하지 않지만 세금과 비슷한 성격을 가지는 정부 발행 복권의 경우를 들 수 있음. ⇒ 복권을 통한 재원 마련은 매우 역진적 조세가 됨.
  - 또한 부가가치세는 역진적 과세체계를 갖는 대표적 세금임.[144)]

---

144) 참고로 부가가치세와 물품세의 경우 세율구조가 역진적일 수 있음. 소비지출이 소득에서 차지하는 비중은 소득이 상승함에 따라 감소하기 때문에 일징률의 세율을 모든 소비재화와 용역에 적용시키면 역진성이 나타남. 이런 이유 때문에 가난한 사람들로서는 직접세인 재산세 부담은 느끼지 못할 것임. 반면에 물건을 사서 소비할 때 부담하는 부가가치세는 부자건 가난하건 관계없이 동일한 세율을 적용받기 때문에 가난한 사람들이 느끼는 세 부담은 부자에 비해 더 클 것임.

[그림 시31-1] 세율기준에 따른 세금형태

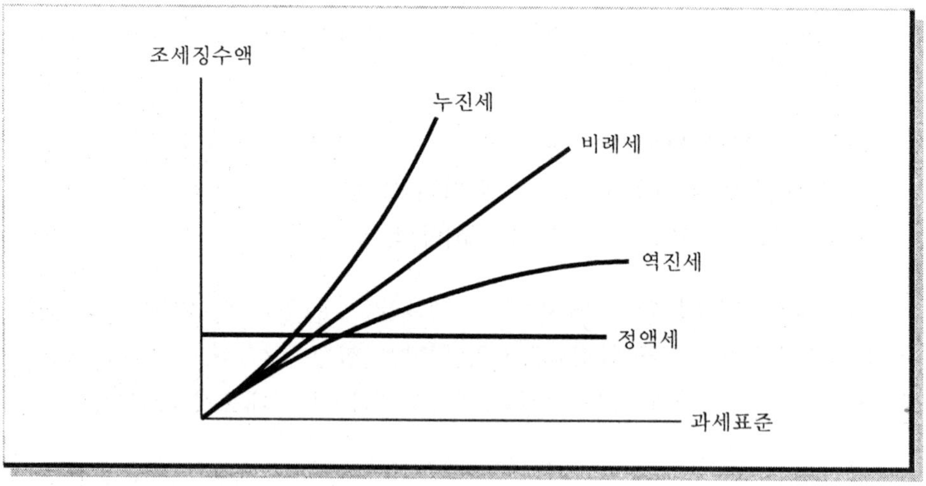

3) 납부주체에 따른 구분 : 직접세와 간접세

- 직접세는 개인 소득세, 법인세, 재산세, 상속세, 증여세 등 재산의 증가에 따라 일정액을 내는 세금
  - 납세자와 담세자가 일치
  - 공평세제 혹은 공평과세
  - 형평성에서 보면 직접세를 많이 적용하여 빈부의 격차를 줄이는 것이 좋으나 직접세는 조세 저항이 커서 걷기 어려운 단점이 있음.

- 간접세는 물건이나 서비스에 부과되는 것으로 부가가치세, 특별소비세, 주세, 수입관세, 전화세 등이 있으며 조세의 부담이 다른 사람에게 옮겨 갈 수 있는 세금을 말함.
  - 법률상의 납세 의무자(납세자)와 실제 조세 부담자(담세자)가 다름.
  - 예를 들어 술값에 포함되어 있는 주세는 술 만드는 회사가 납세 의무자이지만 실제 돈을 내는 사람은 술을 마시는 사람이라 볼 수 있음.

    ⇒ 부담은 소비자가 하는데, 납부는 생산자(기업)가 하는, 즉 납세자로부터 담세자에게 세 부담이 이동

• 일반적으로 정부는 조세 저항이 적고 징수가 손쉬운 간접세를 선호하는 경향이 있음.[145]
• 빈부격차를 심화시키고 가격의 전가를 통해 물가를 자극 ⇒ 불공평 과세

4) 징수 목적에 따른 구분 : 일반조세와 목적세

- 목적세는 특정목적을 달성하기 위해 그 징수와 사용을 제한하는 것으로 일례로 국세 가운데 목적세로는 교육세, 교통세(최근의 교통에너지환경세), 농어촌특별세 등을, 지방세 가운데 목적세로는 도시계획세, 공동시설세, 지역개발세 등을 들 수 있음.

(5) 바람직한 조세제도가 갖추어야 할 요건

1) 가능한 한 효율성을 해치지 않아야

- 정부가 의도하건 하지 않건 조세의 부과는 개인과 기업의 행동에 어떤 영향을 주는 유인으로 작용하기 마련인바, 순수하게 재정 수입을 늘릴 목적으로 부과한 세금도 개인과 기업의 행동을 변화시킴.
- 문제는 조세 부과로 인한 경제주체의 행동 변화가 경제 전반의 효율성을 떨어뜨릴 수 있다는 점임.
  • 일례로 어떤 고가 품목에 특별소비세를 부과하면 사람들은 세금부담을 줄이기 위해 그 품목을 덜 사게 될 것이며, 또한 소득세 부담을 완화하기 위해 사람들이 더 적게 일한다거나 저축을 줄이는 행동을 보일 수도 있음.
  • 이와 같이 세금의 부과는 소비자의 의사결정을 왜곡시키고, 그 결과 소비자들이 자유롭게 자신의 소비에 대해 의사결정을 할 때에 비해 효율성이 떨어질 수 있음.

---

145) 우리나라의 세금체계 역시 간접세 중심으로 되어 있는바, "소득재분배 능력이 없는 간접세의 증가는 세제 형평성을 낮춘다는 측면에서 우려할 만하다"고 지적하기도 함.

- 따라서 경제적 효율성의 상실을 최소화할 수 있도록 개인과 기업의 행동을 덜 왜곡시키는 조세제도를 찾아야 할 것임.

2) 공평성의 확보가 중요

- 편익의 원칙
  - 납세자가 정부로부터 받는 서비스에 대한 대가로 세금을 납부해야 한다는 것인데, 다시 말해 정부가 제공하는 서비스로부터 얻는 혜택에 비례하여 세금을 걷는 것이 바람직하다는 주장하는 입장
- 능력의 원칙
  - 편익 원칙에 의할 경우 가난한 사람이 소득에 비해 상대적으로 많은 세금을 내고 부유한 사람은 오히려 적은 세금을 낼 수 있다고 주장하면서, 납세자 자신이 받는 혜택과는 상관없이 각자의 경제적 능력에 맞게 세금을 내도록 하는 것이 보다 공평하다고 주장하는 입장
- 오늘날 대부분의 나라에서는 능력 원칙을 공평한 조세부담의 원칙으로 받아들이고 있음.

(6) 세금부담을 줄이려는 행위 : 절세와 탈세

1) 절 세

- 이는 세법이 허용하는 범위 내에서 세금부담을 줄이려는 행위를 말함.

2) 탈 세

- 이는 사기 등 기타 부정한 방법으로 세금을 줄이려는 행위를 말함.
- 탈세 행위는 그 자체로서 범죄일 뿐만 아니라 이로 인한 세수 부족은 결국 다른 사람이 부담해야 하기 때문에 성실한 납세자에게 피해를 줌.
  - 외부불경제에 해당

- 근로소득밖에 없는 사람들의 경우는 소득의 크기를 알아내기가 비교적 쉬우나 자영업자의 소득이나 금융자산, 부동산 등으로부터의 소득의 경우에는 소득의 크기를 알아내기가 쉽지 않음.
  • 신용카드 거래가 과거에 비해 많이 증가했다고 하지만 아직도 현금 거래의 비중이 높은데다 영수증을 주고받는 관행이 정착되지 않은 상황에서 교묘한 탈세행위를 적발하기란 쉬운 일이 아님.

(7) 조세회피와 탈세의 방지 대책

- 조세회피란 법의 미비점을 이용해 세금을 줄이는 행위를 의미하는데, 이는 사회적 비난의 대상이 될 수 있으나 법에 의해 처벌받지는 않음.
  • 따라서 조세회피는 어떤 의미에서 합법적인 탈세라고도 할 수 있음.
  • 조세회피와 탈세의 경계가 모호한 경우가 많은데, 최근 사회적으로 논란이 되고 있는 몇몇 재벌의 불법 경영권 승계를 위한 비자금 조성 등이 그 예임.

- 과세 당국 스스로 세금을 공정하고 투명하게 걷으려는 노력을 기울여야 함.

- 제도 면에서 소득세 이외에 다른 대안을 통하여 보다 공평한 조세제도를 확립할 수 있음.
  • 실제로 우리나라에서도 정부는 신용카드 복권제 실시, 신용카드 가맹점 확대, 입장권 전산발매 시스템 도입, 주류 구매전용 카드제 시행 등을 통해 과세 근거를 자동적으로 포착하기 위해 노력하고 있으며, 또한 금융소득 종합과세 재실시, 실제 거래가액에 의한 양도소득세 과세 등 탈세 근절을 위해 다양한 노력을 기울이고 있음.

- 완전한 세법을 마련한다는 것은 현실적으로 불가능하지만 국가는 공평과세를 실현하고 재정을 든든히 하기 위하여 조세회피와 탈세 행위를 막는 노력을 더욱 기울여 나가야 할 것임.

■ 조세부담률

- 국민소득(GDP)에서 차지하는 조세의 비율로 국민들 중 누가 얼마나 부담하는가를 나타내는 것은 아니며, 단지 국민경제 전체에서 조세의 비중을 나타낼 뿐임.
- 우리나라의 경우 최근 들어 세금증가 속도가 빠르게 증가하고 있으나, 조세부담률은 선진국들보다 아직 높은 편은 아님.[146)]

〈표 시31-1〉 경제협력개발기구(OECD) 주요 회원국의 조세부담률 추이

(단위 : %)

국 가	1999년	2005년	국 가	1999년	2005년
한 국	17.8	20.3	독 일	22.5	20.8
영 국	30.4	30.1	캐나다	31.5	28.6
일 본	17.0	16.8	미 국	22.5	20.2
프랑스	28.9	27.9			

참 고 자 료

(1) 경제교육연구회(2008), 《생활인을 위한 경제학 이야기》, 시그마프레스, 2008. 2.
(2) 유성임(2007), "역진세란 정확히 어떤 것인가?", 《"click" 경제교육》, 한국개발연구원, 2007. 8.
(3) 2007. 9. 29., 《조선일보》
(4) 김승욱 외(2008), 《알짬 시장경제》, 박영사.

146) 최근 제시된 내용에 따르면 조세부담률이 2008년도의 22.2%에서 2009년도 22.1%로 소폭 낮아질 것으로 전망. 조세부담률은 2000~2002년에는 19.6%→19.7%→19.8% 등 20%를 밑돌았지만 참여정부가 들어서면서 2003년 20.4%, 2004년 19.5%, 2005년 20.3%, 2006년 21.1%, 2007년 22.7% 등으로 오름세를 보였음. MB 정부는 감세정책과 예산절감을 병행해 2012년까지 조세부담률을 20%대로 내릴 방침임. 이에 따라 세금은 2009년 179조 6000억원, 2010년 188조원, 2011년 199조 7000억원, 2012년 212조 4000억원 등이 걷힐 전망임. 기획재정부 관계자는 "우리나라의 조세부담률은 2008년 기준 OECD 평균(26.9%)보다는 낮지만 미국(20.6%), 일본(17.3%)보다는 높다"면서 "세 부담을 줄여줘 '저부담→고투자→고성장'의 경제구조를 만들 것"이라고 말했음.

찾아보기

||| 저자약력 |||

■ **이 종 호(李鍾昊)**

- 고려대학교 문과대 영문학과(학사)
- 고려대학교 대학원 경제학과(석사)
- 고려대학교 대학원 경제학과(박사)
- 고려대, 동국대, 숭실대, 홍익대, 인천대, 동덕여대 등 강사
- 고려대학교 경제연구소 전문연구원 역임
- 경민대학 관광경영과 교수(학과장) 역임
- (주)경기북부신문사 논설위원 역임
- 의정부포커스신문 집필위원 역임
- 서울신문 명예논설위원
- 경기도 지속가능 발전위원
- 의정부시 지방재정계획 및 지방재정공시 심의위원
- 의정부시 사회단체보조금 심의위원
- 경기도 민방위 소양강사(경제담당)
- 경기도립의료원 의정부병원 공공보건의료 심의위원
- 경기북부병무지청 병무행정발전 시민참여위원
- 도봉구 의정비 심의위원
- 현재 경민대학 자치행정과 교수

- 주요 논문 및 저서
  - 《관광사업론》(공저, 1998)
  - 《관광경제학》(역서, 2000)
  - 《영문법의 이해》(2002)
  - 《e-세대를 위한 경제교실》(2002)
  - 《시사영어산책》(2006)

  - 〈환율과 수출가격〉(1993)
  - 〈VAR체계를 이용한 경상계정 분석〉(1994)
  - 〈호텔종사원 직무특성별 직무만족에 대한 수량화분석〉(1998)
  - 〈호텔종사원 교육훈련에 관한 연구〉(2000)
  - 〈한국산업의 국제경쟁력패턴 분석〉(2001)
  - 〈신자유주의와 노동시장 유연화 논쟁〉(2003)
  - 〈다국적기업의 M&A에 대한 중국의 제도 분석〉(2004)
  - 〈문화자원의 개발을 통한 지역활성화 전략〉(2004)
  - 〈토지거래허가제의 정책효과에 관한 실증연구〉(2007) 등 다수

기초경제학 ②

거시경제 이야기

1판 2쇄 발행 2012년 8월 20일

저 자 이 종 호

발행인 남 승 우

발행처 **남두도서**

서울시 동작구 사당로9가길 6(사당동)

TEL : (02) 595-1692~4

FAX : (02) 595-1394

E-mail : namdoo6@unitel.co.kr

신고 : 5-76호 (1998. 11. 4)

정가 19,000 원

ISBN 978-89-5780-118-5 13320

ISBN 978-89-5780-116-1 (전3권)